臺灣地下經濟論文集

李庸三、錢釧燈　主編

臺灣地下經濟論文集前言

　　自1977年美國學者Peter Gutmann提出美國地下經濟的估計以來，各國學者對地下經濟的研究已近十五年；而臺灣自民國70年才有這方面之研究論文出現。在這10年期間，由於地下經濟活動對社會的影響日益擴大，討論的層面也由報章雜誌逐漸擴大到政策的研議和學術的研究。

　　地下經濟依著重的層面，可分爲兩類：一類是未申報的所得，指所得應依法向稅捐機關申報而實際上未申報的數額；另一類是未記錄的所得，指國民所得帳在估計總體經濟活動時，未予估計的部分。如以是否逃漏稅及是否逃避管制這兩項標準來分類，則經濟活動可分成四類，即地上（合法）經濟、違章經濟、漏稅經濟及非法經濟，而地下經濟即包括漏稅及非法之經濟活動。

　　研究地下經濟可從兩方面著手：一是從總體地下經濟層面考慮，主要研究地下經濟的成因、估計方法、對國民所得等總體經濟變數的影響及對社會道德、稅負公平的影響，學術研究則大部分著重在估計方法的探討，本論文集第一編即蒐集四篇這方面的論文；另一是從個體地下經濟部門層面著手，包括對逃漏稅、地下金融、地下運輸、走私、攤販、地下色情、販毒及地下工廠等之研究，其中對逃漏稅、地下金融的研究最多，本論文集分別蒐集一篇或兩篇作爲代表，對地下運輸、攤販、地下色情的研究次之，本集分別蒐集一篇，至於對走私、販毒及地下工廠，至今仍無深入探討的論文出現，本集只好從缺。

　　茲將各篇論文之主要內容簡述如下，以供參考。

　　李庸三、錢釧燈，〈臺灣地區地下經濟之探討〉：本文是一篇綜合性之評述文章，目的在總結過去10年臺灣經濟學者對地下經濟的研究結果。文中首先介紹各種估計地下經濟規模的方法，及美國與臺灣地區學者利用這些方法估計兩國地下經濟的數額，同時作者並利用通貨比例法、交易總值法及迴歸法，重新估計民國50年到77年臺灣地下經濟之數額。作者並進一步對逃漏稅、地下金融、地下運輸、走私、攤販、地下色情、販毒及地下工廠等地下經濟活動之研究文獻，做一番回顧與整理。本論文集以此篇作為緒論性之文章，俾讓讀者能對臺灣地下經濟之過去與現狀，有一全盤的了解。

　　李庸三、錢釧燈，〈美國與臺灣地區地下經濟估計值之評估〉：研究地下經濟一個最重要的課題，就是估計地下經濟數額占國民所得的比例，目前最常被採用的方法有四種：通貨比例法、交易總值法、迴歸法及因果法。本文分別利用通貨需求函數的迴歸模型與地下通貨需求模型，來驗證美國與臺灣地區各種地下經濟估計結果的正確性及合理性，其結論指出：在美國方面，以Feige修正Gutmann通貨比例法所估得的地下經濟估計值，通過通貨需求函數的迴歸模型與地下通貨需求模型等之測試標準，故作者認為利用這種方法所估得的地下經濟數額，與美國的實際地下經濟數額較為接近。在臺灣地區方面，則以錢釧燈修正Feige交易法所估得的地下經濟數值，與臺灣實際地下經濟之數值較為接近。

　　朱敬一、朱筱蕾，〈臺灣地下經濟的成因與指標分析——DYMIMIC模型之應用〉：在各種估計地下經濟數額的方法中，大都著重在找尋不同的指標或地下經濟所留下的軌跡，而較少考慮人們加入地下經濟的因素，本文利用Aigner等人所發展的動態多指標多因素（DYMIMIC）統計方法，分析臺灣地下經濟活動的成因與指標。文中首先介紹一般犯罪行為模型，並從中尋求地下經濟的成因變數，以增加分析的理論基礎。其後，作者再由勞動、生產及貨幣面尋求和地下經濟有關的變數，作為DYMIMIC研究的指標變數。作者除介紹DYMIMIC的模型與估計方法外，並利用這種模型就臺灣地區的地下經濟做實證研究。其實證結果顯示：政府管制、租稅負擔都對地下經濟的形成有顯著的影響。同時，他們所使用的指標變數也能顯著地反映出地下經濟活動的大小。

　　蔡旭晟、賈宜鳳、鹿篤瑾、練有為，〈地下經濟與國民所得統計〉：經濟學家在估計地下經濟數額時，由於人力與資料的限制，大都利用不同的金融指標或地下經濟所留下的軌跡，以不同的估計方法來推估地下經濟總數額，而無法將所有地下經濟活動之數額分別予以推計。本文是由負責國民所得統計的行政院主計處四位同仁，利用民國70年的各種統計資料，將地下經濟活動分成三類：1. 法所禁止者：包括走私、私宰、盜採砂石及黑市金鈔；2.低報所得者：包括營利事業及執行業務；3.不報稅者：包括自給或不上市、自建營建工程、流動攤販、地下工廠及民間互助會等，並對每類活動採直接法推估其附加價值。作者們指出民國70年，臺灣地區地下經濟之附加價值約為2,441.3億元，占該年國民生產毛額的14.41％，其中法所禁止、低報所得與不報稅之地下經濟附加價值，分別達74.3億元、224.8億元與2,142.2億元，其占GNP的比率分別為0.44％、1.33％及12.64％。作者們並指出：在14.41％中，民間互助會的利息所得（約占GNP的0.65％），因只是家庭或個人間所得分配之變化，而不須列入國民所得之統計內，其餘之地下經濟活動，國民所得已涵蓋了13.68％，國民所得統計尚未涵蓋的地下經濟活動（如私宰與黑市金鈔），只占GNP的0.08％。

年底，有63.1%的家庭曾經參加過民間標會，在當時民間標會年標次數為12次的平均年利率為20.27％，低於同一期間的遠期支票借款、信用拆借、存放廠商等其他民間借貸方式之利率，但高於金融機構短期放款利率。這些調查結果有助於對民間標會及私人借貸之研究與了解。

黃承傳、陳光華、鄧淑華，〈遊覽車違規經營班車〉：民國67年11月高速公路全線通車後，出租大客車違規經營固定班車步入了全盛期，據估計當時經營違規班車之公司約在百家以上，總車數約為七百餘輛，平均每天對開的班車約為1,500車次。本文作者於76年7月底、8月初，在臺北等違規遊覽車主要營業地點展開調查，其調查結果顯示：當時從事違規營運之遊覽車至少有200輛，一日之總班次約為860班，主要路線有11條，平均每車載客在一般日為25人，週末及例假日則為35人，平均承載率為64％，其承載人數的平均市場占有率為41％，其中以臺北至臺南線之占有率達71％為最高，臺北至嘉義之61％次之。

行政院主計處，〈臺灣地區攤販經營概況調查報告之調查結果綜合分析〉：近年來攤販快速蔓延，已在零售商業活動中形成到處充斥的現象，行政院主計處曾於民國71年及77年舉辦有系統的攤販調查，本文即77年的調查結果。本調查係採分層集體抽樣法，即先對抽取的720個樣本村里內全部攤販，進行一般概況調查，樣本攤販計22,252家；再依營業項目分別抽選15％，進行實地補充資料調查。其調查項目包括1.攤販經營地區分布、營業類別、營業地點分布、開業期間；2.攤販從業人員人數；3.攤販營業收入；4.攤販銷售商品便宜情形；5.攤販從業原因；6.攤販經營對交通、環境衛生、購物方便性及同類商號的影響。其調查結果顯示77年底臺灣地區攤販家數計有234,335家，占當時正規營業零售商業家數的82.5％，其估計已超過500家以上，而吸收的資金高達3,000億元。地下期貨公司則在76年7月，央行解除外匯管制後，資金可更自由出入國境，由於缺乏法律之規範，地下期貨公司於顧客繳交保證金後，與之對賭差價，或將顧客之間訂單對沖，而不將訂單轉送國外期貨市場下單，其交易之規模在極盛時期，每日將近500億元。在不動產市場方面，76年第一季至77年7月份臺北市房屋每坪售價上漲了2.7倍，大臺北地區土地價格上漲了216倍。在證券市場方面，77年證券經紀商開放設立，由原先之28家增加至79年之三百多家；開戶人數由75年的47萬戶增加到79年的460萬戶，平均每4.7人一戶，開戶密度為世界第一；每日成交值在75年約僅23億元，到79年2月已達兩千多億元；股價指數在74年僅為636點，至79年2月指數直衝12,600點。雖然不動產及證券市場不屬於地下金融之範圍，但作者探討76、77年間金錢遊戲之情況，並提出其疏導與轉化之途徑。為了解當時"盛"況之一篇佳作，頗值收錄。

劉壽祥，〈民間標會暨私人借貸問卷調查〉：民間借貸金額在研究地下金融方面，占一重要的地位，家計部門與民營企業部門間之借貸及民營企業部門內彼此間之借貸，可由中央銀行的資金流量統計得知，但家庭部門內彼此間之借貸資料，因無資料可尋，致無法估計完整的民間借貸金額。本問卷調查1,030戶家庭，用以推估家計部門來自民間借貸之借款數額，以及民間借貸占家計部門借款之重要性，另外亦調查家計部門參與民間標會之動機，及估計民間標會的利率。本文指出在民國71年底，家計部門來自民間借款（包括未付會款、私人借貸與來自公民營企業借款）占家計部門總借款的52.38％（或44.51％），如將此一估計結果與資金流量統計的民營企業國內借款來源合計，可得民營企業與家計部門來自民間借貸占民營企業與家計部門總借貸的47.34％（或42.36％）。本文亦指出在71

朱敬一，〈臺灣營利事業所得稅逃漏的成果與指標──MIMIC模型的應用〉：以往研究民眾逃漏稅的動機時，常以問卷方式進行，但由於受訪者常有隱匿逃漏稅的傾向，其資料之可信度往往偏低。而會計師從其平日處理之業務中，一方面可歸納出促使納稅人做不實申報的制度性因素，一方面又大略地觀察到業界逃漏稅的比率。本文將上述各個會計師歸納的制度性因素與粗略觀察到的逃漏比率，分別視為營所稅逃漏的成因與指標，利用54個會計師為樣本，並使用多指標多因素（MIMIC）模型，去檢定各個因素對逃漏稅影響的顯著性，其結果顯示：臺灣地區營利事業誠實申報的比率非常低，有28.8％的會計師認為只有0~20％的營利事業誠實申報，有40.4％的會計師認為只有20~40％的營利事業誠實申報，有21.2％的會計師認為有40~60％的營利事業誠實申報，另有9.6％的會計師認為有60~80％的營利事業誠實申報，而沒有一個會計師認為有80~100％的營利事業誠實申報。關於做假帳方面，有24％的會計師認為有80~100％的企業做假帳，有31％的會計師認為有60~80％的企業做假帳，有30％的會計師認為有40~60％的企業做假帳，另有13％的會計師認為只有20~40％的企業做假帳，而沒有一個會計師認為企業幾乎沒有在做假帳。

殷乃平，〈金錢遊戲的疏導與轉化途徑〉：七〇年代，由於貿易的長期順差與外匯的持續累積，加以金融體系制度不甚健全，造成資金氾濫、游資四竄，掀起七〇年代金錢遊戲的狂潮。本文生動地描述當時各項金錢遊戲，包括"大家樂"與"六合彩"、地下投資公司、地下期貨公司、不動產市場及證券市場活動之成因及當時之盛況。作者指出"大家樂"在極盛時期，作為賭資的通貨數額約120億元；地下投資公司由75年的十家不到，擴張為四、五十家，76年以後隨著股市的熱絡與外匯市場的開放，自77年底至78年初，較71年底85,020家，增加1.75倍，平均每年增加18.41％；其全年營業收入達1,962億元，占民間最終消費之11.7％，其全年商品銷售淨收入達631.8億元，占零售商業經濟生產活動生產總值的14.36％；而攤販的從業員工人數有311,190人，占總就業人口的3.76％，占零售商業就業人口的25％。由上列這些資料顯示臺灣地區近年來攤販的氾濫，已到了相當嚴重的地步。（據主計處第四局來函稱：“本處編印之〈臺灣地區攤販經營概況調查報告〉，其調查統計對象包括市場以外散置各地之固定攤販及流動攤販，其中部分攤販已辦理登記，領有合法執照；又本處辦理之國民所得統計，已將攤販之經濟活動納入統計，……。”）

　　吳學燕，〈臺灣地區當前色情問題之探討——從警察人員的觀點論述之〉：臺灣地區近四十餘年來的社會變遷與發展，呈現多元化開放社會的面貌，在社會、經濟上均有結構性的改變，色情問題亦有日趨流行之趨勢。由於警察長久以來是處理色情問題的第一線人員，因此其對色情問題所持的看法，當可作為今後處理此一問題之參考。本文係以社會調查法，訪問258位警察，探討警察人員對當前色情問題所持的看法，並歸納所得的資料，提出色情問題的成因與對策，進而提出適度開放的相關要件，以使色情問題之處理有其週全之對策。其調查結果指出：在258位樣本中，有74人（28.7％）贊成放任不管，其主要理由是可抽稅管制及維護社區安寧；有176人（68.2％）贊成適度開放，其主要理由是可由此課徵重稅及提供工商業應酬場所；只有8人（3.1％）主張嚴加禁止，其主要理由是社會風氣不致奢靡。由此一結果可知警察人員以其工作經驗，認為宜採適度開放的方式來處理色情問題。

主編　李庸三　錢釧燈

民國82年10月

目　次

第一編　總體地下經濟

第一章　臺灣地區地下經濟之探討 *

李庸三　錢釧燈 **

一、緒　論

　　在人類的經濟發展史上，地下經濟的出現和國家雛型的出現密不可分。在城邦或王朝出現之前，人民將生產的食物、物品自己消費或以物易物，在生產與交易的過程中，無需繳納賦稅，也不受政府的管制，無所謂地上經濟與地下經濟之分。及至國家雛型出現，政府為支付維護安全與福利等各項支出，而向人民課徵租稅；為維護有秩序的經社生活，並基於維護善良民風及防制犯罪之緣故，而對某些不法經濟活動加以管制。但因有部分人民為逃避租稅的負擔或政府的管制，而隱匿其從事的經濟活動，匿報或低報其所得，地下經濟於焉產生。

　　從1977年Gutmann提出其地下經濟估計值以來，對地下經濟提出定義者，不下十數種，這些定義雖很分歧，但基本上可分為兩類：一是未申報的所得，指所得應依法向稅捐機關申報而實際上未申報的數額，美國內地稅局(1979)的估計係採此一定義；二是未記

　　*本文選自《臺灣銀行季刊》，第42卷第2期(80年6月)，頁281~327。
　　**李庸三，現任農民銀行董事長；錢釧燈，現任駐比利時臺北文化辦事
　　　處對歐聯財經工作小組一等秘書。

錄的所得,指國民所得帳在估計總體經濟活動時,未予估計的部分,大部分學者估計地下經濟時,係採用此一定義。

　　一般經濟活動的範圍錯綜複雜,如以經濟活動是否有逃漏稅及是否逃避管制這兩項標準來分類,則可將經濟活動分成下列四類:

　　1. 地上經濟:該經濟活動符合法令規定,且其營業活動所得均向稅捐機關申報繳稅,一般的合法經濟活動即屬此類,故亦可稱爲合法經濟。

　　2. 違章經濟:該經濟活動已被設籍課稅,且所得亦向稅捐機關申報,但因部分事業項目不符土地分區細則或環保法規,而遭主管機關駁回,致無法取得營利事業登記證,因而造成違章經濟。

　　3. 漏稅經濟:從事該經濟活動的主體係一般合法的廠商,但其部分營業所得卻未向稅捐機關申報,而造成一般所謂的逃漏稅即屬此類。

　　4. 非法經濟:該經濟活動本身即屬非法,其營業所得自然未向稅捐機關申報,一般之地下工廠、地下金融、地下色情、走私、販毒等皆屬此類。

　　此外,逃避稅負造成漏稅經濟,逃避管制造成非法經濟,而對非法活動取締不力則涉及執法人員貪汙賄賂等情事,爲法令所不許,故亦屬於非法經濟之範圍。

　　另有一類不上市經濟,或稱自給、家計經濟,這類經濟活動爲法律所允許,無需繳稅,人們在交易中也無需低、漏報所得,因此是屬於地上經濟。

　　由上面之分類可知,本文所謂之地下經濟係包括漏稅經濟及非法經濟兩大類。

　　在一般文獻上,認爲促使人們從事地下經濟活動的主要原因是逃避稅負和逃避管制（如Tanzi〔1982〕）。

地下經濟的大量存在與成長，會造成下列之影響：

1. 在租稅收入方面：地下經濟的存在，造成租稅的逃漏，侵蝕稅基，使國家稅收減少。

2. 在稅負公平性方面：政府對全體經濟部門提供各項服務與支出，但只向合法經濟課徵租稅，使合法經濟的租稅負擔加重，而地下經濟沒有租稅負擔，產生稅負的不公平，進而扭曲所得分配結構和影響社會公平理念的逐漸淪喪。

3. 在經濟結構方面：由於地下經濟不需要繳稅，如政府不嚴加取締，將使合法經濟爲逃避稅負而轉入地下，使生產要素由生產力較高、技術較密集的合法經濟，逐漸轉移到生產力較低、技術較低、勞力較密集的地下經濟，造成整體經濟資源配置效率的下降與經濟結構的惡化。

4. 在經濟秩序方面：一些非法的經濟活動，危害治安、妨害市容觀瞻、都市交通流暢以及善良風俗，使整體經濟秩序益趨混亂。

5. 在總體經濟變數的測度方面：地下經濟的存在與迅速成長，造成國民生產毛額與經濟成長率的低估、失業率的高估、勞動參與率的低估、物價與物價上漲率的高估及利率水準的低估。如果政府制定或變動經濟政策，以這些被扭曲的經濟變數爲依據，則據以採行的政策效果，其幅度可能過大或過小，甚或與目標相反。

6. 在學術研究的影響方面：經濟學術實證研究，如只採用地上經濟的變數，而忽略地下經濟的存在，可能造成研究結論的不精確。譬如錢釧燈(1982)曾探討地下經濟的存在對貨幣需求所得彈性的影響，孫克難(1984)探討地下經濟的存在，對政府支出比重、稅負比率及政府支出與賦稅收入所得彈性的影響。

臺灣各項逃漏稅及各種非法經濟活動，在光復後即存在，對這些個別的地下經濟活動，報章、雜誌雖有論及，但並未見有系統之研究。至民國70年開始，方有論文對臺灣總體的地下經濟做較有系統的估計及介紹，此後對地下經濟及逃漏稅的論文相繼出現，至今已有十數篇，而報章、雜誌對地下經濟問題的探討，更不計其數。

對地下經濟問題的關切，由輿論報章政策探討，擴展到經濟學術領域，一方面是因地下經濟的擴大，導致政府稅基減少，而為維持原來的支出，可能導致較高的稅率，造成租稅負擔的不公平及所得分配結構的惡化，以及社會正義、公平理念的淪喪。另一方面，隨著地下經濟規模的擴大，而總體經濟變數（如國民生產毛額、失業率或通貨膨脹率等）如果仍以未包括地下經濟的指標來作為經濟政策的依據，則據以採行的政策，其幅度可能不對，甚或與目的相反。

近年來，由於社會經濟的快速轉型，以及戒嚴體制的解除，政府無法及時因應此一變局，導致整體社會秩序失調、治安惡化，各種地下經濟一一顯現乃至急速擴大。從原來就存在的逃漏稅、違規遊覽車經營長途客運業務、地下工廠、地下色情、地攤等活動，擴展到地下投資公司違法吸收資金，地下期貨公司，股市丙種墊款等各種地下金融活動，以及走私、販賣黑槍、毒品，和恐嚇、勒索等不法活動，一波波衝擊著這個社會，使我們不得不面對這問題，對整體地下經濟活動加以探討，並希望能藉逐項的研究，蒐集完備的資料，俾能據以擬出具體可行的方法，以遏阻這些非法活動的成長。

本文第二單元將介紹地下經濟之估計方法，第三單元討論臺灣地區各項總體地下經濟之估計值，第四單元則探討臺灣地區個別部門地下經濟估計結果及其現狀，第五單元爲結論。

二、地下經濟之估計方法

估計地下經濟規模及其趨勢的方法，主要可分爲直接法、間接法及因果法三類。

(一)直接法

直接法係經由直接觀察個人的行爲，來測度地下經濟的大小。這類方法需要克服人們隱藏他們介入地下經濟活動的誘因。直接法又可分爲下列兩種：

1. 利用自願回答與設計良好的問卷和樣本方法（如Isachsen, Klovland and Strom,〔1982〕）[1]。
2. 利用稅捐查核及其他稽核方法（如IRS〔1979〕; Simon & Witte〔1982〕）[2]。

這類方法只能應用在個體的樣本資料上，因而大部分僅能得到點估計，無法提供地下經濟數額的趨勢值。同時，這種方法也不太可能掌握所有的地下經濟活動，所以這類估計方法也只能提供估計值的下限。

---

[1] Isachsen, Klovland and Strom（1982）曾對900位挪威人，從事訪問及問卷調查，結果指出在1979年，挪威的地下經濟占GNP的比率爲0.9%到2.3%之間。

[2] 美國聯邦內地稅局（IRS）在1979年發表〈個人所得稅申報中未申報所得之估計〉，利用個體資料直接加總，估計美國1976年未申報所得數額爲1,003億至1,352億美元，占當年GNP的5.9%~7.9%。另外Simon & Witte（1982）則估計美國1974年地下經濟占GNP的比率達9~16%。

(二)間接法

間接法係利用各種經濟指標來估計地下經濟數額的長期趨勢。下列幾種總體經濟指標可能留下一些地下經濟活動的軌跡：

1.所得與支出的差額

這種方法係假定由地下經濟活動所收到的所得將反應在支出面上，因此支出高於所得的部分，可能提供一條地下經濟規模的線索。有很多學者利用這種方法來估計各國的地下經濟，例如Macafee(1980)估計英國在1978年地下經濟占其GNP的2.5~3％。但這種方法的缺點，是收支的差異可能不只是由地下經濟活動所產生，也可能係由國民所得帳之統計誤差所導致。因為這種估計可能會產生不太可靠的地下經濟估計值，所以我們的分析將不包括此一估計值。

2.官方與正式勞動參與率之差異

這種方法係以官方統計的勞動參與率與其他國家、或不同時點推算出來的勞動參與率，加以比較，而將其差額歸因於地下經濟。例如正式部門勞動參與率的下降，即可視為地下經濟活動增加的一項指標。例如Contini(1981)利用這種方法，估計義大利在1977年參與地下經濟的勞動力占總勞動力的17~20％。同樣地，這一方法的缺點是勞動參與率的差異也可能係由其他因素所引起，而且人們在地下經濟部門工作，同時也可在地上經濟部門有一份工作。因此此一估計值只能當作地下經濟大小的粗略指標，所以我們的分析也不包括這一估計值。

3.貨幣面的殘差值[3]

---

[3]對這些方法Carson(1984)，Porter and Bayer(1984)，Frey and Pommerehene(1984)有較詳細的說明。

　　個人在從事地下經濟活動時，常以現金作爲交易的工具，以免交易在銀行的帳目中出現。雖然個人的現金交易不會留下可追查到的跡象，但是這些隱藏的活動在總體經濟上，仍會留下一些可觀察到的蛛絲馬跡。例如在與無地下經濟的正常情況下比較，如對通貨的需求有過量的增加，這"正常的"與實際的通貨需求之間的差額，即可當作地下經濟規模大小的一項指標。利用貨幣面的殘差值來估計地下經濟的規模計有下列三種不同的方法。

　　(1)**通貨比例法**：通貨比例法係由Gutmann(1977)所發展出來的，他假設通貨對活期存款的比例(或簡稱"通貨比例")，在地上經濟部門是長期固定的，而且所有的地下經濟交易只使用通貨。貨幣以通貨方式持有相對於以活期存款持有比例之增加，即可視爲地下經濟活動的相對增加。Gutmann在使用這種方法時，首先選擇美國1937~1941年作爲基期，假定那段期間沒有地下經濟活動。因此，任何時期爲地上經濟而持有的通貨(簡稱"地上通貨")對實際活期存款的比例，應與基期通貨對活期存款的比例一樣。因此，爲地下經濟而持有的通貨，等於實際流通的通貨與所估計出來的地上通貨之間的差額。而地下經濟的估計值就等於地下通貨與貨幣所得流通速度的乘積(由於沒有地下貨幣流通速度資料，故他以地上貨幣流通速度代替)。

　　Feige(1986)於1986年將Gutmann的通貨比例法，做如下的修正：(a)他使用1976年美國內地稅局的估計值當作基期之地下經濟估計值；(b)他放棄通貨爲地下交易唯一媒介的假設，代之以美國內地稅局(1979)調查資料顯示約有75％的未申報所得係以通貨來交易。做了上列修正後，他使用與Gutmann類似的方法來估計地下經濟的數額。

　　表1第一、二欄及圖1顯示利用Gutmann通貨比例法與Feige修正

表1 美國地下經濟數額占GNP的比率

單位：%

Year	Gutmann	Feige-G	Feige	Tanzi	Feige-T	Aigner
1946	10.75	14.5	22	4.47	9.5	48
1947	7.2	12	15.5	5.17	11	40
1948	6.78	11	9	5.34	12	34
1949	6.19	10	8	4.98	13	29
1950	4.68	8	3	5.07	10	24.5
1951	4.5	6.5	3.5	4.73	12	21
1952	4.4	6	7	5.22	14.3	23
1953	4.72	7.5	7	4.77	15.8	20.5
1954	3.6	6.5	6	4.62	15	17.5
1955	3.45	5.5	2	3.2	13.5	15.5
1956	3.49	5.5	2.5	4.32	13.5	13
1957	3.83	5.5	2.5	4.14	14	12.5
1958	3	5.5	2.5	4.36	13	10.5
1959	3.28	5	1.5	4.03	12.5	11
1960	3.2	5	1.2	4.08	14.5	8
1961	2.86	4.5	1	4.21	13	7
1962	3.24	4.7	1	3.92	14	8
1963	3.85	5.5	1	4.03	14.3	8.5
1964	4.14	6.2	1.5	3.82	13	8
1965	4.49	6.5	2	3.8	13	9
1966	5.3	7.5	3	4.1	13.5	9
1967	4.98	8	4	4.5	14	7.7
1968	4.95	7.5	4.5	4.32	13.7	8
1969	5.72	8	9.5	4.48	14.5	11.5
1970	6.15	9.3	8.5	4.58	17.5	13.5
1971	6.28	9.5	9.5	4.72	17	17
1972	6	9.5	10	4.74	15.5	16
1973	6.81	10	15	4.44	13.7	19.5
1974	8.61	12.3	23	4.93	16	22
1975	9.99	14.7	23.5	4.97	20	22.5
1976	10.98	17	20.5	5.49	20.2	22
1977	11.72	18	18.5	5.19	20.2	20
1978	12.41	19	20	5.27	19.7	22
1979	13.06	19.8	21	5.4	19.5	28
1980	14.27	22.3	39	6.07	19.8	26.5

資料來源：(1)Gutmann的估計值來自Molefsky(1982)，表3-2。
(2)Feige修正通貨比例法之估計值來自Feige(1988)，圖1.4。
(3)Feige交易法之估計值取自Feige(1988)，圖1.6。
(4)Tanzi的估計值取自Tanzi(1986)，表4。
(5)Feige修正Tanzi方法的估計值，取自Feige(1988)，圖1.5。
(6)Aigner因果法的估計值取自Aigner et. al(1986)，圖3。

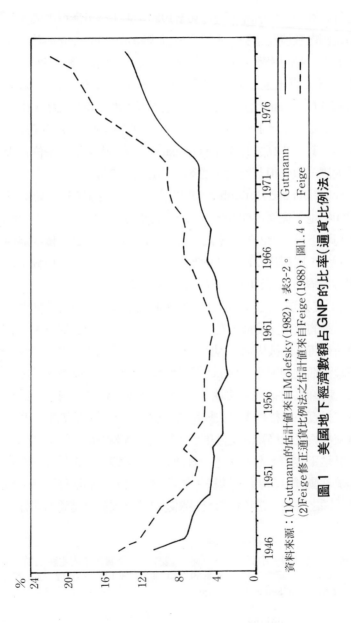

資料來源：(1)Gutmann的估計值來自Molefsky(1982)，表3-2。
(2)Feige修正通貨比例法之估計值來自Feige(1988)，圖1.4。

圖1 美國地下經濟數額占GNP的比率(通貨比例法)

的通貨比例法，來估計美國1946至1980年地下經濟所得占國民生產毛額比例之數值及趨勢。根據這些圖表顯示，Gutmann估計美國地下經濟占GNP的比率，由1946年之10.75％，逐年下降到1961年2.86％之低谷，而後逐年回升，至1980年，其比率升至14.27％；而Feige修正Gutmann方法所估計美國地下經濟占GNP的比率，由1946年之14.5％，逐年下降到1961年4.5％之低谷，而後逐年回升，至1980年，其比率高達22.3％。Gutmann的估計結果經Feige修正後，趨勢大體一致，但其絕對數額卻高出達35~57％。

　　Schneider and Hofreither[4]亦以通貨比例法估計OECD國家1978至1980年地下經濟占GDP的比例，如表2第一欄所示。由表中顯示義大利地下經濟所占的比率最大（占GDP之30％），其餘依次為西班牙（23％）、比利時（21％）及瑞典（13％），而地下經濟規模較小的國家則為美國（5％）及英國、瑞士與法國（皆為7％）。

　　（2）**交易法**：交易法是由Feige所發展出來的，他認為從事地下經濟活動的貨幣交易量，在計算總交易量時，會被記錄下來，但在計算所得時，則被排除。因此交易量對所得比例的改變，將會反映地下經濟活動的變化。Feige假設總交易量（活期存款與通貨之交易總額）與整體（包括地上與地下）經濟活動成一定的比例。因為總交易量包括直接的移轉支付與純粹的金融交易，所以他調整一些大的金融交易與直接移轉的支付項目。經過這些調整後，他以下列步驟來估計地下經濟的數額：地上經濟之交易總額係基期（假定沒有地下經濟活動）總交易量對國民生產毛額的比例與當年有記錄的國民生產毛額之乘積。當年實際交易額超過地上經濟交易額的部分，即

---

　　[4]參自王彼得、俞懿範譯，〈地下經濟——不實的國內生產毛額〉，《自由中國之工業》，第69卷第1期（77年1月），頁17~22。譯自 *Economist*, September 9, 1989。

表2　OECD各國地下經濟占GDP的比率

單位：%

	通貨比例	因 果 法
奧地利	10	9
比利時	21	12
英　國	7	8
加拿大	11	9
丹　麥	9	11
西　德	11	9
芬　蘭	-	8
法　國	7	9
荷　蘭	-	10
愛爾蘭	8	7
義大利	30	11
日　本	-	4
挪　威	11	9
西班牙	23	7
瑞　典	13	13
瑞　士	7	4
美　國	5	8

資料來源：通貨比例：Schneider & Hofreither[4]。
　　　　　因果法：Frey & Weck-Hannemann(1984)。

代表地下經濟交易額的部分。最後假定在基期地上與地下經濟部門
的交易對所得的比例相等，因此地下經濟的所得即可由估計的地下
經濟交易額推估出來。

　　表1第三欄及圖2顯示，利用交易法所估計美國地下經濟所得占國民生產毛額比例之數值及其趨勢。由上列圖表可看出，利用Feige交易法所估計出美國地下經濟占GNP的比率，由1946年之22％逐漸下降至1961~1963年1％之低谷，而後逐漸上升，尤其以1977年之21％，跳升至1980年之39％最爲驚人。如與利用Gutmann方法所估計的結果相比較，兩者的趨勢相當接近，惟利用Feige方法所估計之比率，其變動幅度較大。

　　(3)迴歸法：迴歸法係由Tanzi(1983)發展出來，他假設地下經濟交易係以現金支付的方式進行，以免留下稅捐機關可稽查到的跡象。因此，地下經濟活動的增加，會增加通貨的需求，爲了排除此一由於地下經濟而多出來的通貨需求，他的模型包括一般所有可能的因素，像每人實質所得、定期存款利率、國民所得中工資與薪資的比例。另外，一般人認爲從事地下經濟主要誘因的租稅負擔，也包括在迴歸方程式中。因此把這多餘增加之通貨(亦即無法由上列傳統或正常諸因素所能解釋的部分)，歸因租稅負擔的增加。地下經濟的大小及其趨勢即可由沒有租稅負擔時的通貨量與當年實際稅負的通貨量比較而得。

　　Feige(1986)在1986年批評Tanzi的方法時，認爲Tanzi用國民生產毛額爲所得的變數並不適當，而建議應採用美國商務部經濟分析局調整後的總所得(AGI)來作爲所得的變數。另外他還批評用“加權利息所得平均稅率”和“個人所得稅對淨個人所得(已扣除移轉支付)之比例”不適當，而認爲應採用Barro & Sahasakul(1983)所估計的“平均有效邊際稅率”來取代。另外，他也批評採用靜態線性對數函數所估計的通貨比例，違反可加性之設定，他並提出一個動態預測可加性線性方程式，而且殘差項採用一階的ARMR程序予以調整。經由上列之修正，他採用與Tanzi類似的方法來估計美國地下

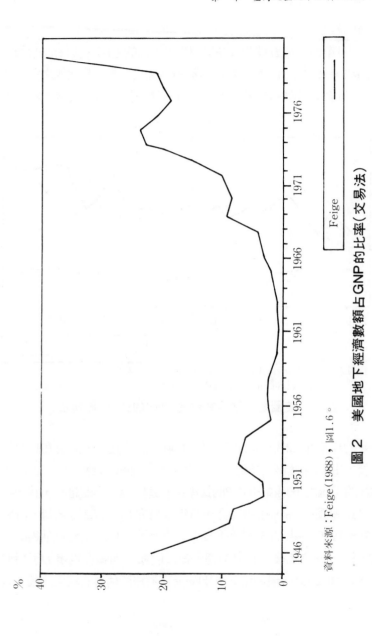

資料來源：Feige(1988)，圖1.6。

圖 2　美國地下經濟數額占 GNP 的比率（交易法）

經濟的數額。

　　表1第四、第五欄及圖3顯示利用Tanzi的迴歸法與Feige的修正迴歸法，來估計美國地下經濟數額占其國民生產毛額比例之數值及其長期趨勢。這些圖表顯示，Tanzi迴歸法估得的美國地下經濟占

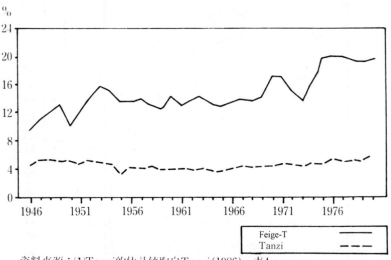

資料來源：(1)Tanzi的估計值取自Tanzi(1986)，表4。
　　　　　(2)Feige修正Tanzi方法的估計值，取自Feige(1988)，圖1.5。

圖3　美國地下經濟數額占GNP的比率(迴歸法)

GNP的比率在3.2％至6.1％之間，並無明顯的趨勢，只有在1973年以後，由4.4％緩慢上升到1980年之6.1％；而Feige修正Tanzi方法所估得的美國地下經濟占GNP的比率卻有逐階段上升的趨勢，其1946年之比率為9.5％，在1952至1973年維持在13至17.5％之間，而到1976至1980年間，則維持在20％左右之水準。Tanzi方法所得的結果，經Feige修正後，其變動趨勢較為明顯，而幅度也增加了1到3倍。若與Gutmann現金比例法及Feige交易法所估得的結果比較，以

Feige修正Tanzi方法所估得之結果在1965年以後，與前兩者之趨勢較爲接近，其餘則無相類似之處。

(三)因果法

上列所述估計地下經濟數額的方法，大都著重在找尋不同的指標或地下經濟所留下的軌跡，只有Tanzi的迴歸法考慮人們加入地下經濟的因素，但他只考慮租稅負擔之因素。

Aigner, Schneider & Ghosh(1986)建立並估計一個MIMIC(多指標多因素)型式的動態虛擬變數模型，此一模型充分考慮長期間造成地下經濟存在與成長的各項因素與各估測現象的各項指標。爲了估計，他們使用因素分析法將長期間地下經濟數額視爲一不可測的變數來加以估測。在其模型中，假設地下經濟的大小係受租稅負擔、管制負擔與報稅的誠信度等外生變數所影響。另外一組變數則假設當作地下經濟大小的指標，其中包括貨幣指標、勞動市場與生產市場等指標之趨勢值。爲了使其模型能夠運算，他們使用一動態的MIMIC計量模型來估計地下經濟的數額。

茲將Aigner等人(1986)使用因果法估計地下經濟數額占GNP的比率列於表1第六欄，其趨勢值則列於圖4。由這些圖表顯示，利用Aigner等因果法所估得美國地下經濟占GNP的比率，由1946年之48％，急速降至1960年之8％，而後一直維持在7~9％平緩之低谷，直至1968年，而後逐漸爬升，至1980年其比率爲26.5％。如與前面所提各種估計方法比較，其變動趨勢與Feige交易法，及兩種Gutmann通貨比例法所估得的結果相接近，都是由1946年降至1961年左右之低谷，而後逐年爬升，唯Aigner等之因果法與Feige交易法所估得結果之趨勢變動較大，而兩種Gutmann通貨比例法所估得的趨勢變動較小。這些方法與Tanzi迴歸法所估得的趨勢並不相似。

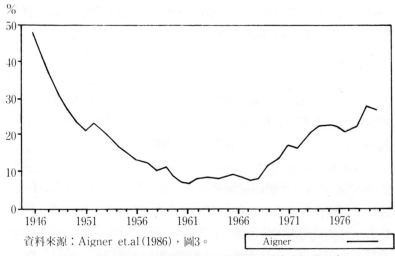

資料來源：Aigner et.al(1986)，圖3。

圖4 美國地下經濟數額占GNP的比率(因果法)

　　另外Frey and Weck-Hanneman(1984)亦利用因果法估計17個
OECD國家1978年的地下經濟規模，如表2第二欄所示。表中顯示瑞
典地下經濟占GNP的比率最高，爲13％，其餘依次爲比利時(12
％)、丹麥、義大利(皆爲11％)，而比率最小的國家則爲日本和瑞
士(皆爲4％)。

三、臺灣地區總體地下經濟之估計

(一)國內地下經濟研究文獻之檢討

　　自民國70年，錢釧燈(1981)利用Gutmann的通貨比例法及Feige
的交易法估計臺灣地下經濟的規模後，至今已有近十篇論文，就臺
灣地下經濟的數額加以估計。本單元將依論文發表時間之先後，對
臺灣地下經濟之估計結果做一介紹。

1. 錢釗燈(1981)利用Gutmann的通貨比例法，估計民國51年至
   68年臺灣的地下經濟規模，其結果指出臺灣地下經濟占GNP
   的比率，由民國51年的2.9％，持續上升，在63年至65年間，
   其比率在9.3％至12.1％之間，而後降至68年的7.9％。
   另外錢文亦修正Feige(1979)的交易法，估計臺灣地區在民國
   53到68年的地下經濟規模，其結果指出臺灣地下經濟占GNP
   的比率，在53年爲16.75％，至55年降爲11.81％，而後逐年
   上升，至民國68年其比率達到24.97％之最高峰。
   錢釗燈並運用已查獲的地下經濟活動統計，與上列兩項估計
   值，做迴歸比較，結果認爲Feige交易法所估計的數額，與臺
   灣地下經濟的實際情況較爲接近。

2. 錢釗燈(1983)在民國72年，部分修正其70年的Feige交易法，
   估計臺灣在民國51年到71年的地下經濟數額，結果指出臺灣
   地下經濟占GNP的比率，由民國51年的15.91％，逐步降至59
   到61年12％至13.4％之低谷，而後逐漸上升，至71年，其比
   率高達31.28％。
   另外錢文亦利用Tanzi(1983)的迴歸法，估計臺灣在民國51
   年到71年爲逃漏稅而引起地下經濟的數額，其結果指出爲逃
   漏稅而引起地下經濟占GNP的比率，由民國51年的11.6％上
   升至58年的17.8％，59年以後，則在10.6％與15.7％之間起伏
   波動，民國71年之比率則爲14.2％。

3. 蔡旭晟、賈宜鳳、鹿篤瑾、練有爲(1984)等四人，先將地下
   經濟分爲法所禁止、低報所得與不報稅等三大類，然後分別
   估計民國70年各類地下經濟活動的附加價值，其結果如表3
   所示，由表中顯示全部地下經濟占GNP的比率爲14.41％，其
   中以不報稅的部分規模最大，占GNP的比率達12.64％。

表3　民國70年各類地下經濟數額

單位：新臺幣百萬元

	附加價值	占GNP比率(%)
法所禁止	74.3	0.44
走私	12	0.07
私宰	12.2	0.07
盜採砂石	48.7	0.29
黑市金鈔	1.4	0.01
低報所得	224.8	1.33
營利事業	218.5	1.29
執行業務	6.3	0.04
不報稅	2,142.2	12.64
自給或不上市	1,233.0	7.28
農漁牧畜業	100.4	0.59
製造業	363.3	2.14
礦業及土石採取業	1.0	0.01
水電煤氣業	71.9	0.42
商業	3.3	0.02
自用住宅租金之設算	692.6	4.09
初級產品自用加工	0.5	-
自建營建工程	153.0	0.90
流動攤販	124.0	0.73
地下工廠	522.0	3.08
民間互助會	110.2	
合　　計	2,441.3	14.41

資料來源：蔡旭晟等(1984)，表7-1。

4. 王文煌(1987)應用Aigner等人所發展之DYMIMIC模型，估
　計臺灣在民國51年到74年的地下經濟相對規模，而沒估計絕
　對規模。其估計結果顯示臺灣在64年以前，地下經濟占GNP
　的比率相當穩定，自65年起，地下經濟的規模才稍微逐漸擴

大，而其年成長率平均只有1.52％。

5. 朱敬一、朱筱蕾（1988）亦利用 Aigner 等人所發展的
DYMIMIC統計方法，分析臺灣地下經濟活動的成因與指
標，同時估計臺灣在民國60年到75年地下經濟的相對規模。
其估計結果指出，臺灣地下經濟規模變動的趨勢，在民國60
年到61年地下經濟活動銳減，61年到72年都一路上升，72年
到74年走勢相當平穩，而74年至75年又下滑了12％左右。如
果設定民國60年地下經濟占GNP的比率爲10.6％，則其餘各
年的比率如表4所示，表中顯示：臺灣地下經濟占GNP的比
率，由民國60年之10.6％，微降到60年至62年之8.1％至8.4
％，而後即逐年上升，至民國72年達到30.6％之高峰，而後
下降至民國75年之24.3％。

(二)臺灣地區總體地下經濟之估計

1.以通貨比例法估計臺灣地區的地下經濟

本單元將以Gutmann（1977）的通貨比例法來估計臺灣地區在民
國51年到77年的地下經濟數額。

首先，我們將民國51年到77年的通貨對活期存款的比率列於表
5第三欄。表中顯示臺灣的通貨對活期存款的比率，自民國51年的
0.46上升到60年的0.71，而後下降，67年降至0.49，而後逐年上升到
71年的0.68，然後再降到77年的0.43，其波動並無明顯的趨勢。

我們選擇民國70年爲基期，假設當年地下經濟占GNP的比率與
蔡旭晟等（1984）所估得的結果一樣，即同爲14.41％，亦即當年爲地
下經濟交易而持有的通貨占爲地上經濟而持有的通貨及活期存款的
14.41％。在民國70年，通貨占活期存款的62％，其中爲地下經濟活
動而持有的通貨占活期存款的20.4％，而爲地上經濟活動而持有的

表4　臺灣地下經濟占GNP之比率(因果法)

單位：%

年　　次	Aigner
民國60年	10.58
民國61年	8.13
民國62年	8.4
民國63年	9.64
民國64年	13.0
民國65年	16.03
民國66年	16.73
民國67年	18.35
民國68年	20.4
民國69年	22.26
民國70年	26.58
民國71年	27.55
民國72年	30.57
民國73年	30.4
民國74年	29.54
民國75年	24.27

資料來源：朱敬一、朱筱蕾(1988)，圖3⑤。

通貨占活期存款的41.6％〔即20.4％÷(1＋41.6％)=14.41％〕，同時根據Gutmann的假設，其餘各年爲地上經濟交易而持有的通貨仍占活期存款的41.6％。如以民國51年爲例，當年通貨占活期存款的比率爲46％，而地上的通貨比率爲41.6％，則地下通貨比率應爲4.4％，而其占地上經濟交易所需活期存款及通貨的比率則爲3.11％。同時Gutmann亦假設一元的通貨及活期存款所能融通的GNP，在地上經濟部門及地下經濟部門一樣，則在民國51年地下經濟占GNP的

---

⑤他們在此假設民國60年地下經濟占GNP的10.58%。

表5　臺灣通貨對活期存款比率與地下經濟占GNP的比率

單位：百萬元

年　　份	(1)通　　貨	(2)活期存款	(3)通貨對活期存款的比率	(4)地下經濟占GNP的比率
民國51年	3,050	6,655	0.46	3.11
民國52年	3,464	7,272	0.48	4.52
民國53年	4,475	9,505	0.47	3.81
民國54年	5,251	10,361	0.51	6.64
民國55年	5,815	10,642	0.55	9.46
民國56年	7,059	12,625	0.56	10.17
民國57年	8,865	15,730	0.56	10.17
民國58年	10,466	16,564	0.63	15.11
民國59年	11,483	17,719	0.65	16.53
民國60年	14,461	20,408	0.71	20.76
民國61年	17,329	28,003	0.62	14.41
民國62年	23,990	44,949	0.53	8.05
民國63年	30,228	51,455	0.59	12.29
民國64年	34,868	63,692	0.55	9.46
民國65年	42,583	75,047	0.57	10.88
民國66年	51,634	96,008	0.54	8.76
民國67年	64,871	131,904	0.49	5.23
民國68年	80,838	151,937	0.53	8.05
民國69年	95,510	169,980	0.56	10.17
民國70年	115,371	186,075	0.62	14.41
民國71年	132,819	194,556	0.68	18.64
民國72年	147,049	219,972	0.67	17.94
民國73年	163,559	242,564	0.67	17.94
民國74年	170,868	252,622	0.67	17.94
民國75年	198,350	337,139	0.59	12.29
民國76年	254,673	498,780	0.51	6.64
民國77年	291,624	673,406	0.43	0.99

資料來源：《臺灣地區金融統計月報特輯》。

附　　註：第一欄數值，係指各年12個月月底通貨的算術平均數。
　　　　　第二欄數值，係指各年12個月月底活期存款與支票存款和之平均數。

比率亦爲3.11％。我們可利用相同的方法，算出52年到77年地下經濟占GNP的比率，並將其列於表5第四欄。由表中可看出，利用Gutmann通貨比例法所估得地下經濟占GNP的比率，由民國51年的3.11％，逐年上升至60年之20.76％，而後逐漸下降到67年的5.23％，而後上升到71至74年之17.94~18.64％，而後急遽下降，到民國77年只占0.99％。

2.以交易法估計臺灣地區之地下經濟

　　本單元將修正Feige之交易法，分別估計臺灣地區實物面與金融面之地下經濟數額。估計實物面地下經濟數額，係由MV算出總交易量PT，並算出其與GNP的比率，而後考慮有關當期生產的交易量對GNP比率變動之因素後，求出實物面地下經濟的數額。估計金融面地下經濟數額則以民間資金借貸總額，折算成利息所得來代表。其詳細估計步驟如下：

　　(1)**總交易量對GNP的比率**：總交易量係由通貨與活期存款乘上各自的流通速度而後加總而得，通貨與活期存款以各年12個月月底數量的算術平均數表示，活期存款的流通速度，以支票存款與存摺存款(本文之活期存款不包括活期儲蓄存款)按年計算的回轉次數加權平均表示；通貨的流通速度，因估算困難，且通貨與支票的性質相近，故我們假設其流通速度與支票的流通速度相同。茲將計算得的總交易量，列於表6之第一欄，並以各年總交易量除以各年國民生產額，求出其比例如表6之第三欄。

　　(2)**交易量的組成**：一般從事交易的貨幣支付，有下列各種：

　　A.有關當期生產之貨幣支付(即貨幣的產業流通)，包括：(A)生產要素報酬之支付：如工資、租金、利息、利潤等有關所得分配的貨幣支付。(B)最後產品價款之有關所得處分的貨幣支付。(C)中間產品價款之收付：即中間消費。

表6　總交易量對國民生產毛額之比率

單位：百萬元

年　　份	(1)總交易量 PT=MV	(2)國民生產毛額 GNP	(3)PT/GNP
民國51年	850,460	77,049	11.04
民國52年	915,150	87,139	10.50
民國53年	1,222,964	101,982	11.99
民國54年	1,276,734	112,433	11.36
民國55年	1,271,770	125,925	10.10
民國56年	1,546,280	145,494	10.63
民國57年	2,015,241	169,446	11.89
民國58年	2,350,981	196,598	11.96
民國59年	2,580,943	226,393	11.40
民國60年	3,144,814	263,554	11.93
民國61年	3,843,296	316,240	12.15
民國62年	5,986,203	410,289	14.59
民國63年	7,898,986	549,400	14.38
民國64年	8,894,232	586,307	15.17
民國65年	11,020,851	702,694	15.68
民國66年	13,663,534	823,871	16.58
民國67年	17,222,281	989,271	17.41
民國68年	22,200,309	1,196,238	18.56
民國69年	28,760,309	1,488,953	19.32
民國70年	37,207,242	1,764,248	21.09
民國71年	45,838,091	1,899,289	24.13
民國72年	52,035,745	2,103,261	24.74
民國73年	63,306,085	2,368,261	26.73
民國74年	64,399,887	2,515,049	25.61
民國75年	68,377,954	2,925,772	23.37
民國76年	85,081,854	3,288,973	25.87
民國77年	112,299,728	3,585,294	31.32

資料來源：(1)《中華民國臺灣地區金融統計月報》。
　　　　　(2)《中華民國國民所得》。

B.有關資本變換之貨幣支付：(A)原有財富轉讓價款之收付：如自然資源與既存固定資本財價款之收付。(B)資金融通的貨幣支付(即貨幣的金融流通)：包括金錢債權之發生與消滅之收付，與原有證券價款之收付。

C.有關移轉支付之貨幣收付：就我國的資料而言，有關當期生產的貨幣支付，可由國民所得帳求得，這將在下一小單元討論。有關資本變換的貨幣支付，其中的原有財富轉讓價款之收付，因難以尋一適切之資料，且其可能引起漏稅的比例不大，在此不擬討論；而資金融通的貨幣支付，有關地下經濟的部分，主要在民營企業間與家庭間的資金借貸，這將在估計金融面地下經濟時討論。有關移轉支付的貨幣部分，因家庭、政府與國外三部門間的移轉支付，可由國民所得統計求出，但因其數額相對較小，在此不予討論，而各部門內的移轉支付，因不涉及地下經濟，亦不討論。

(3)**實物面地下經濟數額**：有關當期生產的貨幣支付，包括：(A)中間產品價款之收付，即國民所得統計的中間消費；(B)最後產品的收付，包括國內對最終產品的需要，即消費支出、投資支出與政府支出，及國外對最終產品的需要，即輸出的部分；(C)對生產要素報酬的支付，包括國內要素的總投入，即國內生產毛額與國外要素的總投入，即輸入的部分。

茲將有關當期生產之各項交易加總，列於表7之第一欄，其與GNP之比率，列於表7之第二欄，而後用此一比率來修正總交易量對GNP的比率，得到扣除有關當期生產交易量對GNP比率的變動後之總交易量對GNP的比率，如表7之第四欄所示。如以此比率最低之民國56年為基期，暫時假設該年沒有地下經濟，則可計算出各年考慮有關當期生產交易變動後之地下經濟占GNP的比率，如表7第五欄所示。但此比率只考慮有關當期生產交易量的變動，而沒包括

表7 考慮有關當期生產交易變動後之地下經濟估計額

單位：百萬元，%

年　份	(1)有關當期生產之交易量	(2) (1)/GNP	(3) (2)÷3.00	(4)修正的 PT/GNP	(5)地下經濟 /GNP(%)
民國51年	231,143	3.00	1.000	11.04	15.60
民國52年	260,429	2.99	0.997	10.53	10.26
民國53年	310,318	3.04	1.013	11.84	23.98
民國54年	351,721	3.13	1.043	10.89	14.03
民國55年	390,337	3.10	1.033	9.78	2.41
民國56年	485,805	3.34	1.113	9.55	0
民國57年	582,725	3.44	1.147	10.37	8.59
民國58年	676,207	3.44	1.147	10.43	9.21
民國59年	803,577	3.55	1.183	9.64	0.94
民國60年	954,630	3.62	1.207	9.88	3.46
民國61年	1,180,681	3.73	1.123	10.82	13.30
民國62年	1,625,204	3.96	1.320	11.05	15.71
民國63年	2,291,537	4.17	1.390	10.35	8.38
民國64年	2,343,927	4.00	1.333	11.38	19.16
民國65年	2,873,547	4.09	1.363	11.50	20.42
民國66年	3,365,456	4.08	1.360	12.19	27.64
民國67年	4,120,432	4.17	1.390	12.53	31.20
民國68年	5,180,497	4.33	1.443	12.86	34.66
民國69年	6,609,079	4.44	1.480	13.05	36.65
民國70年	7,644,077	4.33	1.443	14.62	53.09
民國71年	7,932,337	4.18	1.393	17.32	81.36
民國72年	8,658,892	4.12	1.373	18.02	88.69
民國73年	9,785,633	4.13	1.377	19.41	103.25
民國74年	9,980,988	3.97	1.323	19.36	102.72
民國75年	11,275,302	3.85	1.283	18.22	90.79
民國76年	12,698,626	3.86	1.287	20.10	110.47
民國77年	13,955,781	3.89	1.297	24.15	152.88

資料來源：《中華民國國民所得》。

註：1.第三欄之數值係由第二欄各年數值，除以民國51年數值而得。

　　2.修正的PT/GNP，係由表6第三欄數值除以本表第三欄數值而得。

　　3.第五欄數值係以第四欄數值，除9.55以後，再減100%之百分比。

資本變換之交易量變動，其所估計出之地下經濟占GNP比率，是假設有關資本變換之交易量與有關當期生產之交易量同比率變化，但有關資本變換之交易，引起地下經濟的比率較小，故單只考慮有關當期生產交易量之地下經濟占GNP的比率，應為表7第五欄的數值乘上有關當期生產交易量占總交易量的比率。茲將其乘積，即實物面地下經濟占GNP的比率，列於表8第二欄。民國73年，行政院主計處蔡旭晟等人(1984)利用直接加總法，估計民國70年臺灣地區地下經濟數額占GNP的比率為14.41%。本文採用蔡文的估計，以民國70年為基期，假設當年實物面地下經濟占GNP的14.41%，其他各年實物面地下經濟占GNP的比率，將如表8第三欄所示。由表中可看出，在民國63年以前，我國經濟發展快速，物價平穩，在這段期間，實物面地下經濟占GNP的比率沒有明顯的趨勢。民國63年發生第一次能源危機，我國經濟成長與物價不若63年以前穩定，使實物面地下經濟占GNP的比率逐年上升，至民國77年，此一比率高達22.5%。

(4)**金融面地下經濟數額**：有關資本變換的貨幣支付中，原有財富轉讓價款之收付，因資料難尋，且引起地下經濟的比例較低，故在此只考慮資金融通之貨幣支付。

有關資金融通引起地下經濟之部分，主要在民營企業之間、家庭部門之間及民營企業與家庭之間的資金借貸。民營企業間及民營企業與家庭之資金借貸統計資料，可得自民營企業資金狀況調查結果報告。在表9第一欄之資金借貸總額係指民營企業間及家庭與民營企業間之資金借貸總額，如乘以民間借貸年利率，則可得出民間資金借貸之利息所得，如表9第三欄所示，其占GNP的比率則列於第四欄，由表中可看出，在金融面之地下經濟，由於民間資金借貸數額持續增加，使利息所得占GNP的比率也逐年提高，不過在民國

表8 實物面地下經濟數額占GNP之比率

單位：%

年　　份	(1)有關當期生產交易量對總交易量的比率	(2)實物面地下經濟占GNP的比率(56年為0%)	(3)實物面地下經濟占GNP的比率(70年為14.41%)
民國51年	27.18	4.24	7.75
民國52年	28.46	2.92	6.43
民國53年	25.37	6.08	9.59
民國54年	27.55	3.87	7.38
民國55年	30.69	0.74	4.25
民國56年	31.42	0	3.51
民國57年	28.92	2.48	5.99
民國58年	28.76	2.65	6.16
民國59年	31.13	0.29	3.80
民國60年	30.36	1.05	4.56
民國61年	30.72	4.09	7.60
民國62年	27.15	4.81	8.32
民國63年	29.01	2.43	5.94
民國64年	26.35	5.05	8.56
民國65年	26.07	7.93	11.44
民國66年	24.63	6.81	10.32
民國67年	23.93	7.47	10.98
民國68年	23.33	8.09	11.60
民國69年	22.98	8.42	11.93
民國70年	20.54	10.90	14.41
民國71年	17.31	14.08	17.59
民國72年	16.64	14.76	18.27
民國73年	15.46	15.96	19.47
民國74年	15.50	15.92	19.43
民國75年	16.49	14.97	18.48
民國76年	14.93	16.49	20.00
民國77年	12.42	19.00	22.51

註：1.第一欄之數值係由表7第一欄各年數值，除以表6第一欄各年數值。
　　2.第二欄之數值係第一欄各年數值，乘以表7第五欄各年數值。
　　3.第三欄之數值係假定民國70年實物面地下經濟占GNP的比率為
　　　14.41%。

表9　金融面地下經濟數額占GNP之比率

單位：百萬元，%

年　份	(1) 資金借貸總額	(2) 年利率	(3) 利息所得 =(1)×(2)	(4) 利息所得/GNP
民國51年	5,110	30.0	1,533	2.00
民國52年	6,194	28.0	1,734	2.00
民國53年	8,350	24.0	2,004	1.97
民國54年	9,728	22.8	2,218	1.98
民國55年	13,361	22.8	3,046	2.43
民國56年	18,541	22.8	4,227	2.92
民國57年	19,642	22.8	4,478	2.65
民國58年	20,990	22.8	4,786	2.45
民國59年	21,500	22.8	4,902	1.18
民國60年	32,508	22.7	7,379	2.82
民國61年	28,144	22.7	6,389	2.03
民國62年	55,307	23.3	12,887	3.16
民國63年	62,908	30.1	18,935	3.48
民國64年	81,503	29.5	24,043	4.14
民國65年	96,186	30.0	18,856	4.15
民國66年	128,111	28.5	36,512	4.50
民國67年	179,886	27.7	49,828	5.15
民國68年	236,146	30.1	71,080	6.10
民國69年	352,404	32.4	114,179	7.92
民國70年	394,767	32.3	127,510	7.48
民國71年	401,873	29.3	117,749	6.45
民國72年	431,425	27.5	118,642	5.64
民國73年	507,647	26.2	133,004	5.62
民國74年	588,146	25.0	147,037	5.85
民國75年	721,558	21.7	156,578	5.35
民國76年	768,572	20.4	156,789	4.77
民國77年	724,694	21.4	155,085	4.33

資料來源：《中華民國臺灣地區民營企業資金狀況調查結果報告》(民
國57~77年)。

註：1.第一欄數值係民營企業綜合資產負債中，民營企業對民營企業及家
庭之存款與來自民營企業及家庭之借款。其中民國51、52年資料，
係估計值。

2.第二欄數值，係各年12個月的銀行體系以外之遠期支票借款利率之
平均年利率。

70年以後，則由於民間借貸利率下降，其利息所得占GNP的比率也逐年下降。

至於家庭部門之間的資金借貸，主要在私人借貸與民間互助會。家庭部門之間之私人借貸，因其數額難以估計，不擬予討論。而民間互助會，普遍存在於民間，且其數額頗爲龐大，根據吳以體（1980）的估計，臺灣地區在67年透過標會的信用融通金額估計每個月爲95億元，一年則爲1,140億元，經換算占當年GNP的6.8％。而根據蔡旭晟等人的估計，在70年民間互助會的利息所得達110.2億元，占GNP的0.65％，如以民間借貸還原的民間合會規模則占當年GNP的2.7％。故如考慮民間互助會的利息所得，則表9欄的數字應再加上上列數字，由於這些估計無歷年完整的資料，故我們未予列入表9之中。

(5)**地下經濟之總額**：地下經濟總額占GNP的比率，包括表8第三欄的實物面地下經濟數額占GNP的比率與表9第四欄的金融面地下經濟數額占GNP的比率，我們將其總額及其占GNP的比率，列於表10。由表中可知地下經濟總額占GNP的比率，由民國53年的11.6％逐年下降到59年的6％。民國59年到62年，雖然地下經濟的相對規模逐年擴大，但其增幅不大，62年的比率與53年的比率相當。但到民國62年發生第一次石油危機以後，地下經濟占GNP的比率，由63年的9.4％逐年上升，在67年達到16.1％的水準。68年發生第二次石油危機，使地下經濟占GNP的比率由68年的17.7％，逐年上升到74年的25.3％，在75、76年地下經濟相對規模雖略爲縮小，但77年之比率又增加到26.8％。

3.以迴歸法估計臺灣地區的地下經濟

本單元將以Tanzi（1983）的迴歸法來估計臺灣在民國51年到77年的地下經濟數額。

表10　臺灣地下經濟總額占GNP之比率（交易法）

單位：%

年　　份	地下經濟總額／GNP	年　　份	地下經濟總額／GNP
民國51年	9.75	民國65年	15.59
民國52年	8.43	民國66年	14.82
民國53年	11.56	民國67年	16.13
民國54年	9.36	民國68年	17.70
民國55年	6.68	民國69年	19.85
民國56年	6.43	民國70年	21.89
民國57年	8.64	民國71年	24.04
民國58年	8.61	民國72年	23.91
民國59年	5.98	民國73年	25.09
民國60年	7.38	民國74年	25.28
民國61年	9.63	民國75年	23.83
民國62年	11.48	民國76年	24.77
民國63年	9.42	民國77年	26.84
民國64年	12.70		

　　首先我們設立一個迴歸模型，假設通貨對M_2的比率，受實質每人國民生產毛額、利率與租稅負擔的影響。隨著經濟的發展，實質每人GNP的增加，M_2相對於通貨之需求增加較快，故通貨對M_2比率將下降；同時如果租稅負擔增加，會使人們逃避稅負的誘因增加，而多使用現金少用支票，以免逃漏稅時留下紀錄而被稽徵機關查出，因此租稅負擔的增加，會使通貨對M_2的比率增加；另外，如利率上升，會使人們持有通貨的相對成本增加，而減少通貨持有額，與增加定期存款數額，因此通貨對M_2的比率應會下降。

　　我們將其迴歸方程式以對數直線型函數表示，即

$$\ln\frac{C}{M_2} = a + b\ln y + c\ln\frac{T}{Y} + d\ln r + \varepsilon$$

其中C為名目通貨量，y為實質每人國民生產毛額，T/Y為賦稅收入占國民生產毛額的比例，r 為利率變數，ε 代表誤差項。我們曾以民國51年到77年的年資料，做迴歸分析，但其結果顯示利率變數不顯著(以遠期支票借款利率為利率變數)或符號相反(以一個月定期存款利率為利率變數)，故我們省略此一變數，而只對其他兩個變數做迴歸分析，同時因有序列相關，而用Cochran-Orcutt轉換法加以消除，其結果為：

$$\ln \frac{\hat{C}}{M_2} = 3.424 - 0.588 \ln y + 5.951 \ln \frac{T}{Y} \qquad (1)$$
$$\phantom{\ln \frac{\hat{C}}{M_2} = }(8.876)\ (-15.703)\quad (5.122)$$

$$\overline{R}^2 = 0.940 \qquad D - W = 1.913$$

式中括弧內數字代表該迴歸參數估計值之t比率。由上式可看出y與T/Y對$\hat{C}/M_2$具有顯著的解釋能力，且符號正確。

假設人們沒有租稅負擔，亦即T/Y等於0，則人們不需要為逃漏稅目的而持有現金，因此其現金需求量係指式(1)中，T/Y為0時，C的估計額，如表11第二欄EC所示，其與實際通貨量的差額，即可視為為融通地下經濟交易而需要的通貨量，如表11第三欄所示。而為融通合法經濟交易所需的貨幣量，則為支票存款、活期存款與為合法交易所需通貨量的合計，亦即M_1A減去第三欄地下通貨之需要量，如表11第四欄所示。假設每一元貨幣所能融通地下經濟活動與地上經濟活動的比率一樣，則地下經濟數額占地上經濟數額(即國民生產毛額)的比例，即為為融通地下經濟交易而持有的通貨量與為融通地上經濟交易而持有通貨量的比率，如表11第五欄所示。由表可看出，利用Tanzi迴歸法所估得地下經濟占GNP的比率，則由民國51年之20.1％逐年上升到民國60年的34.1％，而後下降至民國67年之25.6％，再回升至民國71年37.9％之高峰，然後快速下降至民

表11 臺灣地下經濟占GNP的比率（Tanzi迴歸法）

單位：百萬元

年　　份	(1) C	(2) EC	(3) ILM	(4) LM	(5) UE
民國51年	3,050	1,427	1,623	8,082	20.09
民國52年	3,464	1,661	1,803	8,933	20.19
民國53年	4,475	2,126	2,349	11,631	20.19
民國54年	5,251	2,415	2,836	12,776	22.20
民國55年	5,815	2,731	3,084	13,373	23.06
民國56年	7,059	3,158	3,901	15,811	24.67
民國57年	8,865	3,601	5,264	19,331	27.23
民國58年	10,466	3,898	6,568	20,462	32.10
民國59年	11,483	4,607	6,876	22,326	30.80
民國60年	14,461	5,590	8,871	25,998	34.12
民國61年	17,329	6,728	10,601	34,731	30.52
民國62年	23,990	8,716	15,274	53,665	28.46
民國63年	30,228	9,959	20,269	61,414	33.00
民國64年	34,868	14,098	20,770	77,790	26.70
民國65年	42,583	15,887	26,696	90,934	29.36
民國66年	51,634	19,974	31,660	115,982	27.30
民國67年	64,871	24,803	40,068	156,707	25.57
民國68年	80,838	28,047	52,792	179,984	29.33
民國69年	95,510	32,655	62,856	202,635	31.02
民國70年	115,371	38,269	77,102	224,344	34.37
民國71年	132,819	42,810	90,009	237,366	37.92
民國72年	147,049	56,704	90,345	276,676	32.65
民國73年	163,559	66,355	97,204	308,919	31.47
民國74年	170,868	79,081	91,787	331,703	27.67
民國75年	198,350	89,747	108,603	426,886	25.44
民國76年	254,673	105,721	148,952	604,501	24.64
民國77年	291,624	125,008	166,616	798,414	20.87

資料來源：《臺灣地區金融統計月報特輯》。

附　　註：1. C指實際通貨量，由各年12個月月底之通貨量平均而得。

　　　　　2. EC指式(1)T/Y中＝0時估計之通貨量。

　　　　　3. ILM係C減EC。

　　　　　4. LM係M_1A減ILM。

　　　　　5. M_1A包括通貨、支票存款與活期存款，亦由各年12個月月底之通貨量平均而得。

國77年之20.9％。

(三)臺灣地區地下經濟估計值之檢討

我們如將前面所估得之結果間及與朱敬一等利用Aigner等方法所估得之結果相互比較，可發現以Gutmann通貨比例法與Tanzi迴歸法所估得的地下經濟占GNP比率之趨勢相類似，兩者之趨勢皆以民國60年與71年爲雙高峰。而利用Feige交易法與Aigner因果法，所估得的趨勢亦頗爲接近(如圖5所示)，兩者的相關係數達0.973。

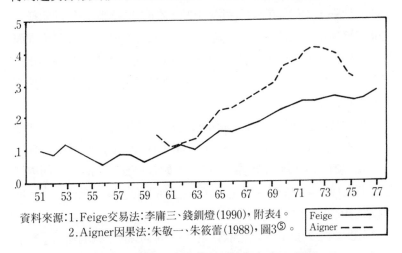

資料來源：1.Feige交易法：李庸三、錢釧燈(1990)，附表4。
　　　　　2.Aigner因果法：朱敬一、朱筱蕾(1988)，圖3[5]。

Feige ——
Aigner ----

圖5　臺灣地下經濟占GNP比率之趨勢

李庸三、錢釧燈(1990)曾利用迴歸模型與地下通貨模型對上述各估計結果加以評估，結果指出：臺灣地下經濟占GNP比率之變動趨勢與利用Feige交易法、Aigner等之因果法所估得的趨勢頗爲接近，亦即臺灣地下經濟占GNP的比率，由民國61年以後，一直在持續的增加，一直到72年才略見平緩(如圖5所示)，而其中又以利用Feige交易法所估得的趨勢更爲接近。

　　如依Feige交易法所估得的趨勢，臺灣地下經濟占GNP的比率，由民國53年的11.6％逐年下降到59年的6％，這是因為在這段期間經濟持續快速成長，物價長期穩定，失業率逐年下降，使人們生活安定，逃漏稅和逃避管制的誘因降低，加入地下經濟的情況自然也就減少。民國59年到62年，雖然地下經濟的相對規模逐年擴大，但其增幅不大，62年的比率與53年的比率相當。但到民國62年發生第一次石油危機以後，經濟成長趨緩，物價大幅上漲，在經濟持續動盪的情勢下，逃漏稅和逃避管制的情況逐漸增加，因此地下經濟占GNP的比率，由63年的9.4％逐年上升，在67年達到16.1％的水準。在68年發生第二次石油危機，經濟成長又逐漸趨緩，物價又大幅膨脹，使地下經濟占GNP的比率由68年的17.7％，逐年上升到74年的25.3％，在75、76年地下經濟相對規模雖略為縮小，但77年其比率又增加到26.8％。

　　如比較美國與臺灣地區利用Feige交易法都有估計之1962到1980年地下經濟占GNP的比率資料，美國由1962年的1％逐年上升至1979年之21％，1980年再跳升為39％（如表1第三欄所示）；而臺灣地區則由1964年之11.6％降至1970年之6％，而後逐漸上升，到1980年則為19.9％（如表10所示）。

　　如比較上列估計，是否能認定在1968年以前臺灣地區地下經濟規模比美國大，而1961年以後則比美國小？我們認為並不盡然。因為如果我們觀察Feige利用其交易法估計美國地下經濟占GNP的比率，可發現其波動頗大，且李庸三、錢釧燈（1990）亦指出：如1980年美國地下經濟占GNP的比率為39％，則有55.8％至74.4％的通貨持有是為地下經濟交易之用，這在稅政健全的美國，頗令人懷疑。故我們認為Feige對美國地下經濟的估計結果波動太大與1980年的地下經濟估計額過大。這可能係因Feige忽略了調整有關當期生產交易量與總交易量之間的差別，這也是本文經過表8所做的調整，而使其波動及規模不致過大之原因。

　　如比較美國與臺灣地區利用因果法，所估得1971到1980年地下經濟占GNP的比率，Aigner等估計美國在1971年地下經濟占GNP的比率為17％，在1973到1978年則維持在19.5％到22.5％間，1979年則升為28％，1980年略降為26.5％（如表1第六欄所示）。而朱敬一等利用Aigner等之估計方法，估計臺灣地下經濟占GNP的比率（由於朱敬一等沒估計出臺灣地下經濟之絕對規模，故在此我們利用其設定臺灣地區1971年地下經濟占GNP的比率為10.58％之假定），則由1972年之8.1％逐年上升到1980年之22.3％。比較上列估計結果，我們亦無法認為臺灣地下經濟規模比美國小，一方面朱敬一等沒估計臺灣地下經濟的絕對規模；另一面，李庸三、錢釗燈（1990）亦認為Aigner等人之估計結果波動太大，且其估計1946年地下經濟占GNP之比率為48％亦過高。

　　如將朱敬一等估計1978年臺灣地區地下經濟占GNP的18.35％，與Frey & Weck-Hannemann（1984）利用因果法估計17個OECD國家的地下經濟比率（如表2所示）相互比較，可發現臺灣地區地下經濟占GNP的比率遠高於OECD各國。

四、臺灣個別部門地下經濟估計結果及其現狀之探討

　　臺灣的地下經濟活動，包括合法廠商的逃漏稅活動，以及各種非法的經濟活動，其中以地下服務業為主，包括（一）地下投資公司、地下期貨公司、地下錢莊、民間合會、企業收受職工存款及證券市場丙種經紀人等地下金融活動，（二）出租大客車違規經營固定

班車的地下運輸業,(三)地下貿易之走私活動,(四)地下零售業之攤販,(五)地下色情活動,(六)販毒活動,及(七)地下工業之地下工廠。另外貪汙、勒索及賭博,雖從事非法金錢交易行為,但只涉及金錢的移轉性支付,沒產生地下的附加價值(即地下所得),故不予包括在地下經濟活動中。

(一)逃漏稅

1.估計結果之介紹

(1)黃耀輝(1982)利用所得差額比對法,估計民國68年,臺灣地區綜合所得稅未申報所得占應申報所得的71.37%,逃漏稅占應納稅額的71.84%。

(2)蔡旭晟、賈宜鳳、鹿篤瑾、練有為(1984)等4人估計民國70年,營利事業所得有218.5億元沒有申報,占當年GNP的1.29%,執行業務所得有6.3億元沒申報,占GNP的0.04%。

(3)陳麗玟(1987)利用所得支出差異法,估計民國72年,臺灣地區民營企業營利事業所得稅的逃漏所得占應申報所得的52.77%。

(4)朱敬一(1989)於民國75年訪問了54位會計師,請其就平日接觸經驗中,估算企業逃漏稅的百分比以及做假帳的百分比。在逃漏稅方面(如表12所示),有28.8%的會計師認為只有0~20%的營利事業誠實申報,有40.4%的會計師認為只有20到40%的營利事業誠實申報,有21.2%的會計師認為有40到60%的營利事業誠實申報,合計有90%的會計師認為企業誠實申報的比率在60%以下,另有9.6%的會計師認為有60到80%的營利事業誠實申報,而並沒有會計師認為有80到100%營利事業誠實申報。

關於做假帳方面（如表13所示），有24％的會計師認爲有
80~100％的企業做假帳，有31％的會計師認爲有60到80％
的企業做假帳，有30％的會計師認爲有40~60％的企業做假
帳，合計有85％的會計師認爲有40％以上的企業做假帳，
另有13％的會計師認爲只有20~40％的企業做假帳，而並沒
有會計師認爲企業幾乎沒有在做假帳。

(5)李金桐、朱澤民、錢釧燈（1988）根據其所從事對臺北市
2,549位市民的訪問調查指出，有32.1％和21.4％的受訪者
認爲逃漏稅的情形十分嚴重和略嚴重，認爲不嚴重的則只

表12　營利事業誠實申報所占的比率

	人　　數	答題人數百分比	累積答題人數百分比
0~20 %	15	28.8	28.8
20~40 %	21	40.4	69.2
40~60 %	11	21.2	90.4
60~80 %	5	9.6	100.0
80~100%	0	0	100.0
未填者	2		

資料來源：朱敬一(1989)，表2。

表13　做假帳的企業所占百分比估計

	勾選人數	百分比	累積百分比
80~100%	13	24%	24%
60~80 %	17	31%	55%
80~60 %	16	30%	85%
60~40 %	7	13%	98%
幾乎沒有	0	0%	98%
未填答者	1	2%	100%

資料來源：朱敬一(1989)，表3。

有12.8％。

(6)內政部警政署及臺灣省警務處，根據臺灣地區各縣市警察局之資料編製而成的〈臺灣地區經濟案件統計〉，其中歷年來查獲漏稅之金額，如表14第一欄所示，由表中可看出被查獲的漏稅額，在68年以後有明顯增加的趨勢，尤其是74年以後，被查獲的漏稅額較74年以前增加甚多。

2.逃漏稅的原因及方式

李金桐等(1988)認為造成逃漏稅的原因包括：(1)納稅人的疏忽與無知；(2)納稅義務人不正確的租稅觀念；(3)不公平、不合理的租稅制度；(4)稅政上的不健全；(5)工商組織結構的不健全。

而黃昌文(1984)經由文獻與作者本身經驗的整理，認為罰責不健全、租稅結構不佳、部分稅務員執法偏差、納稅人觀念淡薄、會計師不上軌道等是造成逃漏稅的原因。

朱敬一(1989)則經由文獻探討與實務經驗豐富會計師的協助，設計了9項可能導致營利事業普遍逃漏原因之問卷，請54位受訪會計師依他們心目中的重要次序予以排列，結果指出造成逃漏營利事業所得稅的原因，依序為(1)納稅人普遍缺乏納稅觀念、社會道德規範之約束力不足；(2)稅法過於注重形式憑證主義；(3)部分稅務人員素質不佳，即使誠實申報，亦遭無端挑剔；(4)稅率過高，部分稅法解釋自由度過大；(5)交易雙方未依照規定開立或收受統一發票，致缺少入帳的真實依據；(6)部分稅務人員品德、操守不佳，即使企業被發覺不實申報，亦可設法解決，免遭處罰；(7)書審制度之流弊；(8)部分法令嚴苛，不切實際；(9)不實申報懲處輕緩。

在逃漏稅的方式方面，黃昌文(1984)曾列出53項常用的逃稅方法；李金桐等(1988)亦列了24項臺北市地方稅收入中各稅的逃漏方

表14 臺灣地區經濟案件統計

金額：新臺幣百萬元

年　　次	漏　　稅	地下錢莊	走　　私
民國51年	264	0	4
民國52年	536	0	9
民國53年	183	0	6
民國54年	28	0	15
民國55年	16	15	16
民國56年	16	19	10
民國57年	30	1	11
民國58年	38	4	13
民國59年	45	0	19
民國60年	33	7	15
民國61年	45	4	16
民國62年	124	0	13
民國63年	241	11	17
民國64年	175	0	22
民國65年	83	6	39
民國66年	94	14	77
民國67年	64	0	74
民國68年	188	668	135
民國69年	230	5	77
民國70年	96	117	92
民國71年	148	2	154
民國72年	98	110	370
民國73年	269	0	482
民國74年	833	18	440
民國75年	439	0	467
民國76年	585	21	656
民國77年	398	4	862

資料來源：內政部警政署、臺灣省警務處，《臺灣警務統計分析》(各年)。

法，茲因種類繁多，本文不擬列出，有興趣者，可參考黃昌文(1984)之著作。

3.逃漏稅的防止辦法

民國79年10月財政部為遏止逃漏稅，維護租稅公平並落實稽徵作業，促進誠實申報納稅，健全合理稅政，核定〈財政部遏阻逃漏稅維護租稅公平作業計畫〉，並通函各稽徵機關，以一年為期，查核18種易逃漏稅的行為，這18項列為查核作業的項目包括：(1)防止營業人漏開統一發票，(2)查核繁華地段房屋租金偏低案件，(3)抽查簽證不實之營所稅申報案件，(4)查緝開立不實發票之營業人，(5)追查進口大宗或高價值貨物之銷售流程，(6)檢查扣繳異常單位，(7)查核取得小店戶收據之營利事業，(8)查核巨額外匯匯出案件，(9)查核分散進口零組件逃漏貨物稅案件，(10)追查巨額欠稅案件，(11)查核不計入遺產總額案件，(12)查核農業用地免徵土地增值稅、遺產稅及贈與稅之案件，(13)推廣使用收銀機開立統一發票，(14)查核特定對象遺產稅，(15)查核關係企業案，(16)調查執行業務者及補習班，(17)加強移送刑罰案件，(18)抽查地價稅減免案件。

在討論防止逃漏稅辦法之文獻中，李金桐等(1988)列了14項的辦法，朱敬一等(1989)亦分別對我國租稅處罰結構、會計師簽證品質、小規模營業額稽徵作業及營業額4,000萬元以下營利事業擴大書審制度等四方面，提出檢討與建議，由於非本文之重點，故亦不擬列出。

(二)地下金融

1.估計結果之介紹

(1)許嘉棟(1983)估計臺灣地區家庭部門及民營企業國內借款

　　來源時，在假定家庭收支調查中，其他金融負債由金融機構融通的比率為0.7的設定值下，民國64年至67年間，來自民間借貸的比率在44.5％到47.8％之間。

(2)劉壽祥根據其〈臺灣地區民間標會暨私人借貸調查報告〉指出，在民國71年底，家計部門來自民間借款(包括未付會款、私人借貸與來自公民營企業借款)之金額為6,373(或4,647)億元，占家計部門總借款的52.38％(或44.51％)。如將此一估計結果與資金流量統計所估計的民營企業國內借款來源合併，可得民營企業與家計部門來自民間借貸市場之借貸金額為9,468(或7,742)億元，占民營企業與家計部門總借貸的47.34％(或42.36％)。

(3)朱敬一、張慶輝、鄭文輝(1989)等利用DYMIMIC模型，估計地下金融占整體借貸活動比率，其趨勢(如圖6所示)自61年持續上升到69年，而69年到75年，則維持在一高比率上。60年到75年間地下金融占全部金融體系比率的平均年成長率則為1.42％。

　　同時朱敬一等亦估計民國75年有400億元之利息所得來自非銀行組織的民間，如將地下金融地上化，由於銀行利率較黑市利率低，會產生133至200億元的利息所得，估計這些所得逃漏了19.8至30億元的營業稅和所得稅。

(4)內政部警政署、臺灣省警務處，根據警察機關的資料顯示，被查獲地下錢莊高利貸款的金額並不穩定(如表14第二欄所示)，其中以68年之6.68億元最多，70與72年分別為1.17億元與1.1億元次之，其餘各年皆在0.2億元以下。

(5)中央銀行經濟研究處編印的《中華民國臺灣地區資金流量統計》，列有民營企業國內借款的來源，其比率如表15所

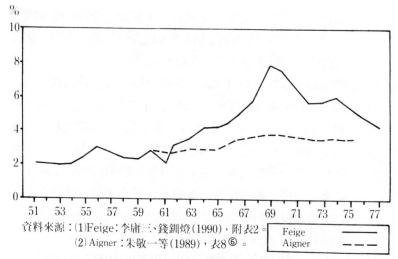

資料來源：(1)Feige：李庸三、錢釧燈(1990)，附表2。
　　　　　(2)Aigner：朱敬一等(1989)，表8⑥。

| Feige | ———— |
| Aigner | - - - - |

圖6　地下金融占GNP比率之趨勢

示。該表顯示民營企業國內借款來自家庭及企業相互融資
的百分比由民國53年的45.6％，逐漸下降至62年之27％，而
後逐漸上升，至75年達到44.4％的高峰，77年則降為32.1
％。觀察整段時期，我們由表15可看出民營企業國內借款
中，有27％到45.6％來自民間借貸。

(6)李庸三、錢釧燈(1990)在利用Feige方法估計臺灣地區的地
　下經濟時，曾以民營企業之間及與家庭部門間之資金借貸
　總額乘以民間借貸利率，估計臺灣地下金融所得，其占
　GNP的比率，如圖6所示。由圖6可看出在民國51到61年
　間，地下金融所得占GNP的比率，在2~3％之間，62年以
　後，逐年上升，至69年達到7.92％之高峰，而後逐年下降，

---

⑥由於朱敬一等只估計出相對規模，為與李庸三、錢釧燈的估計結果比
較，設定兩者民國60年地下金融占GNP的比率相同。

表15　民營企業國內借款來源

單位：%

| 年　　次 | 金融機構 | 民　間　借　貸 | | | 政府機關 |
		家庭企業	相互融資	小　　計	
民國53年	49.2	43.5	2.1	45.6	5.3
民國54年	53.4	40.5	1.7	42.2	4.5
民國55年	52.4	42.7	1.3	44.0	3.7
民國56年	58.3	34.2	3.7	37.9	3.8
民國57年	62.7	27.5	6.0	33.7	3.6
民國58年	62.8	28.4	6.0	34.4	2.8
民國59年	61.1	31.0	5.8	36.8	2.1
民國60年	63.1	31.0	4.3	35.3	1.7
民國61年	67.5	27.2	4.1	31.3	1.2
民國62年	72.1	24.0	3.0	27.0	0.9
民國63年	69.3	28.2	1.6	29.8	0.9
民國64年	69.3	17.6	2.1	29.7	1.0
民國65年	66.9	29.4	2.5	31.9	1.2
民國66年	64.5	31.9	2.5	34.4	1.1
民國67年	62.1	35.2	2.1	37.3	0.6
民國68年	61.9	35.1	2.5	37.6	0.5
民國69年	62.0	35.0	2.6	37.6	0.4
民國70年	61.1	36.0	2.5	38.5	0.4
民國71年	61.4	35.2	3.0	38.2	0.4
民國72年	63.8	32.9	3.0	35.9	0.4
民國73年	64.1	32.0	3.3	35.3	0.6
民國74年	61.6	32.7	4.5	37.2	1.1
民國75年	54.7	41.3	3.1	44.4	1.0
民國76年	60.1	36.6	3.1	39.7	0.2
民國77年	67.0	29.5	2.6	32.1	0.9

資料來源：中央銀行經濟研究處編印，《中華民國臺灣地區金流量統
計》，民國78年12月。

至77年降爲4.33％。

(7)林宗正(1990)根據民國79年5月的社會意向調查，顯示臺灣
地區有18.2％的家戶(約86萬戶)曾經玩過六合彩或大家樂，
大多數人是在76年至78年間加入，且加入者以中等程度的
中、高所得者占多數。同時該調查也顯示臺灣地區有6.14％
的家戶(約29萬戶)曾經將金錢投入地下投資公司，若以省
籍分，約只有5％的本省籍家戶將資金投入地下投資公司，
而大陸籍家戶卻有兩成左右。

(8)地下金融占GNP比率之趨勢如以李庸三、錢釧燈所估計地
下金融所得占GNP比率之趨勢與朱敬一等利用DYMIMIC模
型，估計地下金融占全部金融體系的估計值之趨勢相互比
較(如圖6)，發現兩者皆是從民國62年起逐年上升，至69年
達到高峰，而後下降。且兩者的相關係數高達0.937，這似
可說明臺灣地下金融活動的趨勢。

2.地下金融的種類

地下金融大略可分爲下列幾類：

(1)**地下投資公司**：近年來，最受社會大眾注目的地下金融活
動，首推地下投資公司。地下投資公司係以金字塔型多層次直銷手
法，以月息4分至6分之高利來吸收民間資金。其募集資金之方式，
以入股及發行憑證方式向投資人募資，每一單位通常爲15萬元，並
承諾每月給予4分至6分之利息，最爲普遍。

地下投資公司起源於民國70年，以老鼠會金字塔型多層次直銷
手法來吸收民間游資。至民國74年，由於金融體系資金氾濫，銀行
利率過低與拒收大額存款，使游資大量流進地下投資公司。根據股
乃平(1990)的估計，在75年，地下投資公司大量成長，家數由十家
不到，迅速擴張爲四、五十家。隨著76年以後股市的熱絡，與外匯

市場的開放，77年底至78年初，估計已超過五百家以上，而吸收的資金高達3,000億元。這些地下投資公司的資金，除用來支付利息外，其餘則從事股市的炒作、外匯市場套匯、期貨市場投機，亦有投資不動產、經營觀光飯店等。

地下投資公司雖自民國74年，問題已逐漸顯現，但由於法律制度缺乏彈性及政府各部門之間推諉塞責，使其得以日益坐大，雖至77年11月底，行政院成立跨部會的"處理違法吸收資金公司聯合專案小組"，但未見任何具體成效。直到78年4月，立法院通過銀行法修正案，正式將地下投資公司的吸收資金列為非法吸收存款後，地下投資公司方在入金日減，不敷支應其利息負擔下，紛紛倒閉。而最大的鴻源機構亦於79年8月被調查局移送偵辦，為地下投資公司譜下了終曲。

(2)**地下期貨公司**：在地下投資公司紛紛倒閉時，地下期貨公司取而代之。期貨是一種遠期交易的契約，在國外外匯期貨、證券金融期貨與大宗物資期貨之買賣，本屬正常之避險工具。但國內的地下期貨公司，大都是顧客繳交保證金，公司與之對賭差價，或者將顧客之間訂單對沖，而不將訂單轉送國外期貨市場下單，使期貨交易變質，不圖利用國際金融資訊來規避風險，而是關起門來設局賭博，據殷乃平(1990)估計，其每日交易金額已近五百億元。

由於政府已解決地下投資公司問題，目前調查局正全力在取締這些地下期貨公司。

(3)**地下錢莊**：地下錢莊是一項歷史頗為悠久的地下金融活動，可追溯到臺灣光復初期，據沈英明(1984)的研究，在民國38年4月，臺灣地區約有五百家地下錢莊，臺北市即有150家左右。

一般地下錢莊是指經營者以本身資金及向外吸收之資金，以高利貸給資金需求者。地下錢莊之所以盛行，一方面係因金融機構之作風保守，一般資金需求者，向銀行貸款時，銀行往往要求擔保品、保證人及繁瑣的資料，尚需經徵信調查、設定抵押等層層關卡，曠日廢時；另方面亦因資金需求者無法提供足夠證明其信用之資料，使地下錢莊應運而生。惟地下錢莊涉及高利暴利與常涉入暴力，威脅治安，故政府訂有"取締地下錢莊辦法"加以取締，惟因地下錢莊取得資金相當便利，雖然供應資金利率較高，市場對其仍有一定的需求，它仍為一條資金融通管道。取締地下錢莊辦法表面雖屬嚴厲，但實際上並未發揮嚇阻作用，為削減地下錢莊之需求，仍有賴金融貸款制度的健全。

關於研究地下錢莊的文獻，沈英明(1984)曾頗為詳細探討地下錢莊的緣起、定義、範圍及其經營方式，值得參考。另外黃永仁等(1983)亦曾探討地下錢莊的概況及所衍生的問題，並提出解決之道，亦值得參考。

(4)**民間合會**：民間合會俗稱標會或民間互助會，係指多數人預定一定的腳數及應付之金錢或物品，互約逐期付出按其腳數計算之金錢，湊成一筆整數後，依特定方式順序給付各會員為目的而成立的組織。

民間合會亦風行於民間社會甚久，且其規模頗巨。根據吳以體(1980)67年對民間合會的調查，臺灣地區民眾參加標會的普及率高達85％，透過標會的信用融通金額，估計每月為95億元，一年則為1,140億元，經換算占當年GNP的6.8％。

蔡旭晟等(1984)根據家庭收支訪問調查資料顯示，民國70年底，家庭或個人對已付之活會會款為503.4億元，而死會尚須繳納會款為225.2億元。如換算成會款利息，家庭或個人之利息收入來自家庭的部分(即民間互助會的利息)所得達110.2億元，占GNP的0.65％。如以民間借貸利率還原的民間合會規模則為459億元，約占當年GNP的2.7％。

根據劉壽祥對臺灣地區民間標會暨私人借貸的調查報告，在民國71年底，家計部門的借款來源中死會應付未付會款占來自民間借款的65％，占全部借款來源(包括金融機構)的28.5~33.9％，比率頗為龐大，遠大於私人間之借款與來自公民營企業之借款。

另外，李金桐等(1988)對臺北市2,351位市民的調查，則有40.1％的市民參加標會，其中每月會錢在15,000元以下者有31.1％，15,000元以上者只有9.1％，另有54.6％的市民沒參加標會。

有關民間合會的概況、問題之探討及健全民間合會之途徑，可參考黃永仁等(1983)之著作，本文不擬詳述。

(5)企業收受職工存款：企業收受職工存款係指工商企業向職工收受存款，性質屬於企業向其職工的借款。由於企業能以較高的利率，取得較穩定的資金來源，且可免受銀行的刁難，並且可提供其職工儲蓄資金的管道，故有很多大企業辦理此項存款，而收受方式，有直接列入公司帳目者，有以職工福利會名義列入公司使用者，亦有以事業主名義開立借據者。而目前法律對企業收受職工存款的規範仍不明確。

據沈英明(1984)指出，在民國70年，國內企業收受員工儲蓄存款，戶數超過100戶以上者有159家，憑此提出扣繳憑單享受36萬元定額免稅者有11萬件。其中大同公司參加之員工數逾兩萬人，金額超過20億元。

(6)證券市場丙種經紀人：所謂"丙種經紀人"係指"地下融資融券"，亦即私下為客戶提供資金或股票，予以從事證券操作，而從中獲利者。這些丙種經紀人，一方面將多頭押借的股票融券給空頭，一方面將空頭保證金融資給多頭，兩面賺取利息。在七〇年代瘋狂的證券市場中，由於只有復華證券金融公司可提供股票之融資融券，但因其繁瑣之規定，所提供的服務未能滿足投資大眾的需要，使地下融資融券更形普遍，據估計，其占股市信用交易的80％以上。79年9月底鑑於國內證券市場低迷，爲振興股市及導正融資業務，故已決定開放優良證券商參與融資業務。

(三)地下運輸

地下運輸主要係指出租大客車違規經營固定班車，即俗稱的野雞車。根據黃承傳等(1988)的研究，在民國64年鐵路電氣化開始施工，由於火車列車班次減少，行車時間加長，誤點情況嚴重，加上臺汽公司未能適時大量擴充車次，使得公路班車擁擠。新竹地區出現遊覽車業者以中型冷氣遊覽車攬客營業，並逐漸發展爲定時班車，隨後並逐漸向中南部延伸。根據交通部運輸計畫委員會(1978)在民國66年9月所做的一項調查，發現臺北至新竹之客運量分配情況，違規遊覽車占58％，臺汽公司占35％，而臺鐵只占8％。由民國64年到67年11月高速公路全線通車前這段期間，是違規遊覽車的成長期，及至民國67年11月高速公路全線通車後，違規遊覽車步入了全盛期，據估計當時經營違規班車之公司約在百家以上，總車數約爲七百餘輛，平均每天對開的班車約爲1,500車次。隨後臺汽公司於69年7月1日起陸續租用786輛遊覽車，租期兩年，納入該公司營運，並於71年7月兩年租期屆滿後，改以租斷方式繼續訂約租用565輛遊覽車，同時並自69年7月起全面嚴格執行查處取締，並加重處罰標準，使違規遊覽車步入衰退期。但自民國73年4月鐵公路票價上漲，同時政府開放大馬力客車進口與臺汽公司租斷之遊覽車牌照陸續到期，使業者以進口大馬力車輛換上臺汽公司發還的牌照，加入高速公路違規經營班車，使違規遊覽車又步入了復甦期。

根據黃承傳等(1988)於民國76年7月31日至8月3日在臺北、三

重、臺中、虎尾、斗南、西螺、嘉義、臺南等違規遊覽車主要營業
地點展開的調查結果顯示：

1. 當時從事違規營運車數至少有兩百輛，一日之總班次約爲
   860班，主要路線共11條，平均每天載客在一般日爲25人，
   週末及星期例假日則爲35人。這11條路線，違規遊覽車所承
   運人數的市場占有率有41％，國光號爲33％，中興號則爲26
   ％，若與臺汽公司75年各線之總承載量比較，則該11條違規
   遊覽車所承運旅客人數約占總人數之10.8％。

2. 就承載率而言，違規遊覽車爲64％，低於國光號之79％與中
   興號之72％。

3. 就路線別之市場占有率而言，違規遊覽車在臺北至臺南線之
   占有率高達71％居首，臺北至嘉義之61％居次。

其後朱敬一等(1989)利用上述的調查結果，估計75會計年度違
規遊覽車的營業額爲10.6億元到40.2億元，其估計的逃漏所得額爲
2.4億元到9.3億元，而其逃漏稅額則爲1.8億元到4.7億元。

(四)走私

1.走私金額之估計

走私貨物因種類繁多、項目瑣細，且又混雜合法進口貨或國產
品流入市面，故走私的金額頗難估計。如就海關緝獲與軍警機關移
送的走私價值來觀察(如表16第二欄所示)，自民國59年的0.9億元，
持續增加到68年的4.5億元，而後略減，但到71年以後又逐漸增加，
至77年，私貨之金額達5.2億元。

另外，根據內政部警政署、臺灣省警務處的統計，被警察機關
查獲走私的金額，從民國51年起即逐漸增加(如表14第三欄所示)，
在民國64年以前，都在2.2千萬元以下，65年以後則大量增加，尤其

表16　進口與走私金額比較表

單位：新臺幣百萬元：%

年　次	進口金額	緝獲走私金　額	估計走私金　額	走私占進口之比　　　率
民國59年	6,111	88	414	0.68
民國60年	73,942	135	635	0.86
民國61年	100,791	145	682	0.68
民國62年	145,079	162	761	0.52
民國63年	265,395	290	1,363	0.51
民國64年	226,460	311	1,462	0.65
民國65年	289,139	333	1,565	0.54
民國66年	323,839	300	1,410	0.44
民國67年	408,378	259	1,217	0.3
民國68年	532,928	454	2,134	0.4
民國69年	711,433	446	2,096	0.3
民國70年	778,633	273	1,283	0.16
民國71年	736,084	375	1,763	0.24
民國72年	813,904	570	2,679	0.33
民國73年	870,861	715	3,361	0.39
民國74年	801,847	765	3,596	9.45
民國75年	916,421	458	2,153	0.23
民國76年	1,113,105	463	2,176	0.2
民國77年	1,422,614	519	2,439	0.17

資料來源：1.《進出口貿易統計月報》。
　　　　　2.財政部關政司、海關總稅務司署，《關務年報》。
　註：估計走私金額係以蔡旭晟等對70年的估計，將緝獲走私金額
　　　乘上4.7倍。

以71年的1.5億元增加到77年的8.6億元最大。

　　目前對走私之研究，多止於理論架構的探討，對於實際走私之金額，則難以正確估計。蔡旭晟等(1984)曾對關稅人員、同業公會及迪化街中大盤商做過不記名的電話間接查訪，查訪其對走私毛利率及查獲率的看法與臆測，而這三階層對查獲率的看法差異甚大，

關稅人員一般認爲查獲率在1/3左右；同業公會則認爲在1/5；迪化街大中盤商則認爲在1/10左右。蔡旭晟等將三類平均，而認爲走私實際額度應爲緝獲走私的4.7倍，而估計民國70年的走私總額爲13億元，占該年海關進口金額的0.17％。若查獲率一直不變，則臺灣地區估計的走私金額如表16第三欄所示，走私金額自59年至69年，呈現逐年增加之趨勢，在70、71年突然下降，而後在74年到達36億元之高峰，75年到77年則又下降在21.5億元到24.4億元之間。而走私金額占進口總金額的比率，如表16第四欄所示，大略呈現下降的趨勢。我們雖得到上述結果，但我們懷疑在70、71年及75到77年之查獲率偏低，且認爲75年以後，由於漁船走私大量相對增加，亦使查獲金額降低。

2.走私之概況分析

　　一般走私方式可分爲兩種，一是非通關的走私，包括旅客受酬帶貨、貨櫃偷運、中途調包、漁船走私及外海拋包由漁船接運等方式，主要進口的貨品有電動遊樂器、洋煙酒、中藥材及汽車零件，這類走私既逃避管制又逃漏關稅。另一爲虛報的通關走私，主要是汽車與家電用品等以低報價格來少繳關稅。

　　對於走私之實際情況，大都止於報章雜誌的報導，有嚴謹分析的文獻不多。林秀香(1987)估算71年到74年走私錄放影機分別爲2.8萬、6.4萬、9.3萬及6.0萬台，占各年錄放影機銷售量的32.1％、45.3％、41.5％及20.8％，由此可見走私錄放影機在市場銷售量占有很大的比率。

　　另外75年7月5日的《工商時報》亦列出各種水貨相關資料推估表(如表17所示)⑦，表中顯示市面上的錄放影機、相機、洋煙、名

---

⑦ 有些水貨不一定係走私進口，有些產品，如汽車、錄放影機、彩視，係由獨家代理商以外之貿易商所進口；有些產品，如化妝品、藥品、

表17　水貨相關資料推估表

項　　　目	主要進口地區	市場占有率	價位降低多少
汽　　　車	歐美	20~35%	10%
電子樂器	日本	35%	20%
化 妝 品	香港	35~50%	50%
名貴中藥材	香港	50~70%	20%
洋　　　煙	香港	60%	25%
錄放影機	日本	90%	20%
相　　　機	香港	80%	20%
軟　　　片	香港	30~60%	15%

資料來源：《工商時報》，75年7月5日。

貴中藥材的市場占有率皆達一半以上，雖其資料非正式統計，但大略可由表中看出走私水貨猖獗的情況。

　　臺灣地區自民國77年7月解除戒嚴後，海峽兩岸間的漁船走私開始日益猖獗，根據農委會委託海洋大學的調查資料，南寮漁港147艘漁船中，有130艘左右有過違規走私的紀錄，比率高達90％，使南寮儼然成爲一走私型的漁港。另外亦有非正式的統計指出，臺灣東北角海岸的漁船有九成以上曾經走私過；相對地，中共的非正式統計資料亦指出，大陸廣東陸斗縣及福建平潭有八成以上的漁

洋煙、相機，則由旅客隨身攜帶進口。

船，涉及兩岸走私⑧。

　　至於兩岸走私的貨品，種類繁多，包括大陸非法勞工、臺灣通緝犯、娃娃魚、西藏獒犬等稀有動物、中共黑星手槍、大陸骨董、各種中藥品、農產品及酒等。

　　至於走私的地點，根據警備總部的資料，全省有21個鄉鎮附近漁港村落，每年平均至少有十餘起走私案被查獲。這些被列為緝私特區的地點包括：臺北縣的金山及萬里、桃園縣的觀音、新竹縣的南寮、苗栗縣的通霄、彰化縣的芳苑、雲林縣的臺西及口湖、嘉義縣的布袋、臺南縣的北門及七股、臺南市的安平、屏東縣的林邊、枋寮、車城及恆春、宜蘭縣的頭城、花蓮縣的豐濱、臺東縣的太麻里及太武。

　　鑑於走私問題的嚴重性，政府於79年7月展開軍憲警全面聯合查緝走私行動，增加公海、沿海空中巡航及水面巡弋武力與陸地憲警的查緝行動。由於此一政策的實行，走私的猖獗情況，勢可加以遏止。

（五）攤販

1.調查結果之介紹

　　行政院主計處曾於民國71年及77年舉辦有系統的攤販調查，調查結果指出71年底臺灣地區攤販家數有85,020家，全年營業總值達490億元，占臺灣地區零售商業營業額的6.50％，至77年增至234,335家，劇增1.75倍，平均每年以18.41％的速度增加，亦即平均每年約增加24,886家，且77年底的總家數占正規營業零售（含飲食）商業家數的82.54％，其全年營業收入達1,962億元，其生產總值占零售商業生產總值的14.36％，顯示近年來攤販蔓延之快速，且已在

⑧參見《聯合晚報》，79年6月11日。

零售商業活動中形成到處充斥的不正常現象。

　　另根據臺北市政府市場管理處在72年對臺北市48個公有零售市場周圍流動攤販所做的調查指出，從71年1月至72年之18個月中，包圍市場的流動攤販數目在2,672攤到3,873攤之間，占攤商的比率在28.51％到41.33％之間，由此亦可看出公有零售市場受流動攤販包圍程度的嚴重性⑨。

　　李金桐等(1988)在76年對臺北市2,549位市民所做的調查，有61.5％的受訪市民認為臺北市的流動攤販問題十分嚴重，而認為略嚴重的受訪市民則有19.6％合計達81.1％，且有35.10％的市民認為當時臺北市的流動攤販問題較三年前惡化，而只有13.7％的市民認為有改善。同時，李金桐等亦指出，在臺北市曾向市建設局市場管理處請領執照或登記有案的攤販約兩萬家，未登記的流動攤販約一萬家，但依稅捐處資料，查定課徵的攤販則不滿3,000家，由此亦可見攤販逃漏租稅的情況頗為嚴重。

　　另外，劉水深等(1984)亦曾訪問兩百個非法營業攤販，調查其經營方式、從攤動機、經營狀況，同時他們亦訪問四百位光顧這些攤販的消費者，以了解其對攤販偏好形成的原因，和購買時的一般行為，而提出攤販形成之需求與供給因素，文中並提出若干的建議。

　　在上列文獻中，以行政院主計處77年底的〈攤販經營概況調查報告〉(1989)資料最完整，時效上也最新，使人能對近年來臺灣地區攤販的狀況，做通盤的了解，故我們將其調查結果摘錄於下一小節，文中所有資料均為77年資料。

2.主計處調查結果摘要

　　(1)**攤販經營概況**：77年底臺灣地區攤販家數計有234,335家，

---

⑨參見劉水深等(1984)。

較71年底85,020家，增加1.75倍，每年平均增加18.41％，即24,886家。

　　A.地區分布情況：(A)攤販大都向人口較多、工商業較發達之都會區及其外圍之縣市聚集，各縣市中，臺北縣、市即占了29.65％。(B)若以攤販營業方式分，採固定地點營業之攤販占78.33％，到處游動叫賣之流動攤販占21.67％，顯示攤販大都占據在公共地區之一隅營業。(C)若比較攤販家數與正規零售(含飲食業)商店家數，攤販總家數為正規零售商業家數的82.54％，顯示攤販的蔓延已影響合法商家的生意，造成不公平競爭。而各縣市中，以臺北縣、基隆市、臺中縣市、新竹縣之攤販家數超過正規零售商店家數，最值得令人注意。(D)若觀察攤販的密度，臺灣地區平均每84.7人有一家攤販；若由縣市別觀察，以基隆市民與臺中市民向攤販光顧購物的機會最多。另外，都市地區每平方公里有73.2家攤販，為縣級地區密集度的16.34倍，顯示攤販都湧向工商業發達、人口眾多之都市地區聚集。

　　B.營業類別結構：臺灣地區的攤販，以經營小吃及食品類最多，占34.57％，販賣食物類者占74.32％，顯示國人貪便宜與方便，不重視衛生與隨處就食之習慣。

　　C.營業收入：臺灣地區攤販全年營業收入計196,201百萬元，其中全年營業額達一百萬元以上者占28.45％；而全年營業額在兩百萬元以上者亦達5.57％，其營業已影響合法零售商店之正常發展。

　　D.營業地點分布：臺灣地區攤販大都設置在馬路邊、市場旁、自家門口、一般商店、工廠門口或夜市，其家數占全部攤販之93.28％。若由營業項目觀察，屬於肉類、魚介類、蔬菜類、生鮮水果類等攤販，較偏向在市場旁營業，小吃、食品類及飲料類攤販則以馬路邊營業為主。

E.開業期間：臺灣地區攤販，營業期間達三年以上者占全體攤
販之76.65％，顯示攤販本輕利厚，更替頻率低。另外，若由營業項
目類別觀察，最近三年所增加的攤販，賣小吃及食品類者爲最多，
占新增攤販的47.25％。

　　(2)攤販從業員工人數：臺灣地區攤販從業員工人數有311,190
人，即每25個就業人口或4個從事零售商業就業人口中，即有1人從
事攤販營業活動。若按從業身分言，攤販負責人占75.3％，無酬家
屬工作者占24.53％，受雇員工則非常少。

　　(3)攤販營業收入：臺灣地區攤販全年營業收入計196,201百萬
元，占民間最終消費之11.7％。平均每家攤販之利潤率達25.65％，
較一般正規商店優渥，且平均每家攤販每月之淨收益達17,895元，
較製造業受雇員工每人每月平均薪資16,846元高。

　　若以攤販全年商品銷售淨收入計算爲生產總值，則臺灣地區攤
販全年生產總值達63,179百萬元，占零售商業經濟活動生產總值的
14.36％。

　　(4)攤販銷售商品便宜情形：攤販銷售商品較一般正規零售商
店平均便宜11.27％，以衣著及隨身用品類便宜23.13％最高，食物
類便宜8.7％最低。若按地區別分，以臺北市之攤販較一般零售商店
便宜14.73％最高。

　　(5)攤販從業原因：攤販負責人從事攤販營業的主要原因，有
44.53％認爲經營攤販較自由；有23.02％認爲無其他謀生技能；有
16.32％認爲無其他就業機會；有12.27％認爲獲利較優。

　　(6)攤販經營對社會環境之影響：A.交通方面：攤販營業地點
附近之居民或商店，有84.24％認爲攤販對交通流暢有嚴重影響；住
在夜市或市場附近之居民，則有近九成認爲附近之攤販嚴重影響交
通之流暢。

B.環境衛生方面：攤販營業處附近之居民，有85.14％認為攤販使其住家環境造成髒亂，有76.24％認為攤販營業活動的聲音過於吵雜，已達嚴重之程度。

C.購物方便性方面：攤販營業地點附近居民，有42.78％認為攤販對其生活購物略為方便。

D.對同類商號之影響：有62.17％之商店認為攤販營業已使其生意顯得清淡，其中又以遊樂場所生意影響最大。

（六）地下色情

1.地下色情之概況

臺灣地區隨著工商業的迅速發展，社會風氣日益奢靡，色情亦隨之氾濫。而登記有案之妓女戶（即公娼），在民國56年達到最高峰後就逐年下降，登記有案的酒家、酒吧、茶室及咖啡廳等特定營業家數也自民國58年以後逐年下降，但這並不表示色情氾濫已受到有效的控制，而是色情行業地下化了。地下色情的興盛，與政府在六○年代為淨化社會風氣，禁止新設特種營業，並徵收高額的許可年費，有很大的關係。此一政策的轉變，使地下舞廳取代合法領照的舞廳，地下酒家、茶室取代登記有案的酒家及茶室，使得地下色情成為色情行業的主流。

根據李金桐等（1988）對2,549位臺北市民所做的調查，有56.9％及12.0％的臺北市民認為臺北市的色情問題十分嚴重和略嚴重，認為不嚴重的市民只有4.6％；同時有43.6％的市民認為臺北市的色情問題較三年前惡化，認為有改善的市民只有5.4％。由此可見臺北市地下色情的氾濫與流入住宅區的嚴重性。

在警察機關查獲的色情案件，有關妨害風化罪的部分，涉及地下色情者，包括觸犯刑法第231條至234條，圖利引誘良家婦女與人姦淫猥褻罪及公然猥褻罪，惟在警方的統計中，並無此分類，而將妨害風化罪分成一般妨害風化、強姦與輪姦三類，其中一般妨害風化包括上述之地下色情，根據警方查獲的資料，一般妨害風化的案件（如表18第一欄），由69年之755件逐年上升，到76年，達到1,789件。另外觸犯違警行為中之姦宿猥褻亦涉及地下色情，根據警方的統計（如表18第三欄），涉及姦宿猥褻之案件，自69年之1,494件，逐年上升至76年之2,975件，而77年反而降至1,153件。

表18　查獲地下色情之統計

年　次	一般妨害風化		姦宿猥褻		意圖營利姦淫猥褻
	件　數	人　數	件　數	人　數	件　數
民國69年	755	886	1,494	2,725	
民國70年	758	911	2,080	3,804	
民國71年	785	970	2,083	4,057	
民國72年	800	1,068	1,870	3,590	
民國73年	992	1,273	2,611	4,816	757
民國74年	1,160	1,431	2,766	5,095	843
民國75年	1,293	1,619	2,302	4,496	873
民國76年	1,789	2,187	2,975	5,392	1,062
民國77年	947	1,175	1,153	2,424	837

資料來源：(1)《臺灣警務統計分析》，77年。
　　　　　(2)法務部，《犯罪狀況及其分析》，78年7月。

　　而根據法務部統計之臺灣地區各地方法院檢察處起訴妨害風化案件判決確定有罪人數，以涉及地下色情之意圖營利姦淫猥褻者最多，其人數由73年之757人，逐年增加至76年之1,062人，但77年降為837人（如表18第五欄所示）。

　　以上僅是被查獲及判刑的案件，至於地下色情實際的狀況，則因資料蒐集困難，統計並不完全。根據經濟部非正式的查估統計，舞廳、酒家、酒吧、特種咖啡茶室等行業，非法經營者約爲556家，爲合法經營者的1.9倍[10]。另根據警政署的調查，在76年4月臺灣地區涉及色情營業的場所，計有5,072家，其中登記有案的色情業者有449家，只占8%，而地下色情業者則有4,623家，占92%[11]。

　　另有一些非正式的統計，例如楊婉青(1987)提到臺北市的地下舞廳最少有三百家，地下酒廊有三百四十家，休閒中心有三百多家，地下旅館則有五、六百家，而全省專、兼職從事色情行業的婦女則約有五、六十萬人。

2.地下色情之種類

　　地下色情大致上可分爲四類：第一類是交誼場所，並不純然是色情活動，例如地下舞廳、MTV、KTV等；第二類是具色情媒介之場所，例如地下酒廊、茶室、酒吧、觀光理髮廳等；第三類是具色情色彩的表演活動，例如外國秀、土秀、牛肉場、電子琴花車等；第四類是提供直接交易與直接身體接觸之色情活動場所，例如賓館、休閒中心、理容院、應召站等。

3.探討地下色情之文獻

　　對地下色情的探討，以報章雜誌居多，例如《時報周刊》第207期〈地下色情行業面面觀〉一文中，曾報導臺灣地區某些較爲特殊地區的色情行業。至於較爲正式的文獻，較近則有民國73年瞿海源(1984)的〈色情與娼妓問題〉，75年池宗憲(1986)的《流行的色情》與77年吳學燕(1988)的〈臺灣地區當前色情問題之探討〉。

[10] 見王志剛，〈加強消除影響治安因素——特定目的事業之管理與輔導〉，全國治安會議專題報告，79年9月8日。
[11] 參見李金桐等(1988)，頁52。

瞿海源的文章除談到臺灣地區色情與娼妓問題的情形外，主要是由社會學的角度，解析色情與娼妓的問題。

池宗憲的著作，主要是以一個新聞記者的角度，去深入探查採訪地下舞廳、外國秀、各種型態的土秀、電子琴花車、各式的休閒中心和賓館等色情行業。

吳學燕的文章，則以社會調查法，訪問258位在處理色情問題站在第一線的警察，探討警察人員對當前色情問題所持的看法，並歸納研究所得資料，提出色情問題的成因與對策。在開放對策方面，有74位（28.7％）警察主張放任不管，主要理由包括可以抽稅和管制、開放並集中一地區管理與可以維護社區安寧；有176位（68.2％）警察主張適度開放，主要理由亦是可課徵重稅，並能嚴格管理，並設立一色情專業區，提供工商業應酬場所；而主張嚴禁者只有8位（3.1％），其主要理由則在使社會風氣不致奢靡。同時該文亦提出適度開放的優、缺點及需要確立的相關要件，同時亦提出色情開放後，法律及警察執法應如何適應之建議。

政府有鑒於長期以來所採行之"寓禁於徵"政策績效不彰，而於79年6月解除禁止舞廳、酒吧、特種咖啡、茶室等特種營業新設之限制，並取消徵收其許可年費，但明定其申請設定點的限制，應依建築法及都市計畫法嚴格執行，以免色情流入住宅區，同時對舞場、夜總會徵收許可年費的規定，亦應配合予以免除。政府此項政策主要是將此類特種營業的非法業者，經過合法登記手續，納入管理，以使色情行業地上化，同時可減少警察包庇或勾結及黑社會勒索等情事之發生。

政府此項務實的政策，能否收效，專賴警察能否嚴格執法，與業者是否願意配合。因為地下業者地上化後，依目前特種營業課稅標準，有女侍陪酒與無女侍陪酒者分別課徵25％及15％之稅率，業者是否願意負擔，成爲一重要的因素，另外業者是否願意依照規定改在許可的地點營業亦是一重要的問題。

(七)販毒

煙毒犯罪係指違反戡亂時期肅清煙毒條例之犯罪，其估計資料及相關文獻並不多見。根據法務部對臺灣地區各地方法院暨分院檢察處起訴煙毒案件的統計(如表19)，69年雖較68年減少，但69年以後呈現急速增加的趨勢，到77年計起訴988件，而起訴人數與起訴案件均呈相同之趨勢，亦自69年以後急速增加，到77年，達到1,340人之高峰。

在警察機關查獲的煙毒犯罪案件中，包括吸毒、運毒與販毒，

表19	法院起訴煙毒犯罪之統計	
年 次	起訴案件	起訴人數
民國68年	214件	306人
民國69年	44件	64人
民國70年	140件	211人
民國71年	484件	695人
民國72年	668件	1,032人
民國73年	728件	1,064人
民國74年	934件	1,305人
民國75年	663件	994人
民國76年	848件	1,279人
民國77年	988件	1,340人

資料來源：法務部，《犯罪狀況及其分析》，78年7月。

表20	警察機關查獲販毒之統計	
年 次	起訴案件	起訴人數
民國68年	43件	58人
民國69年	12件	14人
民國70年	29件	50人
民國71年	123件	180人
民國72年	145件	225人
民國73年	131件	190人
民國74年	166件	261人
民國75年	130件	201人
民國76年	112件	181人
民國77年	118件	164人

資料來源：《臺灣警務統計分析》，78年。

其中以吸毒案件占70~85%最多，販毒占15~30%次之，運毒最少，都在5件以下。而會產生地下所得與地下經濟有關者，則爲販毒犯罪。

　　根據內政部警政署、臺灣省政府警務處查獲販毒的資料（如表20）顯示，民國69年查獲販毒的案件較68年少，而後逐年增加，至74年達到166件之高峰，而後下降，77年則爲118件；而查獲的人數，亦以69年最低，而後逐年增加，至74年達到261人之高峰，以後又逐年下降，77年降爲164人。至於估計或查獲販毒的金額，則無統計資料可尋。

（八）地下工廠

　　地下工廠係指未辦工廠登記的廠商，其中又包括已辦營利事業登記及未辦營利事業登記兩種：未辦工廠登記的廠商，均有漏繳貨物稅的可能；若同時又未辦理營利事業登記，因未辦理營利事業結算申報，未繳納營利事業所得稅，也逃漏了貨物稅與營業稅。

　　蔡旭晟等（1984）曾根據工商普查及營利事業家數資料，推估民國70年地下工廠的經濟活動，結果指出：民國70年地下工廠的生產總值爲1,426.6億元，占該年國民所得統計各業生產總值的3.51%，而其附加價值則爲522億元，占國民所得統計各業附加價值的3.06%。若就已辦理營利事業登記及未辦營利事業登記加以分類，則前者生產總值占國民所得統計的3.25%，後者只占0.27%；而前者的附加價值占國民所得統計的2.82%，後者只占0.24%。由此可見已辦營利事業登記廠商，其生產總值與附加價值均較未辦理營利事業登記之廠商高出甚多。

　　同時蔡旭晟等亦指出，地下工廠所生產的產品，均爲加工層次不高之產品，如食品製造、成衣、服飾、金屬製品等，其附加價值率爲36.59%，較當年工商普查整個製造業之附加價值率24.11%高。而地下工廠之勞動報酬占附加價值比率的50.19%，亦較工商普查整個製造業之比率40.66%高，由此亦可看出地下工廠生產的大都屬勞力密集產品。

　　行政院鑑於地下工廠氾濫，曾於74年5月核定"處理違章商號、違章工廠有關法令之修訂及執行取締之改進措施"，以"放寬登記"、"輔導遷廠"及"勒令停工"三種方式處理違章未登記工廠；同時各縣市政府亦成立"處理違章工廠專案小組"統一事權，認真執行查處違章工廠。

　　根據經濟部非正式查估統計，79年9月的違章工廠高達一萬一千餘家（同註 ⑩），另根據臺北市政府違章工廠第一、二階段查報

表21　警察機關查獲違反工商登記件數

年　次	件數	年　次	件數
民國51年	466	民國65年	3,265
民國52年	443	民國66年	3,464
民國53年	1,140	民國67年	2,071
民國54年	2,065	民國68年	1,978
民國55年	1,273	民國69年	1,642
民國56年	1,309	民國70年	1,717
民國57年	2,357	民國71年	1,890
民國58年	2,042	民國72年	1,945
民國59年	3,048	民國73年	2,726
民國60年	2,246	民國74年	3,343
民國61年	2,409	民國75年	3,677
民國62年	2,556	民國76年	3,370
民國63年	1,876	民國77年	2,108
民國64年	3,843		

資料來源：《臺灣警務統計分析》，78年。

資料，至75年9月底止，臺北市違章工廠家數為2,326家，其中有1,734家（占75％）領有營利事業登記證；而有1,805家（占78％）因位於住宅區，違反都市計畫法，無法申辦工廠登記，而成為違章工廠。在這些地下工廠中，以汽車業654家（占28％）和印刷業601家（占26％）最多。

　　另外根據內政部警政署與臺灣省警務處查獲違反工商登記的資料顯示（如表21），違反工商登記件數，由民國51年的466件，逐漸上升到59年的3,048件，而下降到63年的1,876件，但在64年到66年達到3,265到3,843件之高峰，在67年到72年間，又下降到1,642到2,071件之間，74到76年則因政府開始全面查處違章工廠，使查獲件數又增加到3,343到3,677件之間，至77年則降為2,108件。

五、結　論

　　本篇文章的主要目的，在對目前有關地下經濟之文獻，做一番回顧，俾能對臺灣地區地下經濟活動能有一全盤的了解，期以作為更進一步深入探討臺灣地區各種地下經濟問題之基礎。經由這些文獻的探討，我們有下列主要的發現：

（一）地下經濟規模方面

　　1. 臺灣地區地下經濟占GNP的比率，由民國53年的11.6％逐年下降到59年的6％。民國59年到62年，雖然地下經濟的相對規模逐年擴大，但其增幅不大，62年的比率與53年的比率相當。但到民國62年發生第一次石油危機以後，地下經濟占GNP的比率，由63年的9.4％逐年上升，在67年達到16.1％的水準。在68年發生第二次石油危機，使地下經濟占GNP的比率由68年的17.7％，逐漸上升到74年的25.3％，在75、76年

地下經濟相對規模雖略爲縮小，但77年其比率又增加到26.8
％。

2. 民國77年地下經濟占GNP的26.8％，亦即地下經濟的所得額
達9,626億元。77年臺灣地區平均每人國民所得爲5,798美
元，如包括地下經濟的所得，則平均每人總國民所得將達
7,352美元。假設79年地下經濟的相對規模與77年相同，那麼
79年平均每人國民所得將從7,482美元跳升到9,487美元。

（二）逃漏稅規模方面

1. 在民國68年，據估計臺灣地區綜合所得稅未申報所得占應申
報所得的71.4％，逃漏綜所稅占應納稅額的71.8％。

2. 在72年，據估計臺灣地區民營企業營利事業所得稅的逃漏所
得占應申報所得的52.8％。

3. 有九成的會計師認爲只有六成以下的企業誠實申報營所稅，
沒有會計師認爲有八成以上的企業誠實報稅。而有85％的會
計師認爲有四成以上的企業做假帳。

（三）地下金融規模方面

1. 據估計臺灣地區家庭部門與民營企業，約有45％的借款來自
民間。

2. 臺灣地區地下金融規模之趨勢，大體是從民國62年起逐年上
升，至69年達到高峰，而後下降。

3. 據調查，臺灣地區有6.1％的家戶曾經將資金投入地下投資公
司；有40.1％的臺北市民參加民間標會。

（四）地下運輸

在民國76年8月所做的調查，違規遊覽車在所經營的11條路線

承載人數之市場占有率爲41％，占當年臺汽公司各線總承載量的10.8％。

(五)走私

據估計，民國70年走私的金額大約爲12.8億元，占當年進口總值的0.16％。

(六)攤販

據行政院主計處調查，77年底臺灣地區的攤販家數計有234,335家，爲正規零售(含飲食)家數的82.54％，顯示臺灣地區攤販蔓延情況非常嚴重。而其全年營業收入達1,962億元，占當年民間最終消費的11.7％，其營業已影響合法零售商之正常發展。

(七)地下色情

地下色情營業總額沒有正式的統計資料，但有56.9％及12.0％的臺北市民認爲臺北市的色情問題十分嚴重和略嚴重。而警政署的調查顯示，在76年臺灣地區涉及色情營業的場所，計有5,072家，而登記有案的業者只有449家，只占8％。由此可見地下色情氾濫非常嚴重。

(八)地下工廠

據估計，民國79年9月地下工廠有一萬一千餘家；在民國70年，地下工廠的生產總值爲1,426.6億元，占該年國民所得統計工業生產總值的3.51％。

參考文獻

王文煌

　1987　《租稅逃漏、勞動選擇與地下經濟》，政大財政研究所碩士論文。

池宗憲

　1986　《流行的色情》，臺北焦點出版社。

朱敬一

　1989　〈臺灣營利事業所得稅逃漏的成因與指標——MIMIC模型的應用〉，《臺大經濟論文叢刊》，第16卷第4期，頁481~498。

朱敬一、朱筱蕾

　1988　〈臺灣地下經濟的成因與指標分析DYMIMIC模型之應用〉，《經濟論文》第16卷第2期，頁137~170。

朱敬一、張慶輝、鄭文輝

　1989　《地下經濟與逃漏稅問題之研究》，財政部賦稅改革委員會編印。

交通部運輸計畫委員會

　1978　《出租大客車違規經營固定班車問題之研究》。

行政院主計處

　1989　《臺灣地區攤販經營概況調查報告》，行政院主計處編印。

沈英明

　1984　《地下金融之研究》，財政部金融司儲委會研究小組編印。

李金桐、朱澤民、錢釧燈

　1988　《加強臺北市地下經濟稅捐稽徵之研究》，臺北市政府研考會編印。

李庸三、錢釧燈

　1990　〈美國與臺灣地區地下經濟估計值之評估〉，《臺灣經濟預測與政策》，第21卷第2期，頁47~95。

吳以體

　1980　〈民間互助會行爲及利率之研究〉，政大企管研究所碩士論文。

吳學燕

　1988　〈臺灣地區當前色情問題之探討——從警察人員的觀點論述之〉，《刑事科學》，第26期，頁34~57。

林忠正

　　　1990　〈近年來臺灣所得分配惡化之探討〉，社會重建研討會，時報文
　　　　　　教基金會，頁35~55。

林秀香
　　　1987　〈防不勝防，抓不勝抓──走私問題探源〉，《臺灣經濟研究月
　　　　　　刊》，第10卷第1期，頁64~67。

法務部犯罪問題研究中心
　　　1989　《犯罪狀況及其分析》。

殷乃平
　　　1990　〈金錢遊戲的疏導與轉化途徑〉，社會重建研討會，時報文教基
　　　　　　金會，頁67~99。

孫克難
　　　1984　〈政府支出、賦稅負擔與地下經濟〉，《臺北市銀月刊》，第15
　　　　　　卷第7期，頁24~33。

倪秋煊
　　　1981　《臺北市政府稅務、警察、地政、建管與工商管理人員偏差行為
　　　　　　之研究》，臺北市政府研考會編印。

陳木在、賴文獻、沈英明、袁明昌、王濬智
　　　1988　《非法經營銀行業務問題之研究》，儲委會金融研究小組編印。

陳麗玫
　　　1987　〈以地下經濟估計方法設算我國營利事業所得之逃漏〉，政大財
　　　　　　政研究所碩士論文。

張炳耀
　　　1985　〈臺灣地下金融活動之分析〉，《臺灣銀行季刊》，第36卷第3
　　　　　　期，頁134~164。

黃永仁、楊金龍、羅庚辛、黃博怡
　　　1983　《臺灣地下金融問題──民間合會與地下錢莊》，基層金融訓練
　　　　　　中心編印。

黃承傳、陳光華、鄧淑華
　　　1988　《臺灣地區遊覽車供需與管理策略之研究》，交通部編印。

黃昌文

　　1984　《逃漏稅問題之研究》，凱崙出版社。

黃耀輝

　　1982　〈租稅逃漏之研究——我國綜合所得稅逃漏之實證研究〉，國立
　　　　　政治大學財政研究所碩士論文。

許嘉棟

　　1983　〈臺灣之金融體系雙元性與工業發展〉，臺灣工業發展會議，頁
　　　　　87~114。

許嘉棟、梁明義、楊雅惠、劉壽祥、陳坤銘

　　1985　《臺灣金融體制之研究》，中華經濟研究院經濟專論(65)。

彭百顯、鄭素卿

　　1985　〈臺灣民間金融的資金管道〉，《臺灣銀行季刊》，第36卷第3
　　　　　期，頁165~205。

楊婉青

　　1987　〈野火燒不盡春風吹又生——透視地下服務業〉，《臺灣經濟研
　　　　　究月刊》，第10卷第1期，頁71~74。

劉水深、呂勝瑛、黃營杉

　　1984　《臺北市攤販管理之研究》，臺北市政府研考會編印。

劉壽祥

　　　　　〈臺灣地區民間標會暨私人借貸調查報告〉（未發表）（摘錄見許嘉棟等
　　　　　〔1985〕）。

蔡旭晟、賈宜鳳、鹿篤瑾、練有為

　　1984　〈地下經濟與國民所得統計〉，《73年統計學術研討會實錄》，
　　　　　中國統計學社編印，頁171~228。

錢釧燈

　　1981　〈臺灣地下經濟之研究〉，《臺灣銀行季刊》，第32卷第4期，頁
　　　　　145~172。

　　1982　〈貨幣需求與地下經濟——臺灣地區的實證研究〉，《企銀季
　　　　　刊》，第5卷第4期，頁170~175。

　　1983　〈地下經濟之估計〉，《臺北市銀月刊》，第14卷第5期，頁

56~71。

瞿海源

　1984　〈色情與娼妓問題〉，收錄於楊國樞、葉啓政編，《臺灣的社會問題》，第十八章，頁543~571。

Aigner, Dennis J.; Schneider, Friedrich & Ghosh, Damayanti

　1986　"Me and My Shadow: Estimating the Size of the U. S. Underground Economy from Time Series Data," MRG Working Paper #M8615, University of Southern California.

Barro, Robert J. & Sahasakul, Chaipat

　1983　"Measuring the Average Marginal Tax Rate from the Individual Income Tax," *Journal of Business*(Chicago), Vol. 56(October), pp. 419~452.

Carson, Carol S.

　1984　"The Underground Economy: An Introduction," *Survey of Current Business* 64(May and July).

Contini, Bruno

　1981　"The Second Economy of Italy," *Taxing and Spending* 3, pp. 17~24.

Feige, Edgar L.

　1979　"How Big Is the Irregular Economy?" *Challenge*(White Plains, New York), Vol. 22(November/December), pp.5~13.

　1986　"A Re-examination of the 'Underground Economy' in the United States," *Staff Papers*, Internatioinal Monetary Fund(Washington), Vol.33(December), pp. 768~781.

　1988　*The Underground Economies: Tax Evasion and Information distortion*,(Cambridge University Press, Cambridge).

　1988A　"The Meaning and Measurement of the Underground Economy," in *The Underground Economies: Tax Evasion and Information distortion*, (Cambridge University Press, Cambridge).

Frey, Bruno S. & Pommerehene, Werner W.

　1984　"The Hidden Economy: States and Prospects for Measurement," *Review of*

Income and Wealth, Vol. 30/1, March, pp.1~23.

Frey, Bruno S. & Weck-Hanneman, H.

　　1984　"The Hidden Economy as an 'Unobserved' Variable," *European Economic Review*, Vol. 26, pp. 33~53.

Gutmann, Peter

　　1977　" The Subterranean Economy," *Financial Analysis Journal* (New York), Vol. 31(November/December), pp. 26~27, 34.

Isachsen, Arne J.; Klovland, Jan. T. & Strom, Steinar

　　1982　"The Hidden Economy in Norway," in *The Underground Economy in the United States and Abroad*, ed. by Vito Tanzi(Lexington, Massachusetts: Lexington Books).

Macafee, Kerrick

　　1980　"A Glimpse of the Hidden Economy in the National Accounts," *Economic Trends*, 316, pp. 81~87.

Molefsky, Barry

　　1982　"America's Underground Economy," in *The Underground Economy in the United States and Abroad*, ed. by Vito Tanzi(Lexington, Massachusetts: Lexington Books).

Porter, Richard D. & Bayer, Amanda S.

　　1984　"A Monetary Perspective on Underground Economic Activity in the United States," *Federal Reserve Bulletin*(Washington), Vol. 70(March), pp. 177~190.

Simon, Carl P. & Witte, Ann D.

　　1982　*Beating the System: The Underground Economy*(Boston, Massachusetts: Auburn House).

Tanzi, Vito

　　1982　*The Underground Economy in the United States and Abroad*(Lexington, Massachusetts: Lexington books).

　　1983　"The Underground Economy in the United States: Annual Estimates, 1930-1980," *Staff Papers*, International Monetary Fund(Washington), Vol.30(June), pp. 283~305.

1986 "The Underground Economy in the United States, Reply to Comments by Feige, Thomas, and Zilberfarb," *Staff Papers*, International Monetary Fund(Washington), Vol. 33(December), pp. 799~811.

United States, Department of Commerce, Bureau of Economic Analysis

1985 "Revised Estimates of the National Income and Product Accounts of the United States, 1929-85: An Introduction," *Survey of Current Business*(Washington), Vol. 65(December), pp. 1~19.

United States, Internal Revenue Service

1979 *Estimates of Income Unreported on Individual Income Tax Returns*, Publicatoin No. 1104(9-79), Department of the Treasury(Washington: Government Printing Office, Department of the Treasury, September).

第二章　美國與臺灣地區地下經濟估計值之評估[*]

李庸三　錢釧燈[**]

一、前　言

　　近年來，對地下經濟問題的關切，已由報章雜誌與政策討論，擴展到經濟學術的領域。在學術性期刊已出現許多這方面的論文，學術性討論會曾討論過這個問題。經濟學者研究地下經濟的主要理由包括：

1. 地下經濟可能導致較高之稅率，因而腐蝕租稅結構的公平性。
2. 假如地下經濟數額龐大，而總體經濟變數（如國民生產毛額、失業率或通貨膨脹率等），仍以未包括地下經濟作爲指標，當其被作爲經濟政策的依據時，可能會造成政策的偏導，甚至與目標相反。

　　[*]本文選自《臺灣經濟預測與政策》，第21卷第2期（79年10月），頁47~95。

　　[**]李庸三，現任農民銀行董事長；錢釧燈，現任駐比利時臺北文化辦事處對歐聯財經工作小組一等秘書。

　　對於地下經濟的定義，至今仍有爭議。一般涉及兩個相關的定義：(1)未申報的所得：是指所得應依法向稅捐機關申報而實際未申報，美國內地稅局(IRS〔1979〕)係採用此一定義。(2)未記錄的所得：是指國民所得帳在估計總體經濟活動時，未予估計的部分，採用此一定義的包括Gutmann(1977)，Feige(1979、1986)，Tanzi(1982、1983)與錢釗燈(1981、1983)等。這兩種估計值的關係非常複雜，本文不擬討論，有興趣之讀者可參考Feige(1988A)，目前大部分的估計皆以第二種估計值為主。

　　對地下經濟數額的估計，始於1958年，由美國的Cagan(1958)開始，Cagan利用一個簡單的通貨比例方法，得到一個未申報所得的約略估計值。他發現在第二次世界大戰結束後，約有23％的所得未向內地稅局申報。之後，對地下經濟的研究沉寂了一段時間，直到1977年，Gutmann(1977)利用Cagan的方法估計美國的地下經濟，對地下經濟問題之關切才又復甦起來。Gutmann估計美國1976年地下經濟數額高達1,750億美元，相當於當年國民生產毛額的10％。從那時開始，許多種估計方法陸續被發展出來，估計值的大小成為爭議性的課題(如Feige〔1986〕，Tanzi〔1986〕等)，同時各估計值之間的差異也非常大。

　　在臺灣，對地下經濟數額做有系統的估計，係由錢釗燈(1981、1983)開始，而後蔡旭晟等四人(1984)、陳麗玫(1987)、王文煌(1987)及朱敬一、朱筱蕾(1988)等亦應用不同的方法，估計臺灣地區地下經濟數額。

　　鑑於不同的估計方法將可求得不同的地下經濟估計值，相對於已有之地上經濟規模，那一種方法的估計結果較為恰當，至今仍頗具爭議性。各國對於地下經濟之研究雖已陸續展開（參閱Feige〔1988〕等），但估計方法之提出仍以美國經濟之實證研究為主，國內有關地下經濟之研究亦大都引用美國學者所提出之方法。由於各國地下經濟時間數列資料之蒐集不易，再加上美國經濟之變動與我國較為密切，因此，本文之研究重點仍以美國及臺灣地區各種地下經濟之估計值為目標[①]。我們擬使用兩種簡單的迴歸模型，探討美國及臺灣地區各種地下經濟估計方法的正確性及合理性，希望能從中選取出比較適當的估計數列，以供正式分析比較之用。

　　本文所選用的兩種迴歸模型，分別是實質通貨需求模型與地下通貨需求模型。在實質通貨需求模型中，我們假定其解釋性變數除利率、稅率及代表金融創新之虛擬變數等外，尚包含有一個很重要的"總所得"變數(該"總所得"數列係分別將各種不同的地下經濟估計值加入地上經濟數額內而求得)，然後根據它們對實質通貨需求函數的解釋能力(即校正的判定係數 $\bar{R}^2$ 之高低)作為指標，用以決定這些地下經濟數列趨勢值之合理性。在地下實質通貨需求模型中，我們將各種方法估計而得之地下經濟數額占GNP之比例值代入有關公式中，求得為應付地下經濟交易而持有之通貨額，並觀察其占通貨總額之比例(即所謂"地下通貨比例")數列，以檢定各種地下經濟估計值數列之合理性。一般而言，"地下通貨比例"應該不會超過50%，如果波動幅度過巨，也不符合實際經濟現象。此外，我們亦分別估計地上及地下實質通貨需求模型，根據 $\bar{R}^2$ 之大小及參數估計值之合理性，判斷不同估計方法所求得地下經濟估計值(絕對值)數列之合理性。

[①] 由於臺灣地區係以出口導向型發展之國家，對於美國市場之依賴程度相當大，因而對於美國經濟之發展情形特別重視。由於兩國經濟發展程度不同，美國之地下經濟活動情況一定與臺灣地區之地下經濟活動情況不相同，因此我們無法將兩國地下經濟規模等加以直接聯絡或比較。本文只是利用兩國之各種地下經濟估計值資料，分別代入兩種迴歸模型中予以驗證而已。

　　本文第二節中將先介紹各種地下經濟之估計方法，並分別用圖表列出美國與臺灣地區地下經濟之各種估計結果，以供參閱（數字見附表）；第三節將利用實質通貨需求模型，比較各種地下經濟估計值時間數列的趨勢；第四節將先建立地下實質通貨需求模型，再將有關地下經濟估計值數列代入，用以測驗各種地下經濟規模（即其絕對值）之合理性；若干摘要結論與檢討則列在第五節內。至於有關臺灣地區地下經濟之估計值，錢釧燈（1981、1983）曾用三種方法估計至民國70年之數列，爲進行本研究及避免重複說明起見，本文特用三個附錄分別將有關地下經濟估計值延伸至民國77年。值得一提的是：本文估計方法雖與以往相同，但部分資料已大幅調整，因此本文重新估計之地下經濟數列已與以往估計值呈現相當差異。

二、估計地下經濟數額之方法

　　估計地下經濟規模及其趨勢的方法，主要可分爲直接法、間接法及因果法三類。

(一)直接法

　　直接法係經由直接觀察個人的行爲，來測度地下經濟的大小，這些方法需要克服人們隱藏他們介入地下經濟活動的誘因。直接法又可分爲下列兩種：

　　1. 利用自願回答與設計良好的問卷和樣本方法（如Isachsen, Klovland and Strom,〔1982〕）②。

---

②Isachsen, Klovland and Strom（1982）曾對900位挪威人，從事訪問及問卷調查，結果指出在1979年，挪威的地下經濟占GNP的比率爲0.9％至2.3％之間。

2. 利用稅捐查核及其他稽核方法（如IRS〔1979〕; Simon &
   Witte〔1982〕）③。

這類方法只能應用在個體的樣本資料上，因而大部分僅能得到
點估計，無法提供地下經濟數額的趨勢值。同時，這種方法也不太
可能掌握所有的地下經濟活動，所以這類估計方法只能提供估計值
的下限。

(二)間接法

間接法係利用各種經濟指標來估計地下經濟數額的長期趨勢。
下列幾種總體經濟指標可能留下一些地下經濟活動的軌跡：

1.所得與支出的差額

這種方法係假定由地下經濟活動所收到的所得將反應在支出面
上，因此支出高於所得的部分，可能提供一條地下經濟規模的線
索，有很多學者利用這種方法來估計各國的地下經濟，例如
Macafee（1980）估計英國在1978年地下經濟占其GNP的2.5~3％。但
這種方法的缺點是收支的差異可能不只是由地下經濟活動所產生，
也可能係由國民所得帳之統計誤差所導致。因此這種估計可能會產
生不太可靠的地下經濟估計值，所以我們的分析將不包括此一估計
值。

2.官方與正式勞動參與率之差異

這一方法係以官方統計的勞動參與率與其他國家，或不同時推
算出來的勞動參與率，加以比較，而將其差額歸因於地下經濟。例
如正式部門勞動參與率的下降，即可視為地下經濟活動增加的一項

---

③ 美國聯邦內地稅局（IRS）在1979年發表〈個人所得稅申報中未申報所
得之估計〉，利用個體資料直接加總，估計美國1976年未申報所得數
額為1,003億至1,352億美元，占當年GNP的5.9~7.9％。另外Simon &
Witte（1982）則估計美國1974年地下經濟占GNP的比率達9~16％。

指標。例如Contini(1981)利用這種方法，估計義大利在1977年參與地下經濟的勞動力占總勞動力的17~20％。同樣地，這一方法的缺點是勞動參與率的差異也可能係由其他因素所引起，而且人們在地下經濟部門工作，同時也可在地上經濟部門有一份工作。因此，此一估計值只能當作地下經濟大小的粗略指標，所以我們的分析也不包括這一估計值。

3.貨幣面的殘差值④

個人在從事地下經濟活動時，常以現金作爲交易的工具，以免交易在銀行的帳目中出現。雖然個人的現金交易不會留下可追查到的跡象，但是這些隱藏的活動在總體經濟上仍會留下一些可觀察到的蛛絲馬跡。例如在與無地下經濟的正常情況下比較，如對通貨的需求有過量的增加，這"正常的"與實際的通貨需求之間的差額，即可當作地下經濟規模大小的一項指標。有三種不同的方法係利用貨幣面的殘差值來估計地下經濟的規模。

(1)通貨比例法

通貨比例法係由Gutmann(1977)所發展出來的，它假設通貨對活期存款的比例(或簡稱"通貨比例")，在地上經濟部門是長期固定的，而且所有的地下經濟交易只使用通貨。貨幣以通貨方式持有相對於以活期存款持有比例之增加，即可視爲地下經濟活動的相對增加。Gutmann在使用這種方法時，首先選擇1937~1941年作爲基期，假定那期間沒有地下經濟活動。因此，任何時期爲地上經濟而持有的通貨(簡稱"地上通貨")，對實際活期存款的比例，應與基期通貨對活期存款的比例一樣。因此，爲地下經濟而持有的通貨等

---

④對這些方法，Carson(1984), Porter and Bayer(1984), Frey and Pomme-rehene(*Review of Income and Wealth*, Vol. 30/1, pp.1~23.)有較詳細的說明。

於實際流通的通貨與所估計出來的地上通貨之間的差額。而地下經濟的估計值則為地下通貨與貨幣所得流通速度的乘積（由於沒有地下貨幣流通速度資料，故以地上貨幣流通速度代替）。

　　Feige於1988年將Gutmann的通貨比例法，做如下的修正：1）他使用1976年美國內地稅局的估計值當作基期之地下經濟估計值；2）他放棄通貨為地下交易唯一媒介的假設，代之以美國內地稅局（1979）調查資料顯示的約有75％的未申報所得係以通貨來交易。做了上列修正後，他使用與Gutmann類似的方法來估計地下經濟的數額。

　　附表4第一、二欄及圖1顯示利用Gutmann通貨比例法與Feige修正的通貨比例法來估計美國1946至1980年地下經濟所得占國民生產毛額比率之數值及其趨勢。根據這些圖表顯示，Gutmann估計美國地下經濟占GNP的比率，由1946年之10.75％，逐年下降到1961年2.86％之低谷，而後逐年回升，至1980年，其比率升至14.27％。而Feige修正Gutmann方法所估計美國地下經濟占GNP的比率，由1946

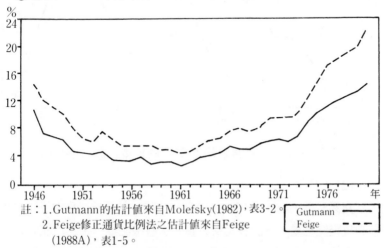

註：1.Gutmann的估計值來自Molefsky(1982)，表3-2。
　　2.Feige修正通貨比例法之估計值來自Feige
　　　（1988A），表1-5。

圖1　美國地下經濟數額占GNP的比率（通貨比例法）

年之14.5％，逐年下降到1961年4.5％之低谷，而後逐年回升，至1980年，其比率高達22.3％。Gutmann的估計結果經Feige修正後，趨勢大體一致，但其絕對數額卻高出35~57％。

錢釧燈（1981）曾利用Gutmann之通貨比例法估計臺灣地區地下經濟的規模，惟其資料僅至民國68年。附錄1用Gutmann方法估計臺灣地區民國51年到77年之地下經濟數額，其占GNP比率之趨勢值則列於圖2與附表1。由上列圖表可看出，利用Gutmann現金比例法估計臺灣地下經濟占GNP的比率，由民國51年之3.11％，逐年上升至60年之20.76％，而後逐漸下降到67年之5.23％，再上升到71~74年之17.94~18.64％，而後急遽下降，到民國77年只有0.99％。

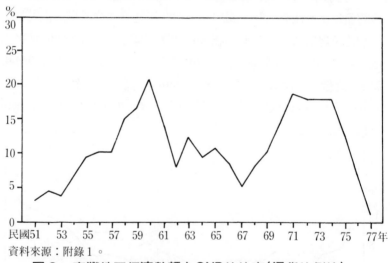

資料來源：附錄 1 。

圖2　臺灣地下經濟數額占GNP的比率（通貨比例法）

（2）交易法

交易法是由Feige（1979）所發展出來的，他認為從事地下經濟活動的貨幣交易量，在計算總交易量時，會被記錄下來，但在計算所得時，則被排除。因此交易量對所得比例的改變，將會反映地下經濟活動的變化。Feige假設總交易量(活期存款與通貨之交易總額)與整體(包括地上與地下)經濟活動成一定的比例。因爲總交易包括直接的移轉支付與純粹的金融交易，所以他調整一些大的金融交易與直接移轉支付項目。經過這些調整後，他以下列步驟來估計地下經濟的數額：地上經濟之交易總額係基期(假定沒有地下經濟活動)總交易量對國民生產毛額的比例與當年有記錄的國民生產毛額之乘積。當年實際交易額超過地上經濟交易額的部分，即代表地下經濟交易額的部分。最後假定在基期地上與地下經濟部門的交易對所得的比例相等，因此地下經濟的所得即可由估計的地下經濟交易額推估出來。

　　附表4第三欄及圖3顯示利用Feige交易法所估計美國地下經濟所得占國民生產毛額比率之數值及其趨勢。由圖3可看出，利用Feige

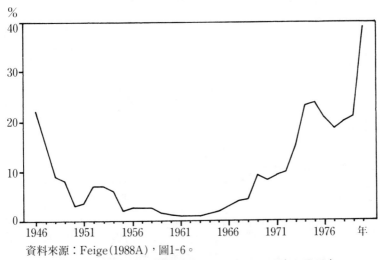

資料來源：Feige(1988A)，圖1-6。

圖3　美國地下經濟數額占GNP的比率(交易法)

交易法所估計美國地下經濟占GNP的比率，由1946年之22％逐漸下降至1961~1963年1％之低谷，而後逐漸上升，尤其以1979年之21％，跳升至1980年之39％最為驚人。如與利用Gutmann方法所估計的結果相比較，兩者的趨勢相當接近，惟利用Feige方法所估計之比例，其變動幅度較大。

錢釧燈（1983）曾利用經其修正的Feige交易法估計臺灣地區在民國51年到71年地下經濟數額占國民生產毛額的比率，今利用同一方法，將其資料延伸至77年。茲將估計結果分成實物面與金融面地下經濟占GNP的比率列於附表2，其趨勢值則列於圖4。由這些圖表可看出，利用Feige交易法估計臺灣地下經濟占GNP的比率，由民國51年之9.27％，緩慢下降至民國59年之5.4％，而後從民國61年起迅速爬升，尤其以民國76年之24％跳升至77年之29％最值得注意。如與利用Gutmann方法估計結果比較，發現兩者之趨勢有很大的差異

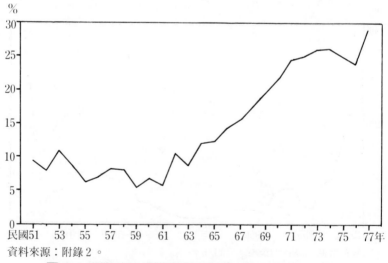

資料來源：附錄2。

圖4　臺灣地下經濟數額占GNP的比率（交易法）

⑤。

(3)迴歸法

迴歸法係由Tanzi(1982、1983)發展出來，他假設地下經濟交易係以現金支付的方式進行，以免留下稅捐機關可稽查到的跡象。因此，地下經濟活動的增加，會增加通貨的需求，為了排除此一由於地下經濟而多出來的通貨需求，他的模型包括一般所有可能的因素，像每人實質所得、定期存款利率、國民所得中工資與薪資的比例。另外，一般人認為從事地下經濟主要誘因的租稅負擔，也包括在迴歸方程式中。因此把這多餘增加的通貨(亦即無法由上列傳統或正常諸因素所能解釋的部分)，歸因於租稅負擔的增加。地下經濟的大小及其趨勢即可由沒有租稅負擔時的通貨量與當年實際稅負的通貨量比較而得。

Feige在1986年批評Tanzi的方法時，認為Tanzi用國民生產毛額為所得的變數並不適當，而建議應採用美國商務部經濟分析局調整後的總所得(AGI)來作為所得的變數。另外他還批評Tanzi用"加權利息所得平均稅率"和"個人所得稅對淨個人所得(已扣除移轉支付)之比例"不適當，而認為應採用Barro & Sahasakul(1983)所估計的"平均有效邊際稅率"來取代。另外，他也批評Tanzi採用靜態線性對數函數所估計的通貨比例，違反可加性的設定，並提出一個動態預測可加性線性方程式，而且殘差項採用一階的ARMA程序予以

---

⑤在民國五〇年代，利用Gutmann方法所估計之地下經濟比例急速上升，而利用Feige方法所估計之比例卻是緩慢下降；而在民國60年到67年，利用Gutmann方法所估計之比例急速下降，而利用Feige所估計之比例，卻逐年上升。雖在67年到71年及72年到74年，兩者都先呈急速上升，而後維持在高比例上，但75年到77年，利用Gutmann方法所估計之比例，急遽下降，而利用Feige方法所估計之比例，卻又推向高峰。

調整。經由上列之修正,他採用與Tanzi類似的方法來估計美國地下經濟的數額。

　　附表4第四、五欄及圖5顯示,利用Tanzi的迴歸法與Feige的修正迴歸法,來估計美國地下經濟數額占其國民生產毛額比例之數值及其長期趨勢。這些圖表顯示,以Tanzi迴歸法估得美國地下經濟占GNP的比率,在3.2%至6.1%之間,並無明顯的趨勢,只有在1973年以後,由4.4%緩慢上升到1980年之6.1%。而Feige修正Tanzi方法所估得的美國地下經濟占GNP的比率卻有逐階段上升的趨勢,其1946年之比率為9.5%,在1952年至1973年維持在13%至17.5%之間,而到1976年至1980年間,則維持在20%左右之水準。Tanzi方法所估得的結果,經Feige修正後,其變動趨勢較為明顯,而幅度也增加了1到3倍。若與Gutmann現金比例法及Feige交易法所估得的結果比較,以Feige修正Tanzi方法所估得之結果在1965年以後,與前兩者之趨勢較為接近,其餘則無相類似之處。

　　在國內,錢釧燈(1983)曾利用Tanzi(1982)在1982年所設計的

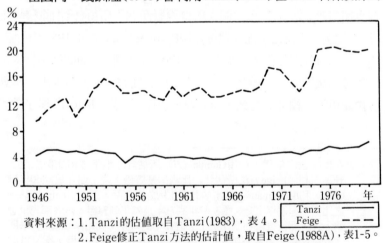

資料來源:1.Tanzi的估值取自Tanzi(1983),表4。
　　　　　2.Feige修正Tanzi方法的估計值,取自Feige(1988A),表1-5。

圖5　美國地下經濟數額占GNP的比率(迴歸法)

估計方法，估計臺灣地區民國51年至71年的地下經濟數額。Tanzi在
1983年對原來的估計方法稍加修正，本文附錄3為參考Tanzi 1983年
之估計方法，來估計臺灣地區在民國51年到77年的地下經濟占GNP
的比率，其趨勢值如附表3及圖6所示。這些資料顯示，利用Tanzi迴
歸法估得的臺灣地下經濟占GNP的比率，由民國51年之20.1％逐年

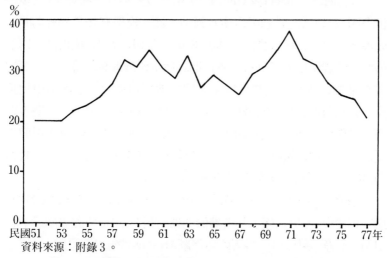

資料來源：附錄3。

圖6　臺灣地下經濟數額占GNP的比率(迴歸法)

上升至60年之34.1％，而後下降至66年之25.6％，再回升至71年37.9
％之高峰，然後快速下降至77年之20.9％。以Tanzi迴歸法所估得的
臺灣地下經濟占GNP比率之趨勢與利用Gutmann通貨比例法所估得
的趨勢相類似，即兩者之趨勢線皆以民國60年和71年呈現雙高峰
狀，但其絕對值卻相差了10~20%。這些結果與利用Feige交易法所
估得的結果並不相同⑥。

─────────────────

⑥ 在民國五〇年代，利用Tanzi方法所估計之地下經濟比例逐年上升，
　而利用Feige方法所估計之比例卻是緩緩下降；而在民國60年到71年

(三)因果法

上列所述估計地下經濟數額的方法，大都著重在找尋不同的指標或地下經濟所留下的軌跡，只有Tanzi的迴歸法考慮人們加入地下經濟的因素，但他只考慮租稅負擔之因素。

Aigner, Schneider & Ghosh(1986)建立並估計一個MIMIC(多指標多因素)型式的動態虛擬變數模型，此一模型充分考慮長期間造成地下經濟存在與成長的各項因素及各估測現象的各項指標。爲了估計，他們使用因素分析法將長期間地下經濟數額視爲一不可測的變數來加以估測。在其模型中，假設地下經濟的大小係由租稅負擔、管制負擔與報稅的誠信度等外生變數所影響。另外一組變數則假設當作地下經濟大小的指標，其中包括貨幣指標、勞動市場與生產市場等指標之趨勢值。爲了使其模型能夠運算，他們使用一動態的MIMIC計量模型來估計地下經濟的數額。

茲將Aigner等人(1986)使用因果法估計地下經濟數額占GNP的比率列於附表4第六欄，其趨勢值則列於圖7。由這些圖表顯示，利用Aigner等因果法所估得美國地下經濟占GNP的比率，由1946年之48%，急速降至1960年之8%，而後一直維持在7~9%平緩之低谷，直至1968年，然後逐漸爬升，至1980年其比率爲26.5%。如與前面所提各種估計方法比較，其變動趨勢與Feige交易法，及兩種Gutmann通貨比例法所估得的結果相接近，都是由1946年降至1961年左右之低谷，而後逐年爬升，唯Aigner等之因果法與Feige交易法

利用Tanzi方法所估計之比例緩緩下降，但利用Feige方法所估計之比例，卻逐年上升。雖67年到71年，兩者之比例迅速爬升，但71年到77年，利用Tanzi方法所估計之比例，急速下降，而用Feige方法所估計之比例卻呈上升之趨勢。

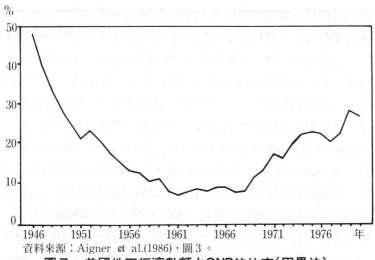

資料來源：Aigner et al.(1986)，圖3。

圖7　美國地下經濟數額占GNP的比率(因果法)

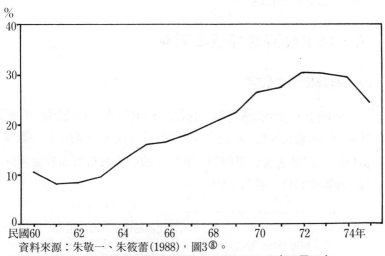

資料來源：朱敬一、朱筱蕾(1988)，圖3⑧。

圖8　臺灣地下經濟數額占GNP的比率(因果法)

所估得結果之趨勢變動較大，而兩種Gutmann通貨比例法所估得的趨勢變動較小。這些方法與Tanzi迴歸法所估得的趨勢並不相似。

　　在國內，朱敬一、朱筱蕾(1988)使用Aigner等人(1986)的估計方法，估計臺灣地區在民國60年至75年地下經濟數額占GNP的比率，其數值列於附表5，其趨勢值則如圖8所示。根據這些圖表顯示，利用Aigner等之因果法所估得臺灣地下經濟占GNP的比率，由民國60年之10.6％，微降至61~62年之8.1~8.4％，而後即逐年上升，至民國72年達到30.6％之高峰，而後下降至民國75年之24.3％。如與前面各種估計方法比較，其變動之趨勢與利用Feige交易法所估得的結果頗爲接近，都是民國60年到63年之趨勢變動不大，而後則逐年上升，至民國74年，則有下降之趨勢。而利用Aigner等之因果法所估得的結果，與利用Gutmann通貨比例法及Tanzi迴歸法所估得的結果並不相同[7][8]。

三、地下經濟趨勢值之測試

(一)迴歸模型之設定

　　傳統上，貨幣需求方程式的設定，是將實質貨幣餘額(m)視爲利率(r)和實質所得(y)之函數，即$m = f(y, r)$，而以此函數做迴歸分析。因爲通貨是貨幣的一部分，我們假設實質通貨需求餘額(c)函數亦具同一性質，即

---

[7] 在民國60年到61年，三者所估計之比例雖皆呈下降之趨勢，但63年到67年利用Aigner等之方法所估計比例之趨勢是逐年上升，而另兩者則呈下降之趨勢。67年到71年，三者雖皆呈迅速上升之趨勢，但72年以後，利用Aigner等之方法所估計比例之趨勢呈平緩下降，而另兩者卻呈急速下降之趨勢。

[8] 他們在此假設民國60年，地下經濟占GNP的10.58％。

$$c = f(y, r) \tag{3.1}$$

然而，通貨具有銀行存款所無法提供的功能：因爲現金交易難以追蹤，可提供個人隱藏其非法或漏稅等經濟交易之用途。因此通貨不只作爲地上交易之媒介，它亦可供做地下交易之用。如果在實證估計時，所得（ y ）只包含地上經濟的所得，則式(3.1)之估計將存在著模型設定偏誤。鑑於難以區別那些通貨用於地上經濟，那些用於地下經濟，乃以選擇包含地上與地下所得之"總所得"當作實質通貨需求餘額之解釋性變數，似較爲安當 [9]。

　　爲著觀察及比較各種不同地下經濟估計趨勢值之合理性，我們擬根據它們在"總所得"中對於實質通貨需求函數的解釋能力作爲判斷標準。我們採用下列同樣的實質通貨需求函數（即解釋性變數中除"總所得"外，尚包含利率、稅率及時間趨勢等變數），作爲迴歸分析之基準。

$$c = f(y_i, r, Tax, T) \tag{3.2}$$

式中， c 爲實質每人通貨餘額； y_i 代表實質"每人總所得"（ $i = 0,1,\cdots,6$ ），其中 y_0 爲實質每人地上的國民生產毛額（GNP）； y_1 爲實質每人總GNP，其中地下經濟部分係由Gutmann通貨比例法所估得； y_2 爲實質每人總GNP，其中地下經濟部分係由Feige的修正通貨比例法所估得； y_3 爲實質每人總GNP，其中地下經濟部分係由Feige的交易法所估得； y_4 爲實質每人總GNP，其中地下經濟係由Tanzi的迴歸法所估得； y_5 爲實質每人總GNP，其中地下經濟係由Feige的修正迴歸法所估得； y_6 爲實質每人總所得，其中地下經濟係由Aigner的因果法所估得； R 爲利率變數； Tax 爲稅率變數； T 則爲時間變數。茲將式(3.2)包含上列變數之原因，說明如下：

---

　[9] 地下交易如以貨易貨方式進行，由於無法用通貨的估計法加以掌握，故在本文加以省略。

1.實質每人通貨餘額(c)

本文使用實質每人通貨餘額為應變數,與過去Gutmann(1977)用通貨對活期存款的比例(C/D)及Tanzi(1982、1983)用通貨對 M_2 的比例(C / M_2)不同。本文以實質每人通貨餘額作為應變數之目的,一方面係在避免一些關於C/D比例和C / M_2比例變數來源的爭論(例如Garcia〔1978〕,Laurent〔1979〕和Garcia & Pak〔1979〕),同時也將注意力集中在通貨的持有上,因為通貨是融通地下經濟活動的適當工具,而活期存款並未具有此一功能,故活期存款的大小,在估計地下經濟時,是一個外生變數,這也是我們分析只用通貨的另一個因素。

2.每人實質地上與總合國民生產毛額(y_i)

用地上每人實質GNP來解釋每人實質通貨餘額(c)之變動可能會產生某些偏誤,因此本文利用各種不同每人實質總合GNP(包括地上與地下)的估計值來解釋實質通貨的持有。一般而言,總合所得(或總合GNP)增加,每人實質通貨的持有額,將隨之增加。

3.稅率(Tax)

稅率的提高,會增加要繳稅活動對不繳稅活動的相對成本,因此所得者較可能以不繳稅的地下經濟取代合法或要繳稅的經濟活動。由於地下經濟活動為避免被查到,不願留下交易的紀錄,大都使用通貨。故稅率的提高,會使通貨的使用量增加。這一概念已由Cagan(1958), Feige(1979), Garcia(1979), Gutmann(1977), Laurent(1979)及Tanzi(1982)等人加以應用。

在此,邊際稅率(並非平均稅率)才是一適當的變數,因為人們要在地下或地上工作,"邊際"的決定較為適切,因個人大都以通貨融通地下經濟活動,故邊際稅率與每人實質通貨持有量間應有正的關係。

在臺灣，由於尚未有學者估計出平均邊際稅率，故本文使用"租稅負擔"(即賦稅收入占GNP的比例)作爲解釋性變數。

4.利率(r)

本文在從事美國實證分析時，使用3個月的國庫券利率，在從事臺灣實證分析，則採1個月定期存款利率，作爲所有利率的近似值[10]。利率的上升，使持有貨幣的成本增加，如其他情況未變，將使希望持有通貨的數量降低。

5.時間趨勢(T)

近幾年來，美國銀行業務的創新，諸如廣泛使用信用卡和附息活期存款的衝擊，致使個人或家庭趨向更"經濟化"地持有通貨，同時也不可避免地增加持有通貨的相對成本，致使長期間每人實質通貨持有量趨於減少。由於難以找出適當的變數來衡量每一種金融創新，因此本文使用時間趨勢來代表各種不同管制變化對通貨持有量的淨影響。

爲了與一般的貨幣方程式一致，除了時間趨勢(T)外，上列各變數皆以對數型式表示。統計資料在美國係1946年到1980年的各項年資料，期間選擇自1946年開始，係避免美國大恐慌和二次大戰期間對物價、工資與利率等之管制[11]；而期間選擇到1980年，則係因有些地下經濟的估計值沒有1980年以後的資料。在臺灣方面，則選擇民國51年到77年，自民國51年開始，各項資料較爲完整，終止期間爲民國77年，係因部分民國78年的資料，尚未統計出來。

---

[10]美國金融市場短期利率大都以三個月期之國庫券利率爲基準；而國內之利率結構大致上相當穩定，利率水準按存款期間長短而呈同方向變動，一個月期定期存款利率已可當作所有利率之代表。

[11] Thomas(1986)批評Tanzi未測試其方程式是否有結構的穩定性，同時Tanzi也顯示在1945年前後方程式之結構有顯著地不同。

(二)美國資料之實證分析

本文利用一般最小平方法來從事迴歸分析，但有序列相關存在（其Durbin-Watson值在0.563至1.102之間）時，則此方程式以一階Cochrane-Orcutt轉換法來消除序列相關。其實證結果如表1所示[12]。

表1的結果顯示各解釋變數的符號正如預期，而且每一所得變數的解釋能力均相當顯著地異於0。如比較(3.3)式與其他方程式的 $\overline{R}^2$ 值，顯示(3.7)式的 $\overline{R}^2$ 值並無改善，式(3.4)、(3.6)、(3.8)則均有點改善，而以(3.9)式的 $\overline{R}^2$ 值爲最高，(3.5)式的 $\overline{R}^2$ 值次之。

所以除(3.7)式（由Tanzi迴歸法所估計的地下經濟數額），其餘方程式之解釋能力都多少有所改善。由於 y_0（地上實質每人GNP）忽略地下經濟活動的通貨需求，而成爲一偏誤的解釋變數，所以一般而言，其實證結果顯示(3.3)之解釋能力較其他方程式爲低。然而，由Tanzi發展出來的迴歸法，考慮一般像所得、利率等因素，而後將多餘的通貨增加歸因於租稅負擔的增加，但由於租稅變數在式(3.2)中並不顯著，所以式(3.7)之結果較式(3.3)差。

由Feige修正的迴歸法，雖做了些修正，而得到較佳的結果，但由於租稅變數並不顯著，所以式(3.8)之結果仍無法令人滿意。圖9顯示美國1946年到1980年間每人實質通貨持有額之趨勢。由1940年代末期到1960年代初期，每人實質通貨持有額下降幾達一半，而後持續慢慢增加，直到1980年。比較圖9與圖1、3、5、7，顯示美國實質每人通貨持有額之趨勢與Aigner的因果法、Gutmann的通貨比例法、Feige的修正通貨比例法和Feige的交易法所估計出

---

[12] 我們在方程式中，試圖包括Barro & Sahasakul(1983)估計的平均邊際稅率，但無法得到顯著的結果，因而從略。

表1 不同所得變數之迴歸結果(美國，1964~1980年)

方程式	常數項	$\ln y$	$\ln r$	T	$\overline{R}^2$	$\begin{array}{c}D\text{-}W\\\hat{\rho}\end{array}$	所得變數
(3.3)	-1.496	0.382	-0.015	-0.001	0.971	1.683	y_0
	(-5.263)	(2.645)	(-1.091)	(-0.376)		0.846	
(3.4)	-1.545	0.423	-0.019	-0.0043	0.973	1.836	y_1
	(-5.959)	(3.109)	(-1.436)	(-1.100)		0.846	
(3.5)	-1.630	0.489	-0.018	-0.0080	0.975	1.932	y_2
	(-5.916)	(3.368)	(-1.389)	(-1.911)		0.832	
(3.6)	-1.238	0.334	-0.080	-0.0040	0.974	1.666	y_3
	(-6.573)	(3.290)	(-2.092)	(-1.005)		0.784	
(3.7)	-1.516	0.395	-0.014	-0.0024	0.971	1.668	y_4
	(-5.026)	(2.616)	(-1.042)	(-0.659)		0.840	
(3.8)	-1.652	0.452	-0.016	-0.0045	0.973	1.834	y_5
	(-5.291)	(2.997)	(-1.169)	(-1.191)		0.838	
(3.9)	-1.521	0.436	-0.023	-0.0070	0.976	1.854	y_6
	(-6.511)	(3.640)	(-1.720)	(-2.065)		0.819	

附註：1. 當自由度為31時，α =10％，t 值=1.699；α =5％，t 值=2.045；α=1％，
　　　t 值=2.756。

　　　2. 當 α =5％，D-W下限為1.28，D-W上限為1.65。

　　　3. $\overline{R}^2$ 為校正判定係數。

　　　4. y_0 為實質每人地上國民生產毛額（GNP）。

　　　5. y_1 為實質每人總GNP，其中地下經濟部分，係由Gutmann的通貨比例法估
　　　計而得。

　　　6. y_2 為利用Feige修正的通貨比例法估計而得的實質每人總GNP。

　　　7. y_3 為利用Feige的交易法估計而得的實質每人總GNP。

　　　8. y_4 為利用Tanzi的迴歸法估計而得的實質每人總GNP。

　　　9. y_5 為利用Feige修正的迴歸法估計而得的實質每人總GNP。

　　　10. y_6 為利用Aigner因果法估計而得的實質每人總GNP。

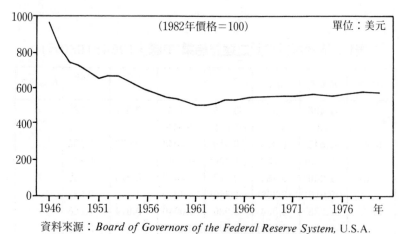

資料來源：*Board of Governors of the Federal Reserve System*, U.S.A.

圖9　美國每人實質通貨持有額(1946～1980年)

的地下經濟占GNP的比率之時間趨勢較為類似。

　　因此本節的實證結果，表示美國地下經濟的發展趨勢，大略是由1940年代中期逐漸下降，在1960年代達到低谷，而後逐漸上升，直到1980年。

　　本節的研究，我們只討論地下經濟的相對發展趨勢，對其絕對量的大小，並未觸及，我們將在下節加以討論。

(三)臺灣資料之實證分析

　　在利用一般最小平方法從事臺灣資料之迴歸分析時，其Durbin-Watson值在1.277與1.634之間，落入不確定區，故方程式仍以一階Cochrane-Orcutt轉換法來校正，其實證結果如表2所示。

　　表2顯示在民國51年到77年間，利用 y_0 為所得變數與利用 y_1，y_3，y_4，為所得變數之不同迴歸結果。如比較(3.10)式與其他方程式之 $\bar{R}^2$ 值，只有(3.12)式利用修正的Feige交易法所估計的總所得（y_3），其 $\bar{R}^2$ 值較(3.10)式為高，(3.11)及(3.13)式之 $\bar{R}^2$ 值則較

(3.10)式為低。

　　由於朱敬一、朱筱蕾(1988)利用Aigner等(1986)之因果法估計臺灣地下經濟數額時，因資料限制，而只估計民國60年到75年之地下經濟數額，今將其估計結果與附錄2修正Feige交易法所估得的地下經濟數額，分別加上地下經濟數額，與國民所得統計的地上經濟數額，加以比較，其迴歸結果，列於表3。

　　根據表3結果顯示，(3.15)式與(3.14)式的 $\bar{R}^2$ 均較(3.14)式的 $\bar{R}^2$ 高，而以(3.15)式的 $\bar{R}^2$ 最高。

　　根據表2與表3的迴歸結果，顯示由錢釧燈修正Feige交易法所估出之結果最佳，朱敬一等利用Aigner因果法所估出之結果次之，其餘各估計方法所估出結果與臺灣實際地下經濟之發展趨勢，並不相符。

　　根據(3.12)與(3.15)式之結果，顯示臺灣每人實質GNP增加1％，則每人實質通貨持有額也增加約1％左右，而租稅負擔增加1％，則人們為逃避稅負，每人實質通貨持有額會增加0.36％；而通貨的利率彈性則非常低，利率增加1％，每人實質通貨持有額只減少0.06％。

　　圖10顯示臺灣在民國51年至77年間每人實質通貨持有額之趨勢。由圖可看出，在民國51年至74年間，每人實質通貨持有額以每年平均9.5％的增加率持續地增加，到民國74年以後，由於各種金錢遊戲盛行，每年平均的成長率增為16.3％。

　　如以圖10與圖2、4、6、8加以比較，明顯可看出：臺灣地區每人通貨持有額的趨勢與圖4、8利用Feige交易法及Aigner等之因果法所估出之地下經濟占GNP的比率趨勢較為接近，與圖2、6利用Gutmann通貨比例法及Tanzi迴歸法所估出之結果不同。

　　本節的實證結果，顯示臺灣地下經濟占GNP比率的發展趨勢，

表2　不同所得變數之迴歸結果(臺灣，民國51年~77年)

方程式	常數項	ln y	ln Tax	ln r	T	$\bar{R}^2$	D-W $\hat{\rho}$	所得變數
(3.10)	-7.786 (-4.072)	0.838 (4.701)	0.289 (2.497)	-0.057 (-1.202)	0.036 (3.061)	0.9971	1.893 0.170	y_0
(3.11)	-2.064 (-0.736)	0.296 (1.130)	0.405 (2.319)	-0.056 (-0.830)	0.071 (4.111)	0.9943	1.716 0.347	y_1
(3.12)	-9.876 (-5.219)	1.055 (5.843)	0.360 (3.338)	-0.591 (-1.407)	0.012 (0.884)	0.9978	1.990 0.357	y_3
(3.13)	-5.797 (-2.270)	0.630 (2.718)	0.277 (1.734)	-0.082 (-1.372)	0.049 (3.267)	0.9956	1.783 0.303	y_4

註：1.當自由度為22時，α=10%，t 值=1.717；α=5%，t 值
=2.074；α=1%，t 值=2.819。

2.當 α=5%，D-W下限值為1.01，D-W上限值為1.86。

3.y_0, y_1, y_3, y_4 同表1註。

表3　不同所得變數之迴歸結果(臺灣，民國60年~75年)

方程式	常數項	ln y	ln Tax	ln r	T	$\bar{R}^2$	D-W $\hat{\rho}$	所得變數
(3.14)	-7.150 (-4.100)	0.796 (4.864)	0.421 (4.207)	-0.055 (-1.569)	0.039 (4.100)	0.9954	2.008	y_0
(3.15)	-8.819 (-6.669)	0.952 (7.679)	0.349 (4.822)	-0.055 (-2.252)	0.017 (1.981)	0.9977	2.007	y_3
(3.16)	-9.600 (-4.716)	1.006 (5.366)	0.247 (2.379)	-0.031 (-0.928)	0.012 (0.909)	0.9960	2.480	y_6

註：1.當自由度為10時，α=10%，t 值=1.833，α=5%，t 值
=2.262，α=1%，t 值=3.250。

2.當 α=5%，D-W下限值為0.62。D-W上限值為2.15。

3.y_0, y_3, y_6同表1註。

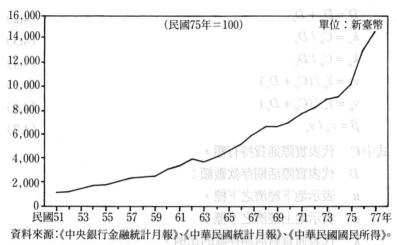

資料來源:《中央銀行金融統計月報》、《中華民國統計月報》、《中華民國國民所得》。

圖10　臺灣每人實質通貨持有額(民國51年～77年)

與錢釧燈修正Feige交易法及朱敬一等利用Aigner交易法所估得之結果較為相近,亦即在民國五○年代,並無明顯成長的趨勢,自民國七○年代起,則維持在持續的高水準之上。

四、地下經濟絕對值的檢定

本節將探討各估計方法所估出之地下經濟數額大小的合理性。首先,我們利用Feige(1986)的一般通貨比例模型,發展出地上與地下經濟通貨持有模型,來檢定各種地下經濟的估計值,然後再分別檢定美國與臺灣地區各種地下經濟的估計值。

(一)模型的設立

1.一般通貨比例模型

Feige的一般通貨比例模型,包括下列方程式:

$$C = C_u + C_o \tag{4.1}$$

$$D = D_u + D_o \tag{4.2}$$

$$k_o = C_o / D_o \tag{4.3}$$

$$k_u = C_u / D_u \tag{4.4}$$

$$v_o = Y_o / (C_o + D_o) \tag{4.5}$$

$$v_u = Y_u / (C_u + D_u) \tag{4.6}$$

$$\beta = v_o / v_u \tag{4.7}$$

式中 C　代表實際通貨持有額，

　　D　代表實際活期存款數額；

　　u　表示地下經濟之下標，

　　o　表示地上經濟之下標；

　　k　代表通貨對活期存款的比例，

　　v　代表貨幣的所得流通速度。

方程式(4.1)與(4.2)將實際通貨與活期存款持有數額分為地上與地下兩部分；方程式(4.3)與(4.4)則為 k_o 與 k_u 之定義；方程式(4.5)與(4.6)則為兩部門的貨幣所得流通速度。為求得地下經濟數額(Y_u)，我們必須經由式(4.6)，以模型中可測量的變數，如 C、D 和 Y_o 來表示。經由重複的代入和重新整理，可求得

$$Y_u = \frac{1}{\beta} Y_o \frac{(k_u + 1)(C - k_o D)}{(k_o + 1)(k_u D + C)} \tag{4.8}$$

此即由Feige發展出來的 Y_u 一般解答，它將地下經濟的數額，化為可測量變數(如 Y_o, C, D)和三個參數(β, k_o, K_u)的函數。

2.地下經濟通貨持有模型

　　首先我們假設地上與地下經濟的貨幣所得流通速度一樣，亦即兩部門一元貨幣交易所產生的所得一樣，亦即 $\beta = 1$[13] 。因此，

---

　　[13] β 數額究竟多大，目前仍無定論，假如地下所得大部分集中在服務業部門，由於服務業涉及較少的中間交易，β 可能會小於1。

(4.8)式變成

$$u = \frac{(k_u + 1)(C - k_o D)}{(k_o + 1)(k_u D - C)} \qquad (4.9)$$

其中，$\mu = Y_u / Y_o$，式(4.9)可化為

$$k_o = \frac{(k_u + 1)C - (k_u D - C)\mu}{(k_u D - C)\mu + D(k_u + 1)} \qquad (4.10)$$

由(4.3)式可得為地上交易而持有的通貨為

$$C_o = D_o \cdot k_o \qquad (4.11)$$

由(4.3)與(4.4)可得

$$D_o = \frac{k_u D - C + C_o}{k_u} \qquad (4.12)$$

將式(4.10)與(4.12)代入式(4.11)，並加以整理，可求得為地上經濟交易而持有通貨的一般解，為

$$C_o = \frac{k_u(C - \mu D) + C(1 + \mu)}{(1 + \mu)(1 + k_u)} \qquad (4.13)$$

而為地下經濟交易而持有的通貨為

$$C_u = \frac{\mu k_u(C + D)}{(1 + \mu)(1 + k_u)} \qquad (4.14)$$

假如地下經濟交易只使用通貨為唯一的交易媒介（即 $D_u \to 0$, $k_u \to \infty$），則式(4.13)變成

$$C_o = \frac{C - \mu D}{1 + \mu} \qquad (4.15)$$

式(4.14)則變成

$$C_u = \frac{\mu(C + D)}{1 + \mu} \qquad (4.16)$$

我們將利用式(4.14)與(4.16)來檢定各項地下經濟估計值的合理性。

(二)美國地下經濟估計值的檢定

我們將利用前面所發展的模型,檢定美國各種地下經濟的估計值。利用Tanzi迴歸法所估出之估計值,由於其趨勢值與美國實際情況不符,故本節中不再予以檢定。

1.對各估計值之檢定

(1)Gutmann的通貨比例法

將利用Gutmann通貨比例法所估得之地下經濟數額占GNP的比率值代入(4.16)式(因為Gutmann假設通貨是地下交易唯一的媒介),可求得地下經濟交易而持有的通貨額,其占通貨總額比例(簡稱地下通貨比例),如附表6第一欄所示,其趨勢則如圖11實線所示,為地下交易而持有的通貨占通貨總額的比率,在1946年為40%,1947年為28%,而後持續下降,在1954~1964年間,有一長期的低谷,其中以1961年之14%最低,而後持續上升,至1980年,其比率為42%。

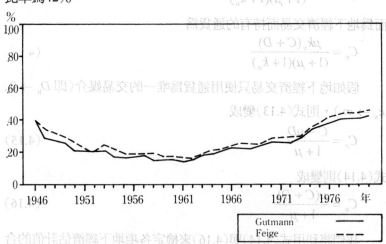

圖11　美國地下通貨比例(通貨比例法)

（2）Feige的修正通貨比例法

將Feige的修正估計值代入（4.14）式之 μ，並令 k_u =3（因為Feige假定只有75％的未申報所得以通貨來交易），可得為地下經濟交易而持有的通貨額，其占通貨總額比率如附表6第二欄所示，其趨勢則如圖11虛線所示。

圖11顯示，為地下交易而持有通貨之比率，在1946年為36％，而後逐漸下降，在1955~1963年間為低谷，其中以1961之16％最低，而後逐年上升，至1980年，其比率達46％。

（3）Feige的交易法

將利用Feige交易法所估得之估計值代入（4.14）式之 μ，同時令 k_u 等於3、9與∞，以分別表示有75％、90％與100％的地下經濟活動以通貨來交易。由（4.14）式可求得到為地下經濟交易而持有的通貨額，其占通貨總額之比率如附表7所示，其趨勢則如圖12所示。由圖12顯示，地下通貨比率在1946年為56％（ k_u =3）到75％（ $k_u \rightarrow$

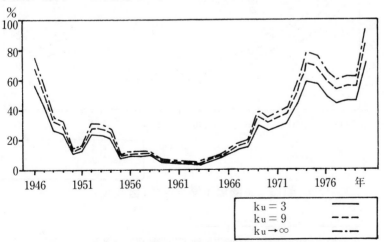

圖12　美國地下通貨比例（交易法）

∞)之間,而後逐漸下降,在1959~1965年間爲低谷,其中以1963年之4%最低,而後逐漸上升,至1980年其比率在71%(k_u=3)至94%($k_u \to \infty$)之間。由於這些地下通貨比例之估計值有很多年太大,且其波動亦非常大,與實際情況並不相符合[14] ,故我們認爲利用Feige交易法所估計之美國地下經濟數額太大,且其趨勢變動亦過劇。

(4)因果法

將Aigner等之因果法之估計值代入(4.14)式之μ,同時令k_u分別等於3、9與∞,爲地下交易而持有通貨占總通貨比率如附表8所示,而其趨勢則列於圖13。根據圖13顯示,地下通貨比例在1946年爲101%(k_u=3)至134%($k_u \to \infty$),而後逐漸下降,在1960~1968年

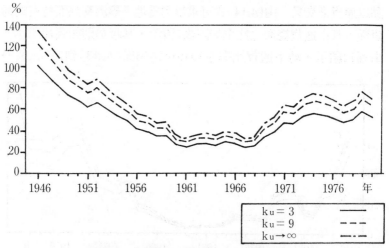

圖13　美國地下通貨比例(因果法)

---

[14] 例如在1946、1974、1980年,地下通貨比率在56%至94%之間,在美國社會似難以想像,而在1960年至1963年,比率降低至3.6~5.8%,與前述幾年相較,亦覺波動過大。

間爲低谷，其中以1963年之25％到33％最低，而後逐年攀升，在1980年，其比率爲53％（k_u=3）到70％（$k_u \to \infty$）。由於在實際情況下，地下通貨之比率不可能超過100％，所以我們認爲利用Aigner等之因果法所估計的美國地下經濟數額太大。

　　根據本節的討論，我們認爲利用交易法及因果法所估計的美國地下經濟數額太大，因此我們底下只討論兩種通貨比例法所估得的結果。

2.美國地下通貨之數額

　　本節將使用地上及地下通貨需求函數來比較利用Gutmann的通貨比例法及Feige的修正通貨比例法所估得之地下經濟數額。

　　類似方程式(3.1)，每人實質地上通貨需求（C_o）受每人實質地上所得（Y_o）、利率（R）及時間趨勢（T）之影響，即

$$C_o = f(Y_o, R, T) \tag{4.17}$$

而每人實質地下通貨的需求，則只受每人實質地下經濟所得之影響，即

$$C_u = g(Y_u) \tag{4.18}$$

其中 $dC_u / dY_u > 0$。

　　與前節及過去傳統的貨幣方程式一致，所有的變數（除了時間趨勢外）都以對數型式表示。資料亦爲1946年到1980年之美國年資料，方程式亦以一階Cochrane-Orcutt轉換法來消除序列相關。

　　首先，我們將利用Feige修正通貨比例法所估得之Y_u、C_u與C_o代入式(4.17)與(4.18)，其迴歸結果爲

$$\ln C_o = -1.329 + 0.406 \ln Y_o - 0.045 \ln R - 0.021T \tag{4.19}$$
$$\quad\;\; (-3.458)\;\; (2.082) \quad\;\; (-2.201) \quad\;\; (-5.754)$$

$$\overline{R}^2 = 0.974 \qquad D-W = 1.652 \qquad \hat{\rho} = 0.560$$

$$\ln C_u = -1.909 + 0.754 \ln Y_u \tag{4.20}$$
$$(-38.03) \quad (26.93)$$
$$\overline{R}^2 = 0.995 \quad D-W = 1.274 \quad \hat{\rho} = 0.907$$

上列(4.19)與(4.20)兩式中的所有解釋變數之參數估計值皆顯著，且符號與預期一致。由這兩式可看出，地下通貨的所得彈性爲0.754，較地上通貨的所得彈性(0.406)爲高，若與(3.3)式所示的綜合通貨的所得彈性0.489比較，此處之估計值亦頗合理。

如將利用Gutmann通貨比例法所估得的 Y_u, C_u 與 C_o 代入式(4.17)與(4.18)，其迴歸結果爲

$$\ln C_o = -1.300 + 0.649 \ln Y_o + 0.0004 \ln R - 0.053T \tag{4.21}$$
$$(-2.534) \quad (2.696) \qquad (0.018) \qquad (-5.638)$$
$$\overline{R}^2 = 0.976 \quad D-W = 2.271 \quad \hat{\rho} = 0.924$$
$$\ln C_u = -3.819 + 0.903 \ln Y_u \tag{4.22}$$
$$(-10.68) \quad (19.59)$$
$$\overline{R}^2 = 0.992 \qquad D-W = 2.233 \qquad \hat{\rho} = 0.984$$

上列(4.21)與(4.22)兩式中，除利率變數之參數估計值外，其餘變數之參數估計值皆顯著。但由這兩式可看出，地上通貨的所得彈性爲0.649，地下通貨的所得彈性爲0.903，與(3.2)式所示的綜合通貨所得彈性0.423，似不能相互配合。

比較上列四式，式(4.21)之 $\overline{R}^2$ 略大於式(4.19)，但式(4.20)之 $\overline{R}^2$ 則較式(4.22)爲高，但這些 $\overline{R}^2$ 之差異實在有限(只有0.002至0.003)，因此我們實在無法據以判斷何種估計法較爲優良，但如考慮兩組方程式所得彈性的合理性，且再參酌前節中有關地下經濟趨勢值之估計(即比較﹝3.4﹞與﹝3.5﹞兩式)，則以使用Feige修正通貨比例法所估得的地下經濟估計值的(3.5)式，其 $\overline{R}^2$ 值較(3.4)式高，故我們認爲利用Feige修正通貨比例法所估得的地下經濟估計值與美國

實際的地下經濟數值似較爲接近。

美國的地下通貨比例(即爲地下交易而持有通貨占總通貨的比例)究竟多大,我們可與美國內地稅局(IRS〔1979〕)的估計值加以比較。美國內地稅局在1979年估計美國1976年合法與部分非法來源的未申報所得,它估計未申報所得占官方GNP的5.9~7.9％,由於該估計不可能掌握所有的地下經濟活動,因此可當作估計值的下限。假如所有的地下活動皆以通貨進行交易(即 $k_u \to \infty$),則在1976年,爲地下交易而持有的通貨占總通貨的比率,在21.1％至28.2％之間。如有75％的地下活動以通貨進行交易(即 k_u =3),則地下通貨比率在12.6％至16.5％之間,而這也是估計值的下限。

利用Feige修正通貨比例法,估得美國在1976年地下經濟占GNP的比率爲17％,如我們認爲這一估計值不會太高,依此數值所估計出來的地下通貨比率42％也應不會太高。因此其在1946年到1980年之比率介於18.7％到45.8％之間也應屬合理之範圍。

(三)臺灣地區地下經濟估計值之檢定

根據前節的實證結果顯示,錢釧燈修正Feige交易法及朱敬一等利用Aigner因果法所估得之臺灣地下經濟估計值之趨勢與臺灣實際地下經濟數值之趨勢相近。此地我們擬利用通貨持有模型,檢定臺灣這兩項估計值的絕對值是否合理。

1.對各估計值之檢定

(1)錢釧燈修正Feige之交易法

將錢釧燈修正Feige交易法所估得之地下經濟占GNP的比率(如附表2及圖4所示)代入(4.14)式之 μ ,同時令 k_u 等於3、9與∞,以分別代表有75％、90％與100％的地下經濟活動係以通貨來交易。由(4.14)式可得到爲地下經濟交易而持有的通貨額,其占通貨總額

比率如附表9所示，其趨勢則如圖14所示。由圖14顯示，地下通貨
比率在民國51年為20%（k_u=3）到27%（$k_u \to \infty$）之間，而後逐年下
降，其中以在民國55年到61年間之比率在10%～21%之間，維持在
一平緩的低谷，至民國63年以後逐年上升，到民國77年，其比率已
高達56%到74%之間。

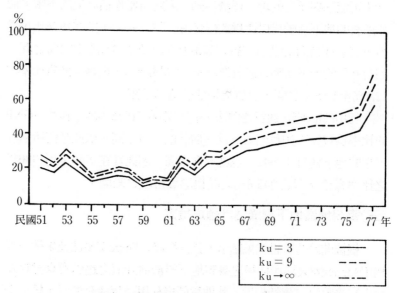

圖14　臺灣地下通貨比例（交易法）

（2）朱敬一等利用Aigner等之因果法

　　將朱敬一等利用Aigner等之因果法所估得之地下經濟占GNP之
比率（如圖8所示）代入（4.14）式之 μ，同時亦令 k_u 分別等於3、9與
∞。由（4.14）式可求得臺灣地下通貨之比率如附表10所示，其趨勢
則如圖15所示。由圖15顯示，地下通貨比率在民國60年到63年維持
在15%到24%之間，民國64年就跳升到24%到33%之間，而後持續

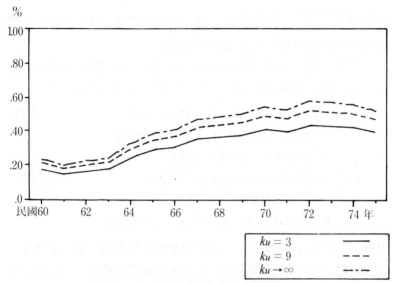

圖15　臺灣地下通貨比例(因果法)

增加，到民國72年達到44％~58％之高峰；此後微降，到民國75年，其比率在40％到53％之間。

2.臺灣地區地下通貨之數額

　　此處我們亦使用地上及地下通貨需求函數來比較錢釧燈修正Feige交易法及朱敬一等利用Aigner因果法所估得之臺灣地下經濟數額。

　　參照前節分析，我們亦假設臺灣地區每人實質地上通貨需求（C_o）受每人實質地上所得（Y_o）、利率（R）及時間趨勢之影響。而每人實質地下通貨需求（C_u）則受每人實質地下實質所得（Y_u）及租稅負擔之影響（Tax），即

$$C_u = h(Y_u, Tax) \tag{4.23}$$

其中 $dC_u / dY_u > 0$, $dC_u / dTax > 0$。

　　在做迴歸分析時，我們參照上節，除時間趨勢外，所有變數均

以對數型式表示。同時除式(4.24)外，所有方程式亦以一階
Cochrane-Orcutt轉換法來消除序列相關。

首先，將利用錢釧燈修正Feige交易法所估得民國60年到75年之
Y_u，C_u 與 C_o 值分別代入式(4.17)與(4.23)，其迴歸結果為

$$\ln C_o = 1.333 + 0.601 \ln Y_0 - 0.044 \ln R + 0.004T \qquad (4.24)$$
$$\qquad (0.91) \quad (4.25) \qquad (-1.76) \qquad (0.52)$$
$$\overline{R}^2 = 0.984 \qquad D - W = 2.601$$

$$\ln C_u = -1.570 + 1.053 \ln Y_u + 0.403 \ln Tax \qquad (4.25)$$
$$\qquad (-3.94) \quad (29.96) \qquad (1.80)$$
$$\overline{R}^2 = 0.995 \qquad D - W = 1.629 \qquad \hat{\rho} = 0.386$$

上列(4.24)及(4.25)兩式中，除時間趨勢之參數估計值不顯著外，
其餘變數之參數估計值皆顯著，且符號均與預期相符。由這兩式顯
示，地上通貨所得彈性為0.601，小於地下通貨所得彈性之1.053，
與預期相符，且與式(3.15)之綜合通貨所得彈性0.952相互配合。

如將朱敬一等利用Aigner等之因果法所估得民國60年到75年之
Y_u，C_u 與 C_o 值分別代入式(4.17)與(4.23)其迴歸結果為

$$\ln C_o = -3.983 + 1.092 \ln Y_o - 0.055 \ln R - 0.029T \qquad (4.26)$$
$$\qquad (-0.95) \quad (2.86) \qquad (-0.74) \quad (-1.33)$$
$$\overline{R}^2 = 0.858 \quad D - W = 1.677 \quad \hat{\rho} = 0.268$$

$$\ln C_u = -1.519 + 1.018 \ln Y_u + 0.253 \ln Tax \qquad (4.27)$$
$$\qquad (-3.12) \quad (25.60) \qquad (0.96)$$
$$\overline{R}^2 = 0.992 \quad D - W = 2.013 \quad \hat{\rho} = 0.326$$

上列(4.26)及(4.27)兩式中，利率、時間趨勢與稅負變數之參數估
計值皆不顯著，地上通貨之所得彈性(1.092)高於地下通貨之所得彈
性(1.018)，似與預期不符，且與(3.16)式之綜合通貨所得彈性
(1.006)無法相互配合。

　　我們如比較(3.15)及(3.16)式，可發現使用錢釧燈修正Feige交易法所估得的結果，其$\bar{R}^2$值較朱敬一等利用Aigner等之因果法所估得的$\bar{R}^2$高，且比較(4.24)、(4.25)式與(4.26)、(4.27)式之$\bar{R}^2$值，亦可得到類似的結論[15][16]，故我們認為錢釧燈修正Feige交易法所估得的地下經濟數值似與臺灣實際地下經濟之數值較為接近。如此推論，臺灣地區近年來為地下交易而持有的通貨占通貨總額的比率有逐年增高之勢，這似可印證臺灣地區在民國七〇年代，游資氾濫、大家樂、六合彩、地下投資公司大行其道之現象。

五、結論與檢討

---

[15] 式(4.24)之$\bar{R}^2$遠高於式(4.26)，而式(4.25)之$\bar{R}^2$則略高於式(4.27)。

[16] 如將利用錢釧燈修正Feige交易法所估得民國51年到75年之Y_u、C_u與C_o值分別代入式(4.17)與(4.23)中，其迴歸結果為：

$$\ln C_o = 4.372 + 0.746 \ln Y_o - 0.035 \ln R - 0.134T \qquad (4.28)$$
$$\quad (0.78) \quad (1.50) \qquad (-0.34) \qquad (-2.16)$$
$$\bar{R}^2 = 0.957 \qquad D-W = 1.845 \qquad \hat{\rho} = 0.952$$

$$\ln C_u = -2.224 + 1.142 \ln Y_u + 0.475 \ln Tax \qquad (4.29)$$
$$\quad (-3.36) \quad (29.04) \quad (1.94)$$
$$\bar{R}^2 = 0.997 \qquad D-W = 1.335 \qquad \hat{\rho} = 0.824$$

上列(4.28)及(4.29)兩式中，地上所得變數與利率變數之參數估計值不顯著，但時間趨勢及稅負變數之參數估計值皆顯著，且符合與預期相符。而地上通貨所得彈性為0.748，小於地下通貨所得彈性之1.142，與預期相符，且與(3.12)式之綜合通貨所得彈性1.055相互配合。

如與(4.26)、(4.27)式比較，(4.28)式之$\bar{R}^2$遠高於(4.26)式，(4.29)式之$\bar{R}^2$亦高於(4.27)式。

　　本文首先在第二節中分別介紹各種地下經濟之估計方法，第三節及第四節分別利用通貨需求函數的迴歸模型與地下通貨需求模型，來測驗美國與臺灣地區各種地下經濟估計方法的正確性及合理性。

　　在美國方面，我們可由表1看出，使用Feige修正Gutmann通貨比例法、Feige的交易法與Aigner等的因果法所估得的地下經濟趨勢，與美國的地下經濟趨勢較為符合，但因後兩項估計法所估得的地下經濟數額與波動過大，與實際情況不符。而Feige修正Gutmann通貨比例法所估得的美國地下經濟估計值，通過兩項測試模型的標準，故我們認為利用這種方法所估得的地下經濟數額與美國實際地下經濟數額較為接近。

　　在臺灣方面，我們由表2、表3可看出使用錢釧燈修正Feige交易法及朱敬一、朱筱蕾利用Aigner等之因果法所估出之地下經濟趨勢，與臺灣實際地下經濟之趨勢較為接近，同時兩項估計值之絕對值並未過大。但經各種方法比較分析後，我們認為錢釧燈修正Feige交易法所估得的地下經濟數值，與臺灣實際地下經濟之數值似較為接近。

　　以Feige的交易法所估計的美國地下經濟，產生之數額與波動過大，我們認為與Feige將所有交易（包括有關當期生產之交易、原有財富轉讓之交易及有關移轉支付之交易），皆視為有關當期生產之交易，而未加調整有關。而這是錢釧燈在這方面修正Feige的方法，得到的臺灣地下經濟估計值，並未過大且其波動亦不劇烈之原因。

　　我們雖然得到上述結論，但對於第四節利用Feige交易法，所估計的地下通貨比率在民國77年高達56％至74％之間，這項估計結果，有待進一步的研究。

參考文獻

王文煌
　　1987　〈租稅逃漏、勞動選擇與地下經濟〉，政大財政研究所碩士論文。

朱敬一、朱筱蕾
　　1988　〈臺灣地下經濟的成因與指標分析DYMIMIC模型之應用〉，中央
　　　　　研究院經濟研究所，《經濟論文》，第16卷第2期，頁137~170。

朱敬一、張慶輝、鄭文輝
　　1989　〈地下經濟與逃漏稅問題之研究〉，財政部賦改會報告。

陳麗玟
　　1987　〈以地下經濟估計方法設算我國營利事業所得稅之逃漏〉，政大
　　　　　財政研究所碩士論文。

蔡旭晟、賈宜鳳、鹿篤瑾、練有爲
　　1984　〈地下經濟與國民所得統計〉，73年統計學術研討會實錄，中國
　　　　　統計學社，頁171~228。

錢釧燈
　　1981　〈臺灣地下經濟之研究〉，《臺灣銀行季刊》，第32卷第4期，頁
　　　　　145~172。

　　1983　〈地下經濟之估計〉，《臺北市銀月刊》，第14卷第5期，頁
　　　　　56~71。

Aigner, Dennis J., Schneider, Friedrich & Ghosh, Damayanti
　　1986　"Me and My Shadow: Estimating the Size of the U. S. Underground
　　　　　Economy from Time Series Data," *MRG Working Paper* #M8615,
　　　　　University of Southern California, May.

Barro, Robert J. & Sahasakul, Chaipat
　　1983　"Measuring the Average Marginal Tax Rate from the Individual Income
　　　　　Tax," *Journal of Business*(Chicago), Vol. 56(October), pp. 419 ~
　　　　　452.

Cagan, Phillip

1958   "The Demand for Currency Relative to Total Money Supply," *Journal of Political Economy*, 66/3, pp. 302~328.

Carson, Carol S.

1984   " The Underground Economy: An Introduction," *Survey of Current Business* 64(May and July).

Contini, Bruno

1981   "The Second Economy of Italy," *Taxing and Spending* 3, pp.17~24.

Feige, Edgar L.

1979   "How Big Is the Irregular Economy?" *Challenge*(White Plains, New York), Vol. 22(November/December), pp. 5~13.

1986   " A Re-examination of the 'Underground Economy' in the United States," *Staff Papers*, International Monetary Fund(Washington), Vol. 33 (December), pp. 768 ~ 781.

1988   *The Underground Economies: Tax Evasion and Information* Distortion(Cambridge University Press, Cambridge).

1988A "The Meaning and Measurement of the Underground Economy," in *The Underground Economies: Tax Evasion and Information Distortion*, ed. by Edgar Feige(Cambridge University Press, Cambridge).

Frey, Bruno S. & Pommerehene, Werner W.

n. d.   "The Hidden Economy: States and Prospects for Measurement," *Review of Income and Wealth*, Vol. 30/1, pp. 1~23.

Garcia, Gillian

1978   "The Currency Ratio and the Subterranean Economy," *Financial Analysts Journal*(New York.), Vol. 32(November/December), pp.1~5.

Garcia, Gillian & Pak, Simon

1979   "The Ratio of Currency to Demand Deposits in the United States," *Journal of Finance*(New York), Vol. 34(June), pp.703~715.

Gutmann, Peter

1977   "The Subterranean Economy," *Financial Analysts Journal*(New

York), Vol. 31(November/December). pp.26 ~ 27, 34.

Isachsen, Arne J.; Klovland, Jan. T. & Strom, Steinar

　1982　"The Hidden Economy in Norway," in *The Underground Economy in the United States and Abroad*, ed. by Vito Tanzi(Lexington, Massachusetts: Lexington Books).

Laurent, Robert

　1979　"Currency and the Subterranean Economy," *Economic Perspective*, Federal Reserve Bank of Chicago(Chicago, Ill), March/April, pp. 3~6.

Lynch, Gerald J.

　1985　"Currency, Marginal Tax Rates, and thd Underground Economy," *Journal of Economics & Business*(Temple Univ.) Vol. 37(Feb.), pp. 59~67.

Macafee, Kerrick

　1980　"A Glimpse of the Hidden Economy in the National Accounts," *Economic Trends*, 316, pp. 81~87.

Molefsky, Barry

　1982　"America's Underground Economy," in *The Underground Economy in the United States and Abroad*, ed. by Vito Tazni(Lexington, Massachusetts: Lexington Books).

Porter, Richard D. & Bayer, Amanda S.

　1984　"A Monetary Perspective on Underground Ecomonic Activity in the United States," *Federal Reserve Bulletin*(Washington),Vol. 70(March), pp.177~190.

Simon, Carl P. & Witte, Ann D.

　1982　*Beating the System: The Underground Economy*(Boston, Massachusetts: Auburn House).

Tanzi, Vito

　1982　*The Underground Economy in the United States and Abroad*(Lexington, Massachusetts: Lexington Books).

1983 "The Underground Economy in the United States: Annual Estimates, 1930~1980, " *Staff Papers*, International Monetary Fund (Washington), Vol. 30(June), pp.283~305.

1986 "The Underground Economy in the United States, Reply to Comments by Feige, Thomas, and Zilberfarb" *Staff Papers*, International Monetary Fund(Washington), Vol. 33(December), pp.799~811.

Tomas, J. J.

1986 "The Underground Economy in the United States, A Comment on Tanzi," *Staff Papers*, International Monetary Fund(Washington), Vol. 33(December), pp.782~789.

United Stattes, Department of Commerce, Bureau of Economic Analysis

1985 "Revised Estimates of the National Income and Product Accounts of the United States, 1929~85: An Introduction," *Survey of Current Business*(Washington), Vol. 65(December), pp.1~19.

United States, Internal Revenue Service

1979 *Estimates of Income Unreported on Individual Income Tax Returns*, Publication No. 1104(9~79), Department of the Treasury (Washington: Government Printing Office, Department of the Treasury, September).

附錄1　以通貨比例法估計臺灣地區的地下經濟

本附錄將以Gutmann(1977)的通貨比例法來估計臺灣在民國51年到77年的地下經濟數額。

首先，我們將民國51年到77年的通貨對活期存款的比率列於附表1第三欄。表中顯示臺灣的通貨對活期存款之比率，自民國51年的0.46上升到60年的0.71，而後下降，67年降至0.49，而後逐年上升到71年的0.68，然後再降到77年的0.43，其波動並無明顯的趨勢。

我們選擇民國70年為基期，假設當年地下經濟占GNP的比率與蔡旭晟等(1984)所估得的結果一樣，即同為14.41％，亦即當年為地下經濟交易而持有的通貨占為地上經濟而持有的通貨及活期存款的14.41％。在民國70年，通貨占活期存款的62％，其中為地下經濟活動而持有的通貨占活期存款的20.4％，而為地上經濟活動而持有的通貨占活期存款的41.6％(即20.4％÷(1＋41.6％)=14.41％)，同時根據Gutmann的假設，其餘各年為地上經濟交易而持有的通貨仍占活期存款的41.6％。如以民國51年為例，當年通貨占活期存款的比率為46％，而地上的通貨比率為41.6％，則地下通貨比率應為4.4％，而其占地上經濟交易所需活期存款及通貨的比率則為3.11％。同時Gutmann亦假設一元的通貨及活期存款所能融通的GNP，在地上經濟部門及地下經濟部門一樣，則在民國51年地下經濟占GNP的比率亦為3.11％。我們可利用相同的方法，算出52年到77年地下經濟占GNP的比率，並將其列於附表1第四欄，其趨勢圖則顯示於圖2。

附錄2　以交易法估計臺灣地區的地下經濟

以錢釧燈修正Feige交易法估計臺灣之地下經濟數額，其步驟與錢釧燈(1983)第58到63頁的步驟，唯該文表3假設在民國59年實物面地下經濟占GNP的比率與利用Tanzi迴歸法所估計的結果相同，同為9.86％。但民國73年，主計處蔡旭晟等人利用直接加總法，估計民國70年臺灣地下經濟數額占GNP的比率為14.41％。因此本文採用蔡文之估計，以民國70年為基期，假設當年實物面地下經濟占GNP的14.41％，其餘各年則比照調整，其估計結果如附表2所示。

附錄3　以迴歸法估計臺灣地區的地下經濟

本附錄將以Tanzi(1983)的迴歸法來估計臺灣在民國51年到77年的地下經濟數額。

首先我們設立一個迴歸模型，假設通貨對 M_2 的比例，受實質每人國民生產毛額、利率與租稅負擔的影響。隨著經濟的發展，實質每人GNP的增加， M_2 相對於通貨之需求增加較快，故通貨對 M_2 的比例將下降；同時如果租稅負擔增加，會使人們逃避稅負的誘因增加，而多使用現金少用支票，以免逃漏稅時，留下紀錄而被稽徵機關查出，因此租稅負擔的增加，會使通貨對 M_2 的比例增加；另外，如利率上升，會使人們持有通貨的相對成本增加，而減少通貨持有額，與增加定期存款數額，因此通貨對 M_2 的比例應會下降。

我們將其迴歸方程式以對數直線型函數表示，即

$$\ln \frac{C}{M_2} = a + b \ln y + c \ln \frac{T}{Y} + d \ln r \tag{1}$$

其中C為名目通貨量，y為實質每人國民生產毛額，T/Y為賦稅收入占國民生產毛額的比例，r 為利率變數。我們以民國51年到77

年的年資料,做迴歸分析,但其結果顯示利率變數不顯著(以遠期支票借款利率為利率變數)或符號相反(以一個月期定期存款利率為利率變數),故我們省略此一變數,而只對其他兩個變數做迴歸分析,同時因有序列相關,而用Cochrane-Orcutt轉換法加以消除,其結果為:

$$\ln \frac{C}{M_2} = 3.424 - 0.588 \ln y + 5.951 \ln \frac{T}{Y} \qquad (2)$$

$$(8.876) \quad (-15.703) \qquad (5.122)$$

$$\overline{R}^2 = 0.940 \qquad D - W = 1.913$$

由上式可看出 y 與 T/Y 對 C/M_2 具有顯著的解釋能力,且符號正確。

假設人們沒有租稅負擔,亦即 T/Y 等於0,則人們不需要為逃漏稅目的而持有現金,因此其現金需求量,係指式(2)中, T/Y 為0時, C 的估計額,如附表3第二欄 EC 所示,其與實際通貨量的差額,即可視為為融通地下經濟交易而需要的通貨量,如附表3第三欄所示。而為融通合法經濟交易所需的貨幣量,則為支票存款、活期存款與為合法交易所需通貨量的合計,亦即 M_1A 減去第三欄地下通貨之需要量,如附表3第四欄所示。假設每一元貨幣所能融通地下經濟活動與地上經濟活動的比例一樣,則地下經濟數額占地上經濟數額(即國民生產毛額)的比例,即為為融通地下經濟交易而持有的通貨量與為融通地上經濟交易而持有通貨量的比例,如附表3第五欄所示,其趨勢圖則顯示於圖4。

附表1　臺灣通貨對活期存款比例與地下經濟占GNP的比率

單位：百萬元

年　次	(1) 通　貨	(2) 活期存款	(3)=(1)/(2) 通貨對活期存款 的比例	(4) 地下經濟占GNP 的比率(%)
民國51年	3,050	6,655	0.46	3.11
民國52年	3,464	7,272	0.48	4.52
民國53年	4,475	9,505	0.47	3.81
民國54年	5,251	10,361	0.51	6.64
民國55年	5,815	10,642	0.55	9.46
民國56年	7,059	12,653	0.56	10.17
民國57年	8,865	15,730	0.56	10.17
民國58年	10,466	16,564	0.63	15.11
民國59年	11,483	17,719	0.65	16.53
民國60年	14,461	20,408	0.71	20.76
民國61年	17,329	28,003	0.62	14.41
民國62年	23,990	44,949	0.53	8.05
民國63年	30,228	51,455	0.59	12.29
民國64年	34,868	63,692	0.55	9.46
民國65年	42,583	75,047	0.57	10.88
民國66年	51,634	96,008	0.54	8.76
民國67年	64,871	131,904	0.49	5.23
民國68年	80,838	151,937	0.53	8.05
民國69年	95,510	169,980	0.56	10.17
民國70年	115,371	186,075	0.62	14.41
民國71年	132,819	194,556	0.68	18.64
民國72年	147,049	219,972	0.67	17.94
民國73年	163,559	242,564	0.67	17.94
民國74年	170,868	252,622	0.67	17.94
民國75年	198,350	337,139	0.59	12.29
民國76年	254,673	498,780	0.51	6.64
民國77年	291,624	673,406	0.43	0.99

資料來源：《臺灣地區金融統計月報特輯》。

附　　註：(1)欄數值，係指各年12個月月底通貨的算術平均數。

(2)欄數值，係指各年12個月月底活期存款與支票存款和平均
數。

附表2 臺灣地下經濟占GNP的比率(Feige交易法)

單位:%

年　　次	實物面地下經濟 /GNP	金融面地下經濟 /GNP	地下經濟總額 /GNP
民國51年	7.27	2.00	9.27
民國52年	5.87	2.00	7.87
民國53年	8.94	1.97	10.92
民國54年	6.67	1.98	8.75
民國55年	3.69	2.43	6.12
民國56年	3.97	2.92	6.89
民國57年	5.47	2.65	8.12
民國58年	5.60	2.45	8.05
民國59年	3.22	2.18	5.40
民國60年	3.94	2.82	6.76
民國61年	3.54	2.03	5.57
民國62年	7.35	3.16	10.51
民國63年	5.30	3.48	8.78
民國64年	7.92	4.14	12.06
民國65年	8.16	4.15	12.31
民國66年	9.75	4.50	14.25
民國67年	10.60	5.15	15.75
民國68年	11.40	6.10	17.50
民國69年	11.90	7.92	19.82
民國70年	14.41	7.48	21.89
民國71年	18.19	6.45	24.64
民國72年	19.58	5.64	25.22
民國73年	20.53	5.62	26.15
民國74年	20.33	5.85	26.18
民國75年	19.65	5.35	25.00
民國76年	19.23	4.77	24.00
民國77年	24.68	4.33	29.01

附表3 臺灣地下經濟占GNP的比率(Tanzi迴歸法)

單位：百萬元，%

年次	(1) C	(2) EC	(3) ILM	(4) LM	(5) UE
民國51年	3,050	1,427	1,623	8,082	20.09
民國52年	3,464	1,661	1,803	8,933	20.19
民國53年	4,475	2,126	2,349	11,631	20.19
民國54年	5,251	2,415	2,836	12,776	22.20
民國55年	5,815	2,731	3,084	13,373	23.06
民國56年	7,059	3,158	3,901	15,811	24.67
民國57年	8,865	3,601	5,264	19,331	27.23
民國58年	10,466	3,898	6,568	20,462	32.10
民國59年	11,483	4,607	6,876	22,326	30.80
民國60年	14,461	5,590	8,871	25,998	34.12
民國61年	17,329	6,728	10,601	34,731	30.52
民國62年	23,990	8,716	15,274	53,665	28.46
民國63年	30,228	9,959	20,269	61,414	33.00
民國64年	34,868	14,098	20,770	77,790	26.70
民國65年	42,583	15,887	26,696	90,934	29.36
民國66年	51,634	19,974	31,660	115,982	27.30
民國67年	64,871	24,803	40,068	156,707	25.57
民國68年	80,838	28,047	52,792	179,984	29.33
民國69年	95,510	32,655	62,856	202,635	31.02
民國70年	115,371	38,269	77,102	224,344	34.37
民國71年	132,819	42,810	90,009	237,366	37.92
民國72年	147,049	56,704	90,345	276,676	32.65
民國73年	163,559	66,355	97,204	308,919	31.47
民國74年	170,868	79,081	91,787	331,703	27.67
民國75年	198,350	89,747	108,603	426,886	25.44
民國76年	254,673	105,721	148,952	604,501	24.64
民國77年	291,624	125,008	166,616	798,413	20.87

資料來源：《中華民國臺灣地區金融統計月報》。

註1. C 指實際通貨量，由各年12個月月底之通貨量平均而得。

2. EC 指式(1)中 $\frac{T}{Y}=0$ 時估計之通貨量 。

3. ILM 係 C 減 EC。

4. LM 係 M_1A 減 ILM。

5. M_1A 包括通貨、支票存款與活期存款，亦由各年12個月月底之通貨量平均而得。

附表4　美國地下經濟占其GNP之比率　單位：%

年次	(1) Gutmann	(2) Feige-G	(3) Feige	(4) Tanzi	(5) Feige-T	(6) Aigner
1946	10.75	14.5	22	4.47	9.5	48
1947	7.2	12	15.5	5.17	11	40
1948	6.78	11	9	5.34	12	34
1949	6.19	10	8	4.98	13	29
1950	4.68	8	3	5.07	10	24.5
1951	4.5	6.5	3.5	4.73	12	21
1952	4.4	6	7	5.22	14.3	23
1953	4.72	7.5	7	4.77	15.8	20.5
1954	3.6	6.5	6	4.62	15	17.5
1955	3.45	5.5	2	3.2	13.5	15.5
1956	3.49	5.5	2.5	4.32	13.5	13
1957	3.83	5.5	2.5	4.14	14	12.5
1958	3	5.5	2.5	4.36	13	10.5
1959	3.28	5	1.5	4.03	12.5	11
1960	3.2	5	1.2	4.08	14.5	8
1961	2.86	4.5	1	4.21	13	7
1962	3.24	4.7	1	3.92	14	8
1963	3.85	5.5	1	4.03	14.3	8.5
1964	4.14	6.2	1.5	3.82	13	8
1965	4.49	6.5	2	3.8	13	9
1966	5.3	7.5	3	4.1	13.5	9
1967	4.98	8	4	4.5	14	7.7
1968	4.95	7.5	4.5	4.32	13.7	8
1969	5.72	8	9.5	4.48	14.5	11.5
1970	6.15	9.3	8.5	4.58	17.5	13.5
1971	6.28	9.5	9.5	4.72	17	17
1972	6	9.5	10	4.74	15.5	16
1973	6.81	10	15	4.44	13.7	19.5
1974	8.61	12.3	23	4.93	16	22
1975	9.99	14.7	23.5	4.97	20	22.5
1976	10.98	17	20.5	5.49	20.2	22
1977	11.72	18	18.5	5.10	20.2	20
1978	12.41	19	20	5.27	19.7	22
1979	13.06	19.8	21	5.4	19.5	28
1980	14.27	22.3	39	6.07	19.8	26.5

資料來源：(1)Gutmann的估計值來自Molefsky（1982），表3-2。
　　　　　(2)Feige修正Gutmann方法的估計值來自Feige（1988A）
　　　　　　 ，圖1.5。
　　　　　(3)Feige的估計值來自Feige(1988A)，圖1.6。
　　　　　(4)Tanzi的估計值來自Tanzi(1983)，表4。
　　　　　(5)Feige修正Tanzi方法的估計值，來自Feige（1988A），
　　　　　　 圖1.5。
　　　　　(6)Aigner et al.的估計值來自Aigner et al.(1986)，圖3。

附表5　朱敬一等所估計的臺灣地下經濟比率

單位：%

年　　次	地下經濟／GNP
民國60年	10.58
民國61年	8.13
民國62年	8.4
民國63年	9.64
民國64年	13
民國65年	16.03
民國66年	16.73
民國67年	18.35
民國68年	20.4
民國69年	22.26
民國70年	26.58
民國71年	27.55
民國72年	30.57
民國73年	30.4
民國74年	29.54
民國75年	24.27

資料來源：朱敬一、朱筱蕾(1988)，圖3。

附　　註：民國60年之比率係設定值。

附表 6　美國地下通貨比例（通貨比例法）

單位：%

年　次	Gutmann	Feige
1946年	40.20	39.33
1947年	28.61	34.23
1948年	27.30	31.96
1949年	25.41	29.72
1950年	20.72	25.74
1951年	20.67	21.97
1952年	20.02	20.16
1953年	20.96	24.33
1954年	16.73	22.04
1955年	16.31	19.12
1956年	16.51	19.14
1957年	17.71	18.78
1958年	14.50	19.47
1959年	15.31	17.22
1960年	15.03	17.32
1961年	13.89	16.14
1962年	15.39	16.51
1963年	17.90	18.88
1964年	18.90	20.82
1965年	20.42	21.75
1966年	22.99	23.90
1967年	21.99	25.75
1968年	22.05	24.46
1969年	24.45	25.11
1670年	25.84	28.46
1971年	26.20	28.85
1972年	25.63	29.47
1973年	27.95	29.89
1974年	33.14	34.34
1975年	36.15	38.26
1976年	38.11	41.98
1977年	39.95	43.56
1978年	40.84	44.30
1979年	40.77	43.75
1980年	41.90	45.88

附表7 美國地下通貨比例（交易法）

單位：%

年　　次	$ku=3$	$ku=9$	$ku \to \infty$
1946年	56.01	67.21	74.67
1947年	42.87	51.44	57.16
1948年	26.63	31.95	35.50
1949年	24.22	29.06	32.29
1950年	10.12	12.15	13.50
1951年	12.17	14.61	16.23
1952年	23.30	27.96	31.07
1953年	22.81	27.38	30.42
1954年	20.44	24.53	27.25
1955年	7.19	8.63	9.59
1956年	8.96	10.75	11.94
1957年	8.78	10.54	11.71
1958年	9.11	10.93	12.14
1959年	5.34	6.41	7.12
1960年	4.31	5.17	5.75
1961年	3.71	4.45	4.95
1962年	3.64	4.37	4.85
1963年	3.59	4.30	4.78
1964年	5.27	6.32	7.03
1965年	6.99	8.38	9.32
1966年	9.98	11.97	13.30
1967年	13.37	16.04	17.83
1968年	15.10	18.12	20.13
1969年	29.40	35.29	39.21
1970年	26.21	31.45	34.94
1971年	28.85	34.62	38.46
1972年	30.88	37.05	41.17
1973年	42.88	51.46	57.18
1974年	58.62	70.34	78.16
1975年	56.80	68.16	75.74
1976年	49.15	58.98	65.53
1977年	44.59	53.50	59.45
1978年	46.24	55.49	61.66
1979年	45.94	55.13	61.26
1980年	70.60	84.72	94.13

附表8 美國地下通貨比例（因果法）

單位：%

年　次	$ku=3$	$ku=9$	$ku \rightarrow \infty$
1946年	100.73	120.87	134.30
1947年	91.27	109.53	121.70
1948年	81.83	98.19	109.10
1949年	73.50	88.20	98.00
1950年	68.39	82.06	91.18
1951年	62.47	74.96	83.29
1952年	66.60	79.92	88.80
1953年	59.33	71.19	79.10
1954年	53.78	64.54	71.71
1955年	49.23	59.08	65.64
1956年	42.24	50.69	56.33
1957年	40.02	48.02	53.36
1958年	35.48	42.58	47.31
1959年	35.83	43.00	47.77
1960年	26.93	32.32	35.91
1961年	24.52	29.42	32.69
1962年	27.24	32.69	36.32
1963年	28.37	34.04	37.83
1964年	26.42	31.70	35.22
1965年	29.42	35.31	39.23
1966年	28.28	33.94	37.71
1967年	24.85	29.83	33.14
1968年	25.97	31.16	34.63
1969年	34.96	41.95	46.61
1970年	39.79	47.74	53.05
1971年	48.31	57.97	64.42
1972年	46.85	56.22	62.46
1973年	53.65	64.38	71.53
1974年	56.53	67.84	75.37
1975年	54.83	65.80	73.11
1976年	52.10	62.52	69.46
1977年	47.60	57.12	63.46
1978年	50.03	60.04	66.71
1979年	57.91	69.49	77.21
1980年	52.71	63.25	70.28

附表9　臺灣地下通貨比例(交易法)

單位：%

年　　次	$ku=3$	$ku=9$	$ku \rightarrow \infty$
民國51年	20.25	24.30	26.99
民國52年	16.96	20.35	22.61
民國53年	23.07	27.68	30.76
民國54年	17.94	21.53	23.92
民國55年	12.24	14.69	16.32
民國56年	13.50	16.20	18.00
民國57年	15.63	18.75	20.84
民國58年	14.43	17.32	19.24
民國59年	9.77	11.73	13.03
民國60年	11.45	13.74	15.27
民國61年	10.70	12.84	14.27
民國62年	20.50	24.60	27.33
民國63年	16.36	19.63	21.81
民國64年	22.82	27.38	30.42
民國65年	22.71	27.25	30.28
民國66年	26.75	32.10	35.66
民國67年	30.96	37.15	41.27
民國68年	32.16	38.60	42.89
民國69年	34.49	41.38	45.98
民國70年	35.19	42.23	46.92
民國71年	36.55	43.85	48.73
民國72年	37.70	45.24	50.27
民國73年	38.60	46.32	51.47
民國74年	38.57	46.28	51.42
民國75年	40.50	48.59	53.99
民國76年	42.95	51.54	57.26
民國77年	55.81	66.97	74.41

附表10 臺灣地下通貨比例(因果法)

單位：%

年　　次	$ku=3$	$ku=9$	$ku \rightarrow \infty$
民國60年	17.30	20.76	23.07
民國61年	14.75	17.70	19.67
民國62年	16.70	20.04	22.27
民國63年	17.82	21.38	23.76
民國64年	24.39	29.27	32.52
民國65年	28.62	34.35	38.16
民國66年	30.74	36.88	40.98
民國67年	35.27	42.33	47.03
民國68年	36.59	43.91	48.79
民國69年	37.96	45.55	50.61
民國70年	41.15	49.38	54.87
民國71年	39.93	47.91	53.24
民國72年	43.83	52.59	58.44
民國73年	43.42	52.10	57.89
民國74年	42.39	50.87	56.52
民國75年	39.54	47.45	52.73

第三章　臺灣地下經濟的成因與指標分析
——DYMIMIC模型之應用[*]

朱敬一　朱筱蕾[**]

摘　要

　　本文利用Aigner等人所發展的DYMIMIC統計方法，分析臺灣地下經濟活動的成因與指標。統計結果顯示，政府管制、租稅負擔都對地下經濟的形成有顯著的影響。而地下經濟對Feige、通貨比率指標與經濟案件金額這三項指標均有正向影響。

一、緒　論

　　何謂地下經濟？這個問題似乎沒有標準答案。1979年美國內地稅局(Internal Revenue Service, IRS)定義地下經濟爲"未向稅捐機關申報之所得"，Feige(1979)認爲地下經濟是"未申報或未被現行查核技術所衡量的經濟活動"，Tanzi(1982)所下的定義是"因未申

　　*本文選自中央研究院經濟研究所，《經濟論文》，第16卷第2期(民國77年9月)，頁137~170。

　　**朱敬一，現爲中央研究院經濟研究所研究員；朱筱蕾，現於美國明尼蘇達州攻讀經濟學博士。

報與低報所得,使官方統計無法測定的國民生產毛額",Macafee
(1980)的定義則是"產生要素所得的經濟活動中,從所得面編算
GDP時,無法由所需之一般統計資料推估得到的部分",Simon &
Witte(1982)認爲"凡官方經濟統計沒有記錄的所有交易"都是地下
經濟。大致說來,之所以會有這麼多種不同的定義,主要是因爲地
下經濟本身就沒有一個客觀的衡量基準。這些林林總總的定義,也
只是反應各個作者心目中的主觀衡量基準而已。這篇文章所探討的
地下經濟,則泛指"所有逃避稅負及政府管制的經濟活動"。

　　地下經濟由於沒有客觀的衡量基準,因此在規模的估計上也就
造成了眾說紛紜的現象。從計量的觀點來看,地下經濟屬於一種不
可觀測的變數(latent variable),其規模大小必須要靠其他可觀測的
變數去推估。以往有關地下經濟的文獻主要就是要估計地下經濟這
個不可觀測變數的規模。我們可以把這些規模估計法概分爲兩類,
一是利用個體或分組資料推估各類地下經濟活動然後加總的直接估
計法,包括租稅稽查法(tax auditing approach)、問卷調查法;另一
種是利用其他看得見的總體指標去推估地下經濟的間接估計法,包
括所得支出差異法(initial discrepancy approach, Macafee〔1980〕)、
參與率差異法(participation rate approach, Contini〔1981〕)、通貨比
例法(currency-ratio approach, Gutmann〔1977, 1979〕)、交易差額法
(transaction-ratio approach, Feige〔1979, 1980〕)與通貨需求法
(currency demand approach, Tanzi〔1983〕)①。由直接估計法較能
了解地下經濟活動的細部情形,但是直接估計法相當費時費錢,而
且不易涵蓋所有的地下經濟活動。由間接估計法所得到的只是地下
經濟規模的一個估計值,我們很難從這些數字裡了解地下經濟的成

---

　　①通貨需求法強調因稅負而引起的通貨比率的變動,已經加入了成因的
　　　考慮。

因或解釋地下經濟的演進。此外每一種間接估計法背後都有著各自非常強烈的假設，計算出來的數字亦頗有出入②，使得這些估計方法的可信度令人懷疑。有鑒於此，近年來許多學者不再專注於研究地下經濟規模的大小，而以地下經濟的成因及影響爲研究重點，以期說明更多地下經濟的性質。Frey & Weck(1984)所使用的MIMIC (Multiple Indicators and Multiple Cause)估計法及Aigner, Schneider & Ghosh (1986)使用的DYMIMIC(Dynamic Multiple Indicators and Multiple Causes)估計法，都是兼顧地下經濟成因及影響的方法。不論是MIMIC或DYMIMIC，都是將地下經濟視爲一個不可觀測的變數，這個變數一方面會受一些成因變數的影響，另一方面也會反應

---

② 下面的表中列有美國地下經濟規模的估計值。我們可以發現，運用不同的估計方法可以得出差異很大的結果。

年	占GNP%	作　者	估計方法
1976	5.9~7.9	IRS	租稅稽查法
1968	5.5	Park(1979)	所得支出差異法
1970	5.0		
1972	4.2		
1974	4.3		
1976	3.9		
1977	4.0		
1968	5.8	Gutmann(1977, 1979)	通貨比例法
1970	6.2		
1974	6.3		
1976	11.0		
1979	13.5		
1979	28.0	Feige(1980)	修正的通貨比例法
1976	3.4~5.1	Tanzi(1982)	通貨需求法
1976	22.0	Feige(1979)	簡單交易差額法
1979	33.0		
1979	27.0	Feige(1980)	修正交易差額法

譯自Frey & Prommerehene(1984), Table 1.

在一些指標變數上，這就形成了MIMIC的體系。MIMIC估計法較適合橫剖面(cross section)資料的分析，DYMIMIC估計法則適用於時間數列(time series)資料的分析，而且可以考慮地下經濟規模在時間上的遞延性。這兩種方法的限制主要在於"資料"不易掌握上。量化屬質的變數、尋找適當的代理變數以解決資料不足的困擾、避免因果混淆等技術上的問題如果無法克服，往往會影響實證結果的可靠性及解釋能力。不過，這一類的困難並非是無法克服的，而且似乎也是地下經濟所共有的困難，不宜單純地視為MIMIC及DYMIMIC估計法的缺點。本文的目的，就是要利用DYMIMIC模型來分析臺灣地下經濟的成因──指標結構。

從1977年Gutmann首開先河使用通貨比例法研究地下經濟以來，十幾年間發展出了許多估計地下經濟的方法，研究文獻不斷。這種情形的產生，主要是因為地下經濟規模在各國日益龐大的趨勢[3]，使得地下經濟對經濟社會所造成的傷害容易被察覺，而引起學者們重視地下經濟的問題。在國內，也有一些研究臺灣地下經濟的文獻。錢釧燈(1981，1983)、陳麗玫(1987)、蔡旭晟、賈宜鳳、鹿篤瑾及練有為(1984)、朱敬一、胡秀杏(1989)、Chu(1987)以及李金桐(1988)都做過實證的研究。這些文獻除了朱敬一、胡秀杏(1989)曾用MIMIC方法分析逃漏稅的成因與指標外，其餘的都只是對地下經濟的"規模"加以估計，對其成因與影響的結構均無統計分析，雖然王文煌(1987)也曾經使用過DYMIMIC方法分析臺灣的地下經濟，但是他考慮的變數不夠周詳，對估計結果的解釋也相當簡略，同時他的實際計算過程和一般DYMIMIC模型的計算方法有相當的出入，也因此而損及其估計結果的可信度(見三、四節)。

本文的結構安排如下：

---

[3] 請參考Frey & Pommerehene(1984)。

　　第二節為理論模型，我們先介紹一般犯罪行為模型，並從中尋
求地下經濟的成因變數，增加分析的理論基礎。此外，我們再由勞
動、生產及貨幣面尋求和地下經濟有關的變數，作為DYMIMIC研
究的指標變數。在第三節中，我們對DYMIMIC的模型與估計方法
做粗略的介紹。由於國內對這一方面計量方法的探討相當有限，因
此我們認為有必要在此做簡單的說明，以幫讀者了解我們統計結果
的意義。第四節則對我國的地下經濟做實證研究。實證結果顯示，
稅負及政府管制對地下經濟活動皆有顯著的影響。同時，我們所使
用的指標變數也能顯著的反映出地下經濟活動的大小。與前人研究
比較的結果，發現我們估計的地下經濟走勢與錢釧燈的較相似，而
成長率的波動則幅度較大。第五節為結論。

二、地下經濟的成因與指標變數──理論分析

　　不論是逃漏稅或是地下工廠、地下金融等，都是非法活動。依
照廣義的解釋，這些活動都是犯罪的行為。以往社會學家、心理學
家常把犯罪視為某些特定個人異常的、不理性的行為。但是
Becker(1968), Allingham & Sandmo(1972), Ehrlich(1973), Block &
Heineke(1975)等人卻持不同的看法。他們把犯罪視為理性個人經
過深思熟慮的成本效益分析後，所做出來的決策。Posner(1985) 指
出，這樣的觀點也許不太適合某些情緒性的犯罪，但對許許多多有
物質回報的犯罪卻相當恰當。地下經濟活動逃避稅負及政府管制，
也是犯罪的行為。所以我們可以利用分析犯罪行為的模型來尋找和
地下經濟有關的變數。

(一)影響一般犯罪行為的變數

　　依據Beker及Block & Heineke的分析，我們可以把一個潛在犯

罪者所面對的問題寫成（1）式

$$\mathop{Max}_{\substack{L\in\Omega_L\\T\in\Omega_T}}\int u[L,T,W^\circ + rL + (V-aF)T]f(a)da \tag{1}$$

式中 u 表示效用函數，L 表示合法活動，T 表示非法活動，Ω_L 與 Ω_T 分別是合法與非法活動的可選集合（feasible set），W° 是此人的期初財富，r 及 V 分別是 L 及 T 的單位淨報酬（net returns），F 是一旦非法活動遭到逮捕定罪時此人所面對的所有處罰的貨幣價值，a 表示非法活動失敗比率的一個隨機變數。（1）式是一個基本的效用極大化問題，選擇變數為 L 及 T。一般而言，我們會發現 L 與 T 的最適選擇會受到下列變數的影響：

1.**犯罪的處罰 F**：任何一種犯罪定罪後，其對應的處罰愈重，則愈有嚇阻作用。這種的處罰包括法律上的、社會上給予的道德方面的制裁等。一旦社會上有許許多多的人在逃稅，則很可能逃稅行為就不再被視為可恥，在納稅人的心目中也就少了一項處罰成本。此外，處罰的輕重不是一個絕對數字，它是相對於犯罪報酬而言的。一張五萬元的罰單是很大金額的處罰，但是如果接一張五萬元的罰單可以做成五百萬元的生意，則五萬元就算不了什麼。

2.**犯罪者"失風"被定罪的機率分配 $f(a)$**：影響這個變數的因素很多，包括警察、稅務員、檢察官、法官等執法人員的多寡與其素質的高低、電腦設備的良窳、民眾檢舉的意願、執法人員的操守、民意代表的關說等等。這個變數的重要性可能比罰款金額還要高。我國逃稅罰款的比例不算低，但是如果案發後大事化小甚至擺平的機率很大；則就納稅人而言，他們所面對的逃稅的期望成本就會相當的小。

3.**合法活動的成本（表現在 r 的減項中）**：守法有守法的成本。誠實的企業要按規定繳稅，要花時間排隊報稅填單。誠實的廠商設立、變更、遷移、開工、甚至停工、改變生產產品都要填表向主管機關報備或請求核准，這些都可視爲守法的成本。

最後一點也是最重要的一點，就是

4.合法與非法的界定(表現在 Ω_L 與 Ω_T 的設定上)：如果只准臺汽在高速公路上經營固定班車業務，則所有的私營遊覽大客車都是地下經濟，都是非法營業。MTV視聽中心是不是地下經濟，也只是政府一道命令就決定了。如果臺北市每小時汽車限速五公里，則很可能每部行駛的車輛都是違法的。因此，法律本身的時效性與合理性、法律規範的範圍與內容都會影響地上—地下、合法—非法之界定。

(二)影響地下經濟的變數

基於以上的分析，我們可以將影響地下經濟的變數做一番整理：

1.**租稅負擔**：屬於第3類合法活動的成本。Aigner等人(1986)以各種邊際稅率、平均稅率及租稅占所得的比率爲代表租稅負擔的變數。Frey & Weck(1984)用直接稅、間接稅占總稅收的比率爲變數。

2.**政府管制**：屬於第4類合法與非法的界定。Frey & Weck(1984)用公務人員數占就業人口的比率爲變數。曾巨威(1986)以歷年財政經濟法規的實際修正次數表示政府每年的制度性變革數，王文煌(1987)加以利用，以累計的次數(包括頒訂與修正)表示政府管制。

3.**租稅道德**：可歸屬於第1類中的納稅人心目中逃稅所產生的道德處罰成本。以上三種變數幾乎是所有討論地下經濟成因的文獻都會提及的。而且一般實證文獻所採用的變數，多不出此範圍。可是，由第一節的說明我們知道，尚有其他重要的成因也應該加以考

慮。我們提出兩個成因變數:

4.行政風紀:屬於第2類。Tanzi(1983)指出官僚體系的腐化是造成地下經濟的原因。Stein(1985)不認為非法的經濟活動是不受管制、不必繳稅的;為了生存,業者必須繳"稅"給有權管理他們的貪官汙吏。

5.法令的制裁:屬於第1類。Becker(1968)、Allingham & Sandmo(1972)等人認為人們選擇犯罪與否也是透過成本效益分析決定的。如果法令的制裁愈重,成本也就愈高,以地下經濟而言,會減少人們參與的誘因。

地下經濟除了是犯罪行為外還具有"經濟"行為的特性,經濟層面的因素也會影響地下經濟活動。例如Frey & Weck(1984)認為有些人在"地上"找不到工作,只好往地下經濟。所以失業率是地下經濟的成因變數。Gutmann(1985)、Frey & Weck(1984)也指出,當人們為了領取失業救濟或為了享受更多的休閒時,寧願從事地下經濟捨棄地上的工作。此時,失業率成了一種指標,它的上升反映地下經濟部門的擴張。

(三)受地下經濟影響的指標變數

除了成因變數外,我們還需要一些地下經濟的指標變數才能進行DYMIMIC的分析。在這一小節,我們將把以往相關文獻中曾經使用過的指標變數加以整理介紹。

1.勞動市場面的指標變數:包括勞動參與率與工作時間。由於勞動力同為地上、地下經濟活動的投入要素,Aigner(1986)以25~64歲男性未參與勞動之比率,Frey & Weck(1984)以工作年齡的男性勞動參與率為指標變數。他們認為地下經濟的擴張,會導致地上經濟部門勞動參與率降低。此外,增加在地下經濟部門的工作時間，會使得從事地上經濟活動的時間減少。

　　2. **生產市場面的指標變數**：經濟成長率可作為生產市場面的指標變數。因為地上及地下經濟部門，除了彼此競爭勞動要素外，也可能競爭其他生產資源。Aigner等人及Frey & Weck均以GDP成長率為指標變數。因為當生產資源由地上經濟部門流入地下經濟部門，會壓抑官方的經濟成長率。但是在經濟部門的活動具有互補性時，地下經濟的擴張反而會助長官方的經濟成長率。

　　3. **貨幣市場面的指標變數**：因為地下經濟也是交易活動，所以Feige(1979)以包括地上及地下經濟的總交易，對官方統計的GNP之比率為指標變數，以此比率的增加反映地下經濟的成長。另外，地下經濟為了逃稅及逃避管制，會盡量以通貨為交易工具，以免留下交易紀錄。Tanzi(1982)的通貨需求法、Aigner等人(1986)使用的通貨對貨幣供給的比率(以 C/M_2 表示)，都是基於這種想法。

　　並非所有的成因與指標變數都放在各個實證模型中。有些變數資料有限、有些不易量化，所以很難在實證中使用。我們將以前面所提到的成因與指標變數為基礎，選擇適宜的變數進行有關我國地下經濟的實證研究。

三、DYMIMIC模型及其估計方法

　　在進入實證估計之前，本節先將DYMIMIC的模型架構與估計方法做簡單的介紹。

　　首先，我們畫出地下經濟相關變數的關係圖：其中 Z_{it} ，$i=1\cdots k$ ，是成因變數，Y_{it} ，$i=1\cdots p$ 是指標變數。X是一個隱藏變數，表示地下經濟規模。DYMIMIC的計量模型包含兩部分：

移動方程式：$X_t = \phi X_{t-1} + \underset{1 \times K}{\gamma'} \underset{K \times 1}{Z_t} + U_t$　　　　(2)

衡量方程式：$\underset{P \times 1}{Y_t} = \underset{P \times 1}{\alpha} X_t + \underset{P \times K}{\beta} \underset{K \times 1}{Z_t} + \underset{P \times 1}{\epsilon_t}$　$t = 1 \cdots\cdots T$　　　(3)

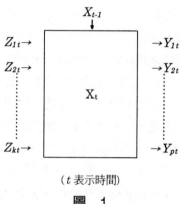

（t 表示時間）

圖　1

其中 ϕ、γ、α、β 都是係數，$\begin{pmatrix} U_t \\ \epsilon_t \end{pmatrix} \sim IIDN\left(0, \begin{pmatrix} \sigma_{uu} & 0 \\ 0 & R \end{pmatrix}\right)$，$R \equiv E(\epsilon t \cdot \epsilon t')$，

$|\phi| < 1$。第一條方程式刻畫出成因變數與地下經濟規模的關係，第二條方程式反映地下經濟如何影響各個指標變數。Z_t 中的第一行元素均為1，使(2)式中有常數項。所以模型中有($k-1$)個成因變數及 p 個指標變數。ϕ、α、β、γ 為係數，U_t 及 ϵ_t 為殘差項。β 的存在增加了模型的一般性，當然 β 矩陣可以存在零元素。(2)式中 X_{t-1} 一項反映出考慮了 X 變數有遞延到後期的性質，DYMIMIC模型也可以做更高階的 X 變數自我相關，或 ϵ_{it} 自我相關的設定。

　　由於 X_t 為隱藏變數，所以Aigner等人(1986)利用1977年Dempster等人發展出來的EM algorithm的方法，解決資料不完全的問題。

Aigner先建立預期概似函數 $Q(\underline{\theta}|\hat{\underline{\theta}}^{(h)}) = E[L(\underline{\theta}|Y, Z, X)|Y, Z,$ $\hat{\underline{\theta}}^{(h)}]$，其中 $\underline{\theta}$ 包含所有的迴歸係數及 σ_{uu} 和 R，(h) 表示第h次重複操作(iteration)。然後，我們極大化概似函數，求出 $\hat{\underline{\theta}}^{(h+1)}$ 再行 iteration，直到 $\hat{\underline{\theta}}$ 收斂爲止。

實際操作的方法是，先猜測一組 θ 值 $\hat{\theta}^{(0)}$ 及 $X_{0|0}^{a}$，$P_{0|0}^{a}$，然後以 Kalman Filter Equations及Smoothing Equations求出計算預期統計量所需的變數值。由於(2)式有X的$AR(1)$設定，所以我們將(2)(3)式改寫。(2)(3)式可改寫爲(2)'(3)'的形式：

$$\begin{pmatrix} X_t \\ X_{t-1} \end{pmatrix} = \begin{pmatrix} \phi & 0 \\ 1 & 0 \end{pmatrix} \begin{pmatrix} X_{t-1} \\ X_{t-2} \end{pmatrix} + \begin{pmatrix} r' \\ 0' \end{pmatrix} Z_t + \begin{pmatrix} 1 \\ 0 \end{pmatrix} U_t \qquad (2)'$$

$$Y_t = (\alpha 0)\begin{pmatrix} X_t \\ X_{t-1} \end{pmatrix} + BZ_t + \in_t \qquad (3)'$$

透過極爲明顯的符號對應，(2)'，(3)'又可寫爲：

$$X_t^a = \phi^a X_{t-1}^a + \Gamma Z_t + GU_t \qquad (4)$$

$$Y_t = \alpha^a X_t^a + BZ_t + \in_t \qquad (5)$$

(4)，(5)式對應的Kalman Filter Equations爲(6)至(11)式：

$$X_{t|t-1}^a = \phi^a X_{t-1|t-1}^a \Gamma Z_t \qquad (6)$$

式中 $X_{t|t-1}^a = E(X_t^a|\underline{\theta}, Y_{t-1}, Y_{t-2}, \cdots\cdots, Y_1, Z)$

$$P_{t|t-1}^a = \phi^a P_{t-1|t-1}^a \phi^{a'} + \sigma_{uu}\underline{GG}' \qquad (7)$$

式中 $P_{t|t-1}^a = V(X_t^a|\underline{\theta}, Y_{t-1}, Y_{t-2}, \cdots\cdots Y_1, Z)$

$$Y_{t|t-1}^a = \alpha^a X_{t|t-1}^a + BZ_t \qquad (8)$$

$$H_t^a = \alpha^a P_{t|t-1}^a \alpha^{a'} + R \tag{9}$$

式中 $H_t^a = V(Y_t|\underline{\theta}, Y_{t-1}, Y_{t-2}, \cdots\cdots, Y_1, Z)$

$$X_{t|t}^a = X_{t|t-1}^a + P_{t|t-1}^a \alpha^{a'} H_t^{a-1}(Y_t - Y_{t|t-1}^a) \tag{10}$$

$$P_{t|t}^a = P_{t|t-1}^a - P_{t|t-1}^a \alpha^{a'} H_t^{a-1} \alpha^a P_{t|t-1}^a \tag{11}$$

(6)~(11)式的 Kalman Filter，事實上是一種修正方程式（updating equation），其目的是要用目前已知的情報，去推估下一期的狀態變數（Harvey〔1981〕, p.103）。做完T期的 Kalman Filter以後，我們可以再用這T期推估值去修正狀態變數，此謂之 Smoothing。Kalman Filter是利用前期情報往後推估，而 Smoothing則是利用到T期為止的所有情報往前反推。兩者之間的差異，可參閱 Harvey（1981），第四章的說明。

在我們的分析裡，Smoothing方程式有兩條：

$$X_{tT}^a = X_{t|t}^a + A_t^a(X_{t+1|T}^a - X_{t+1|t}^a) \tag{12}$$

$$P_{t|t}^a = P_{t|t}^a + A_t^a(P_{t+1|T}^a - P_{t+1|t}^a)A_t^{a'} \tag{13}$$

式中 $\quad A_t^a = P_{t|t}^a \phi^{a'} P_{t+1|t}^{a-1}$

$$P_{t|T}^a = E\begin{pmatrix} X_t - X_{tT} \\ X_{t-1} - X_{t-1T} \end{pmatrix}(X_t - X_{tT} \quad X_{t-1} - X_{t-1T})$$

$$= \begin{pmatrix} P_{t|T} & P_{t,t-1|T} \\ P_{t,t-1|T} & P_{t-1|T} \end{pmatrix}$$

將 $\hat{\underline{\theta}}$, $\underline{X}_{0|0}^a$ 及 $\underline{P}_{0|0}^a$ 代入(6)(7)式，然後依序做到(11)式，求出 X_{11}^a 及 P_{11}^a 後再代入(6)(7)式，依序做到(11)式。如此重複操作，直到 t=T。這樣我們就有了 $X_{t|t-1}^a$, $P_{t|t-1}^a$, $Y_{t|t-1}^a$, H_t^a, $X_{t|t}^a$, $P_{t|t}^a$, $\forall t = 1 \cdots T$。

如此，我們就完成了一次的Kalman Filter。然後，再利用(12)(13)式，將Kalman Filter Equations所得到的$t=T-1$時的各項變數值代入。求出的$X_{t|T}^a$及$P_{t|T}^a$再代入(12)(13)式。如此重複操作下去，直到$t=0$為止。亦即操作過程是由$t=T-1$到0。這樣就完成了一次Smoothing。

我們可以利用(12)到(13)式的計算結果，求(14)到(17)式的預期統計量：

$$E(X'Z|Y,Z,\underline{\theta}^{(0)}) = \hat{X}'Z \ , \qquad \hat{X} = (X_{1|T}, X_{2|T} \cdots X_{T|T})' \qquad (14)$$

$$E(X_{-1}'Z|Y,Z,\underline{\theta}^{(0)}) = \hat{X}_{-1}'Z \ , \qquad \hat{X}_{-1} = (X_{0|T}, X_{1|T} \cdots X_{T-1|T})' \qquad (15)$$

$$E(X_{-1}'X_{-1}|Y,Z,\underline{\theta}^{(0)}) = \hat{X}_{-1}'\hat{X}_{-1} + \sum_{t=1}^{T} P_{t-1|T} \qquad (16)$$

$$E(X_{-1}'X|Y,Z,\underline{\theta}^{(0)}) = \hat{X}_{-1}'\hat{X} + \sum_{t=1}^{T} P_{t,t-1|T} \qquad (17)$$

計算(14)到(17)式後，我們建立預期概似函數為

$$Q\left(\theta|\hat{\underline{\theta}}^{(h)}\right) = E\left[L(\underline{\theta}|Y,Z,X)|Y,Z,\hat{\underline{\theta}}^{(h)} \right]$$

$$= (2\pi|R|)^{\frac{-T}{2}} \exp\left\{ -1/2\left[Y'(I_T \otimes R^{-1})Y - 2C_2'D_2'\begin{pmatrix} \hat{X}' \otimes R^{-1} \\ Z' \otimes R^{-1} \end{pmatrix} Y \right. \right.$$

$$\left. \left. + C_2'D_2'\begin{pmatrix} E(X'X|\cdot) \otimes R^{R-1} & \hat{X}Z \otimes R^{-1} \\ Z'\hat{X} \otimes R^{-1} & Z'Z \otimes R^{-1} \end{pmatrix} D_2 C_2 \right] \right\}.$$

$$(2\pi\sigma_{uu})^{\frac{-T}{2}} \exp\left\{ -\frac{1}{2\sigma_{uu}}\left[E(X'X|\cdot) - 2C_1'D_1'\begin{pmatrix} E(X_{-1}X|\cdot) \\ Z'\hat{X} \end{pmatrix} \right.\right.$$

$$+C_1'D_1'\begin{pmatrix} E(X_{-1}'X_{-1}|\cdot) & \hat{X}_{-1}'Z \\ Z'\hat{X}_{-1} & Z'Z \end{pmatrix}D_1C_1 \Bigg] \Bigg\}$$

式中 $D_1C_1\begin{pmatrix} \phi \\ r \end{pmatrix}$, $D_2C_2 = \begin{pmatrix} \alpha \\ vec(B) \end{pmatrix}$。$D_1$ 及 D_2 是因爲對係數值有線型

限制而存在的。如果不對 $\begin{pmatrix} \phi \\ \gamma \end{pmatrix}$ 做任何限制,則 D_1 即爲 $(K+1) \times$

$(K+1)$ 的單位矩陣,而 C_1 則等於 $\begin{pmatrix} \phi \\ \gamma \end{pmatrix}$。$D_2$ 的情況亦然。做到這裡

我們已完成了EM algorithm中的E(Estimation)步驟。然後將(14)到
(17)式的計算結果代入概似函數的一階條件中,求出模型的係數估
計值,就完成了EM algorithm的M(Maximization)步驟。由一階條
件可以得到(18)、(19)式:

$$\hat{C}_1 = \left[D_1'\begin{pmatrix} E(X_{-1}'X_{-1}|\cdot) & \hat{X}_{-1}Z \\ Z\hat{X}_{-1} & Z'Z \end{pmatrix}D_1 \right]^{-1} D_1'\begin{pmatrix} E(X_{-1}'X|\cdot) \\ Z'\hat{X} \end{pmatrix} \tag{18}$$

$$\hat{C}_2 = \left[D_2'\begin{pmatrix} E(X'X|\cdot)\otimes\hat{R}_{-1} & \hat{X}Z\otimes\hat{R}^{-1} \\ Z'\hat{X}\otimes\hat{R}_{-1} & Z'Z\otimes\hat{R}^{-1} \end{pmatrix}D_2 \right]^{-1} D_2'\begin{pmatrix} \hat{X}'\otimes\hat{R}^{-1} \\ Z'\otimes\hat{R}^{-1} \end{pmatrix}Y \tag{19}$$

將 $\hat{C}_1$ 及 $\hat{C}_2$ 代入(20)及(21)式,可以估計出 $\hat{\sigma}_{uu}$ 及 $\hat{R}$:

$$\hat{\sigma}_{uu} = \frac{1}{T}E\left\{ \sum_T \Big[X_{t|T} - \hat{\phi}X_{t-1|T} - \hat{\gamma}'Z_t + (X_t - X_{t|T}) \right. \tag{20}$$

$$\left. -\hat{\varnothing}(X_{t-1} - X_{t-1|t}) \Big]^2 \Big| Y,Z,\underline{\theta}^{(0)} \right\}$$

$$\hat{R} = \frac{1}{T}E\left\{ \sum_{t=1}^T \Big[(Y_t - \hat{\alpha}X_{t|T} - \hat{\beta}Z_t) - \hat{\alpha}(X_t - X_{t|T}) \Big] \right. \tag{21}$$

$$\cdot\left[\left(Y_t - \hat{\alpha}X_{t|T} - \hat{\beta}Z_t\right) - \hat{\alpha}\left(X_t - X_{t|T}\right)\right]'\Big|\cdot\Big\}$$

由於(19)式中，等號右邊有 $\hat{R}$，而(21)式中，等號右邊又有 $\hat{C}_2$ 的元素。所以我們可以做 R 及 C_2 間的iteration，即從 $\hat{R}$ 值開始，求出(19)式的 $\hat{C}_2$，再以 $\hat{C}_2$ 求(21)式的 $\hat{R}'$。以 $\hat{R}'$ 再求 $\hat{C}_2'$……，如此重複直到收斂爲止。

以上從(6)到(21)式中的計算，是一次操作過程。將求出的 $\hat{C}_1$、$\hat{C}_2$ 及 $\hat{\sigma}_{uu}$ 和 $\hat{R}$──$\hat{\underline{\theta}}^{(1)}$ 和 $\hat{\underline{\theta}}^{(0)}$ 比較，如果未收斂，則以 $\hat{\underline{\theta}}^{(1)}$ 代替 $\hat{\underline{\theta}}^{(0)}$ 重複(6)到(21)式的操作，求出 $\hat{\underline{\theta}}^{(2)}$，然後再比較 $\hat{\underline{\theta}}^{(2)}$ 及 $\hat{\underline{\theta}}^{(1)}$。如此反覆做下去，直到 $\hat{\underline{\theta}}$ 值收斂爲止。此時，我們就得出了模型的係數估計值。在收斂的 $\hat{\underline{\theta}}$ 值下所求出的 $X_{t|t}, t = 1\cdots T$ 值就是地下經濟規模的估計值了。Dempster等人(1977)曾經證明，用這樣的EM法求得的 $\hat{\underline{\theta}}$ 會收斂到一般的最大概似推定量，因此EM推定量 $\hat{\underline{\theta}}$ 有著各種良好的統計量的性質。

由於使用的初值──$\hat{\underline{\theta}}^{(0)}$ 不同，會得到不同的係數估計值，所以我們將係數估計值代入概似函數中，求出概似函數的值。最後選一組令概似函數值最大的估計係數爲模型的估計值。

在國內，王文煌(1987)也曾運用DYMIMIC模型估計地下經濟，但是他的實際操作方法與本文有所不同。他以(2)(3)式爲基礎，先猜測一組 X 變數值，然後以SUR(Seemingly Unrelated Regressions)估計法求出估計係數 $\hat{\underline{\theta}}^{(0)}$。以 $\hat{\underline{\theta}}^{(0)}$ 代入Kalman Filter及 Smoothing Equations，求出另一組 X 變數值，再反覆操作SUR。如此反覆操作下去，直到 $\hat{\underline{\theta}}$ 收斂爲止。在整個估計過程中，他都忽略

了(14)到(17)式是預期統計量的概念,所以沒有考慮到(16)式的 $\sum_{t-1}^{T} P_{t-1\|T}$ 項及(17)式的 $\sum_{t-1}^{T} P_{t,t-1\|T}$ 項。此外,他也沒有說明使用的初值不同會不會得到不同的結果。

由於EM algorithm並不能估計information matrix,所以Aigner等人採用Wstson and Engle(1983)所指出的Scoring方法求算information matrix。首先我們令 $\eta_t\underset{p\times 1}{} = Y_t\underset{p\times 1}{} - E(Y_t|Y_{t-1}\cdots\cdots Y_1, Z\underset{k\times 1}{}\cdots\cdots Z_1)$, $t = 1\cdots T, \eta_t$ 的變異數為 K_t,則對數概似函數可寫成(22)式

$$L(-\theta) = \text{constant} - \frac{1}{2}\sum_{t=1}^{T}(\log|K_t| + K_t^{-1}\eta t) \tag{22}$$

由(22)式,Engle and Watson(1983)指出,information matrix中的第 ij 個元素為

$$I_{ij} = \sum_t\left\{\frac{1}{2}t_r\left(K_t^{-1}\frac{\partial K_t}{\partial\theta_i}K_t^{-1}\frac{\partial K_t}{\partial\theta_j}\right) + E\left[\left(\frac{\partial\eta_t'}{\partial\theta_i}\right)K_t^{-1}\left(\frac{\partial\eta_t}{\partial\theta_j}\right)\right]\right\}$$

至於詳細的說明,讀者可參考Watson and Engle(1983)的文章。將information matrix轉置,這轉置矩陣的對角線上的數值就是各變數的變異數,如此就可以求出 t 值。

本文的程式中設定 R 為對角矩陣。這個假設與Aigner等人基本模型的設定相同。同時,B設為零矩陣(在Aginer等人的文章中,只保留B矩陣中的一個元素不設定為零),亦即假設成因變數只會經由 X 變數而影響指標變數,不會直接影響指標變數[4]。另外,我們設

---

④ R 設為對角矩陣,表示各個指標變數的誤差項沒有相關。由於各個指標都是透過獨立的統計過程或計算而得,這個假設似乎尚可接受。由於 U_t 與為 $\in_t$ 獨立,而 R 又是對角矩陣,因此我們的移動與 $\in_t$ 指標方程式的估計實質上是一條一條獨立進行的。

定 σ_{uu} 爲 1，以使係數標準化，求出唯一解。

四、實證分析

(一)資料來源與說明

在第三節中介紹過許多變數，理論上這些變數都可以放在模型中使用，但是在實證上卻必須有所取捨。其中租稅道德及法令的制裁兩項變數，前者因資料缺乏，後者因相關的罰則範圍太廣不易量化，所以無法考慮。另外，我們也不採用經濟成長率、工作時間、失業率以及Tanzi指標等變數。以下我們將逐一說明變數取捨的理由。

由於逃避稅負與逃避管制是誘使人們從事地下經濟活動的主要原因，而對非法活動取締之能否徹底又會影響潛在地下活動參與者的預期成本，因此我們希望能用這三種資料來捕捉地下經濟的"成因"。其中租稅負擔變數，以歷年平均稅負來表示。行政風紀變數也因爲可用資料有限，只能以稅務人員的風紀資料來表示。由於民國60年以前沒有這項資料，因此我們的樣本點無法再向60年以前延伸。此外，我們視公務員爲管制者，以公務員比率代表政府管制變數。這個作法與Frey & Weck(1984)相同。我們預期這三個變數都和地下經濟規模同向變動。

模型中採用了通貨比率，勞動參與率，Feige指標，經濟案件金額四個指標變數。我們用勞動參與率爲指標變數，強調勞動力爲地上及地下經濟部門競爭的生產要素。因爲一般而言男性爲家庭經濟的主要負擔者，而女性勞動參與情形受婚姻、料理家務等因素影響較大,同時女性勞動力受經濟景氣變化影響也較大⑤,所以我們只考慮男性勞動參與率。當地下經濟愈大時,勞動參與率應該會愈小。

　　以通貨(對貨幣供給的)比率為指標變數,是強調地下經濟為了逃避稅負及管制,避免留下交易紀錄,所以使用通貨為交易媒介,Gutmann的通貨比例法及Tanzi的通貨需求法就是基於這種假設。其中Tanzi指標只考慮因稅負引起的地下經濟,雖然涵蓋範圍較小,但是它分離了若干非形成地下經濟因素對通貨比率的影響。因此,在解釋上經濟意義比較明確。但是我們以臺灣的資料配通貨需求迴歸式時,卻發現稅負變數的t值不顯著⑥,因此無法求得Tanzi指標。依朱敬一、胡秀杏(1984)對會計師的訪問,我們知道地下經濟多少仍有以通貨為交易媒介的特性。所以我們採用通貨比率為指標變數。我們預期當地下經濟愈大時,通貨比率會愈高。至於經濟案件金額與Feige指標這兩個變數,爭議較少。我們預期它們和地下經濟規模同向變動。以下我們再說明為什麼本文不採用若干文獻上曾經使用過的指標變數。

　　臺灣經濟高度依賴外貿,經濟成長深受國際經濟情勢影響。例如民國63年及69年的石油危機時,臺灣出口遭受打擊,使得經濟成

---

⑤請參考〈中華民國75年臺灣地區人力運用調查報告〉。

⑥通貨需求迴歸式的估計結果如下:

$$C / M_2 = 0.227 = 3.2 \times 10^{-3} r - 3.1 \times 10^{-6} y - 2.6 \times 10^{-3} w + 8.5 \times 10^2 t$$
$$\qquad (1.82) \quad (2.74) \qquad (-3.08) \qquad (-1.00) \qquad (0.48)$$
$$C / M_2 = 0.104 + 2.6 \times 10^{-3} r - 3.9 \times 10^{-6} y - 8.5 \times 10^{-5} t$$
$$\qquad (4.20) \quad (2.56) \qquad (-7.03) \qquad (-0.056)$$

括號中的數值為t值。

C / M_2 為通貨比率。r 為銀行一年期儲蓄存款利率。y 為以70年價格為基期的個人所得。w 為薪資所得占個人所得的比率。t 為平均每人稅負對平均每人所得百分比。

長率下降。另外，政府也不斷地採行經建計畫、獎勵投資、策略性工業等政策，來保持出口的成長。相形之下，我們認爲由地下經濟規模的變化所引起的經濟成長率的變動可能比較小。簡言之，像臺灣這樣一個小型開放且經建計畫頗爲頻繁的經濟體系，經濟成長率的變動趨勢一般而言是由國內外的政經情勢所主宰。因此，經濟成長率似乎不是一個衡量地下經濟活動的適宜指標。

　　工作時間及失業率是考慮地下經濟和勞動市場之間的關係時可採用的變數。平均工時的變動可能受產業結構、休閒偏好、兼差的機會等等諸多因素的影響。爲了從事地下經濟而降低平均工時的可能性應該不大。因爲一個規定一天上班八小時的工廠，大概不會雇用只工作五小時的工人。即使我們考慮地下經濟對工作時間的影響，也只是偏重於兼差的地下經濟，無法涵蓋全部的地下經濟。所以我們不採用工作時間爲指標變數。至於不採用失業率爲成因變數，是因爲我們認爲人們在選擇工作時，是同時考慮各種工作機會──包括地上經濟及地下經濟──的成本及效益而講做決策的，不一定是因爲在“地上”找不到工作才投入地下經濟。而且臺灣的失業率在經濟不景氣時仍然很低。一方面是由於部分邊際勞動人口，在不景氣時退出就業市場；另一方面，由於臺灣地區就業人數中，自雇者及無酬家屬工作者所占比例仍然很高，而此類人力覓職時均不透過就業市場⑦。

⑦許嘉棟教授曾經向我們指出，我們的變數中如果能將行政風紀與經濟案件金額改爲“比率”，則與其他變數的形式更爲一致，解釋上也許會更“安心”一點。我們曾經做過嘗試，但遭遇到以下兩點困難：1.財政部統計年報與稅務年報對稅務人員的總人數歷年來有不同的數據，使我們不知道該用那一組資料做比例的分母變數；2.經濟案件查獲金額其相對的分母變數應該是“經濟案件實際的金額”，但這個資料似乎也沒有恰當的數據可供應用。雖然我們無法得到適當的比例變數，但只要分母變數本身沒有系統性的扭曲，我們用絕對數字與其他

我們將模型中使用的變數與其說明整理在表1中，至於資料來源及各變數值之走勢則列在附錄裡。

(二)實證結果及分析

表1　模型中使用變數的說明

指標變數名稱	說　　　明	以往使用過類似變數的文獻
通貨比率	通貨淨額對貨幣供給加準貨幣(M_2)的比率。	Gutmann(1979),Tanzi(1982),Aigner等人(1986)。
勞動參與率	官方統計的男性勞動參與率。	Contini(1981),Frey & Weck(1984),Aigner等人(1986),王文煌(1987)。
經濟案件金額	官方統計的經濟案件查獲金額。	錢釖燈(1981)。
Feige指標	民國60年到71年的資料為錢釖燈(1983)利用交易差額法估計的實物面地下經濟規模，72年到75年的資料係依同樣的方法估計而來。	Feige(1979,1980),Aigner等人(1986),王文煌(1987)。
成因變數名稱	說　　　明	以往使用過類似變數的文獻
租稅負擔	平均每人稅負對平均每人所得百分比。	Frey & Weck(1984),Aigner等人(1986),王文煌(1987)。
政府管制	全國公務人員數占總就業人口的比率。	Frey & Weck(1984)。
行政風紀	稅務監察工作調查結果中，涉及違法及行政處分案件的稅務人員數。	

比例變數一齊使用似乎也沒有足以令人極度"不安"的道理。

　　我們將DYMIMIC模型的係數估計值列於表2A中。括號中的數值為t值。$\hat{\phi}$表示衡量方程式中前一期的地下經濟規模變數對其後一期地下經濟規模的影響，$\hat{C}$為常數項，成因變數項下數字為變數的係數估計值。指標變數下數字為移動方程式中地下經濟規模變數的係數估計值。

表2A　DYMIMIC模型估計值

$\hat{\phi}$	$\hat{c}$	成　因　變　數		
		租稅負擔	政府管制	行政風紀
0.845433	-11280.9	120.408	139.944	2.15813
（10.07）	（-2.76）	（2.63）	（2.29）	（1.09）

指　標　變　數			
通　貨　比　率	勞動參與率	經濟案件金額	Feige指標
3.46608×10^{-5}	0.029230	0.368986	0.007952
（3.40）	（3.64）	（3.42）	（3.89）

　　表2A可以看出，所有的變數中只有行政風紀一項t值略不顯著。我們認為官僚體系的濫用職權，的確可以包庇地下經濟活動。然而牽涉到地下經濟活動的政府機關，不只是稅務單位、警政單位、建管單位等等也應該加以考慮。但是我們無法得到所有的相關單位的風紀紀錄，也許這是造成t值較不顯著的原因。由李金桐（1988）的問卷調查統計結果可知，臺北市市民認為形成地下經濟的最大原因，是執法單位執行不力。社會上明顯地存在許多地下經濟活動，像野雞遊覽車、違章工廠、無照攤販、色情理髮廳……等

等，使我們不得不懷疑他們是繳了另一種"稅"，才得以安然生存。當然，由於缺乏證據，我們也不能排除執行不力是由於法令不周全、人手不足或無法掌握違法證據等等原因。這些貪汙以外的原因，在李金桐(1988)的研究報告中也有提及。

DYMIMIC模型估計值中，指標變數係數符號不符合預期的只有勞動參與率指標變數一項。過去的相關文獻提到勞動參與率時，都認爲由於地下經濟的擴張，勞動力由"地上"移轉至"地下"，會造成勞動參與率下降。所以地下經濟規模和勞動參與率應該呈反向變動。但是本章的實證結果卻正好相反。這可能是因爲，在調查勞動力時並不能區分"地上"和"地下"勞動力。例如，一個在地下工廠工作的工人或無照攤販，很可能都包含在勞動力統計之中，也可能從事地下經濟的勞動力並不排除在"地上"勞動力之外。像盜採砂石的工人、走私漁船的船主、逃漏稅的公司老闆等等。另一種可能的解釋是，實證結果也許可以反映臺灣並沒有顯著的"地下經濟部門和地上經濟部門競爭勞動力"的情形，而且極可能許多地下經濟活動是"以合法掩護非法"，即地上經濟部門的勞動力也是從事地下經濟的勞動力⑧。

$\hat{\phi}$值爲0.845，表示地下經濟規模會受過去地下經濟大小的正向

⑧ 嚴格說來，勞動參與率並非正確的指標變數，真正的指標變數應該是由於地下經濟的存在，而造成的官方的勞動參與率和實際勞動參與率的"誤差"。因爲勞動力受經濟景氣變動影響很大，所以勞動參與率也跟著受影響。勞動參與率的變動不一定顯著的受地下經濟規模的影響。但是人力運用調查報告指出，臺灣男性勞動力成長在過去十年都很穩定，而且邊際勞動力多爲女性，所以我們假設男性勞動力受景氣變動影響不太大。此外，我們也缺乏"實際"勞動參與率的資料，即使有這些資料，由於官方的勞動力調查無法有效的區分"地上"及"地下"勞動力，所以"誤差"也不見得能反映地下經濟規模。因此，我們直接以男性勞動參與率爲指標變數。

影響，顯示地下經濟規模有延續到後期的性質。其原因，可能是某些地下經濟活動必須投入成本，業者爲求利潤，會設法繼續經營。而且地下經濟活動的存在，也可能產生示範效果，吸引更多的人從事地下經濟。因爲地下經濟活動逃避稅負及管制，往往享有"不當利益"。這些利誘加上現存地下經濟的示範，很可能是"以身試法"的誘因。朱敬一、胡秀杏（1989）對會計師的訪問結果就指出，造成臺灣省普遍逃稅的重要原因之一是效法其他逃稅的企業。此外，一個找到門路逃稅成功或逃避管制成功的人，下回如法炮製時可能會比較方便。以上種種原因都會使地下經濟規模和後面一期的規模呈正相關，這也顯示出遏阻地下經濟活動的重要性。積極取締地下經濟，可以打擊示範效果所產生的誘因，提高從事地下經濟活動的風險。若坐視地下經濟的存在而不採取有效的對策，會使其愈演愈烈。

　　另一方面，我們也發現稅負愈重地下經濟愈大。由陳麗玫（1987）、李金桐（1988）、朱敬一、胡秀杏（1989）、蔡旭晟等人（1984）的文章，我們知道臺灣逃漏稅的情形普遍而且嚴重。雖然形成逃漏稅的原因很多，像稅制不良、租稅道德低落、稅務風紀不佳、查獲率偏低等等因素都可能形成逃漏稅，但是由實證結果，我們知道稅負是一個重要原因。由於缺乏有效稅率的資料，我們以平均每人稅負對平均每人所得的比率（以 t/y 表示）代表租稅負擔。t/y 所衡量的是已實現的租稅負擔，其中並不包括應該徵收卻被逃漏的租稅。所以採用 t/y 會低估應有的租稅負擔[9]。我們認爲實際上

---

[9] 假設國民所得的統計如蔡旭晟等人（1984年）所說，沒有太大的統計誤差。如果以 t^* 代表漏稅額，則 $t+t^*/y\%$ 才代表真正的租稅負擔。由於 $t+t^*/y=t/y\cdot t+t^*/t$，所以如果 $t+t^*/t$ 的值愈大，租稅負擔被低估的情況就愈嚴重。逃漏稅的情況非常嚴重時，甚至會因爲 t^* 很大，使得雖然實質稅負增加 $t/y\%$ 卻看似下降，造成租稅負擔減輕的

租稅負擔對地下經濟規模產生的影響可能比實證結果大。

　　政府管制成因變數說明"管制者"膨脹會造成地下經濟的擴張。由於政府管制為屬質的變數，而且管制包含的範圍很大，實在很難找到一個適宜的代理變數。公務人員中也可能有和經濟管制無關者，各種公務員對地下經濟的影響程度及方向也可能不同。但是這些問題似乎是其他代理政府管制的變數一樣避免不了的困難。王文煌（1987）曾經利用曾巨威（1986）統計的歷年經濟法規變動累計次數代表政府管制。他指出無法區分那些法規和地下經濟有關是一大缺失。事實上如何量化法規變動的影響也很困難，如果採用累計變動次數代表管制，則隱含了政府管制——即選用的相關法規的變動——是朝向同一方向。雖然王文煌得到法規變動次數對地下經濟影響不顯著的結果，但是李金桐（1988）的研究報告指出，許多工廠淪為"地下"是因為違反都市計畫法、工廠設立登記規則等法令，或是行政命令禁止部分商業自由新設（如舞廳、酒家），使擅自營業者成為地下經濟活動者。可見法令規章對地下經濟確實有直接而且顯著的影響[10]。只是欲以法規來代理政府管制，技術上的困難不易克服。因此，我們採用Frey & Weck（1984）的作法，以管制者的增加代表管制的增加，政府要納入管制的事務愈多就可能需要愈多的人手。我們認為實證結果並不意味著政府應該什麼都不管，而是顯示政府應該加強檢討管制的適宜性，使地下行業盡量地上化，真正的納入管制之中。

　　地下經濟規模對Feige指標、通貨比率以及經濟案件金額三項指

假象。我們假設臺灣沒有這種極端的假象。

[10]有時政府對某些經濟活動尚未制定管理的法令，業者卻已開始經營，也會形成地下經濟。如期貨公司即為一例。

標均爲正向影響，符合我們的預期。雖然任何一個指標不可能只受地下經濟規模的影響，但是實證結果可以增加我們判斷指標適宜性的依據，同時增進對地下經濟影響的了解。由實證結果我們知道，地下經濟活動有用通貨交易的特性。又當地下經濟規模愈大時，在固定的稽查率下，查獲金額會愈高。此外，Feige指標是利用費雪方程式（Fisher Equation）爲基礎估計而來，雖然交易差額法在估計過程中有一些技術上的困難（如求算貨幣流通速度），但是以頗具理論基礎見長。由地下經濟規模對Feige指標的影響爲正，可以增加我們對實證結果正確性的信心。

行政風紀的係數值極不顯著令我們非常沮喪。我們曾經嘗試向警政署索取警察人員的風紀資料，以期反映與地下經濟活動最密切的人員的執法情形，但兩次行文均被警政署退回，在不得已的情況下，只好以稅務人員的資料取代，而估計結果的欠佳似乎也反映資料品質的差強人意。我們將行政風紀變數拿掉，用原先的初值重新跑了一次，結果列在表2B中。

在比較表2A與表2B後我們發現，去除行政風紀度變數使大部分變數（ϕ與C除外）的t值均增加；但是電腦報表上的最大概似函數值卻下降了。此外，指標變數的係數值普遍上升，但成因變數的係數值卻沒有什麼改變。由於DYMIMIC模型目前還沒有發展出完整的模型設定檢定法（specification test），我們無法在表2A與2B中做絕對的取捨。如果將來我們能得到較完整的風紀資料，兩個模型之間的比較也許意義較大。

DYMIMIC模型無法直接估計出地下經濟的規模大小。但一旦我們把某個參數標準化（normalize），則即可得出規模值；這與其他地下經濟估計方法並沒有什麼不同。在表3中，我們將表2A設定下所估計出來的地下經濟規模列出，並將其圖形畫在圖2中。表2B對

表2B　DYMIMIC模型估計值（$\sigma_{uu}=1$）

$\hat{\phi}$	$\hat{c}$	成　因　變　數		
		租稅負擔	政府管制	行政風紀
0.942288	-11259.5	120.185	139.699	———
（14.6524）	（-4.63209）	（6.35847）	（3.52691）	

指　標　變　數			
通　貨　比　率	勞動參與率	經濟案件金額	Feige指標
5.77712×10^{-5}	0.048864	0.620955	0.01338
（4.23069）	（4.76306）	（4.33546）	（5.46046）

表3　地下經濟規模估計值（σ_{uu}標準化爲1時）

年	60	61	62	63	64	65	66	67
估計規模	1226.86	943.25	974.55	1118.01	1508.18	1859.23	1940.39	2127.78

68	69	70	71	72	73	74	75
2365.26	2581.85	3082.45	3194.83	3545.45	3525.02	3426.46	2814.53

應的圖形走勢亦相當類似，在此不重複介紹。

　　我們從圖2中可以了解地下經濟規模變動的趨勢。民國60年到61年地下經濟活動銳減，61年到72年都一路上升，72至74年走勢相當平穩，而74至75年又下滑了12％左右。上升幅度最大的兩年，正好是在兩次能源危機（63年及69年）之後，這可能是因爲各行業爲了應付生產成本的上升及經濟不景氣，所以逃稅和逃避管制的行爲增加所致。74年以後規模的下降，可能是由於政府推動經濟自由化政

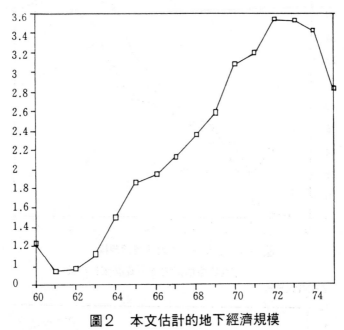

圖2 本文估計的地下經濟規模

策的結果[11] 。

(三)與前人實證結果之比較

在國內尙有錢釧燈及王文煌曾對臺灣的歷年地下經濟規模做過估計，我們在圖3、圖4及圖5中將各種估計結果做一比較。由於本文僅估計出相對規模，所以在圖3中與錢釧燈[12] 的估計結果比較時，設定民國60年地下經濟占GNP的比率相同。在圖4中也做同樣

---

[11] 民國74年至75年地下經濟相對規模有萎縮趨勢，這個現象似乎與我們一般的觀察不甚符合。許嘉棟教授指出，這可能與我們將B矩陣設爲0有關。如果在衡量方程式中納入一些其他可能影響指標變數的文章，結果或將有所改善。

[12] 71年以後的估計值是依錢釧燈的方法自行估計而來。

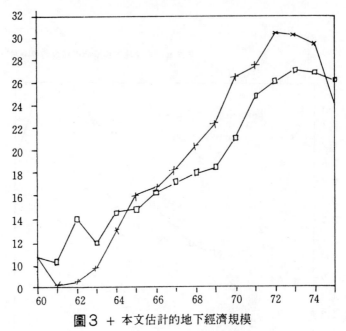

圖3　＋本文估計的地下經濟規模

　　□錢釗燈估計的地下經濟相對規模

占GNP的比率

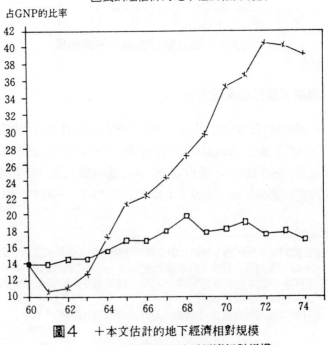

圖4　　＋本文估計的地下經濟相對規模

　　□王文煌估計的地下經濟相對規模

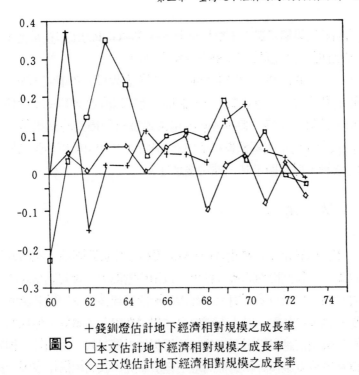

＋錢釧燈估計地下經濟相對規模之成長率
圖5 □本文估計地下經濟相對規模之成長率
◇王文煌估計地下經濟相對規模之成長率

的設定。以便觀察各種估計結果的變化趨勢有何不同。由圖3可以
看出兩種估計結果在63年及69年時均有大幅上升的情形，在63年以
前及70年以後，變化趨勢差異稍大。由圖4可以明顯地看出，本文
所估計的地下經濟規模變化趨勢，和王文煌的估計結果差別相當
大，唯有在64到68年間變化趨勢較類似。三種估計結果在73年、74
年間都有些微減少的情形，而且在六〇年代，地下經濟相對規模大
致上呈現上升的趨勢。

在圖5中，我們列出了三種不同作法所得出地下經濟相對規模
的成長率走勢。其中以本文的估計結果成長率變化最大，而本文、
錢文及王文之估計率平均成長分別爲6.69％、7.55％及1.52％。王文

煌的估計結果顯示過去十幾年來地下經濟占GNP的比率相當穩定，而本文與錢文均認為該比率正逐年上升中。

最後，我們將估計出來的地下經濟相對規模與各項成因與指標變數的圖形做了一番比對，發現圖2的地下經濟走勢與Feige指標的走勢十分接近，這一點與Aigner用美國資料所得到的結果類似。Feige指標在用不同國家資料下居然都能與DYMIMIC模型得到最相似的走勢，似乎顯示其指標之優越性。

五、結　論

本文應該是正確應用DYMIMIC模型來分析我國地下經濟的第一篇論文。我們得到的統計結果可以用相當簡單的幾句話來說明：政府管制、租稅負擔都對地下經濟的形成有或多或少的顯著影響。這樣的結果也許對一般人而言會有"想當然爾"的感覺，但我們的統計分析相信是對這個想當然爾的構想加以探討的一個開始。相對於以往單純以規模計算為標的地下經濟研究，我們相信這成因一指標的統計分析在方法上有它的貢獻。

參考文獻

王文煌
　　1987　〈租稅逃漏、勞動選擇與地下經濟〉，政大財政研究所碩士論文。
朱敬一
　　1989　〈我國地下經濟與逃漏稅：成因分析與政策建議〉，財政部賦改會報告。
朱敬一、胡秀杏
　　1989　〈我國營利事業所得稅逃漏之成因檢討與MIMIC分析〉，臺大經濟論文叢刊。

李金桐

1988　〈加強臺北市地下經濟稅捐稽徵之研究〉，臺北市研考會委託政
　　　　大公行中心所做之報告。

胡秀杏

1987　〈營利事業所得稅逃漏行為之研究〉，臺大商學研究所碩士論文。

陳麗玟

1987　〈以地下經濟估計方法設算我國營利事業所得之逃漏〉，政大財
　　　　政研究所碩士論文。

曾巨威

1986　〈政府制度性投資之選擇與評估〉，《中國經濟學會公共投資政
　　　　策研討會論文集》。

蔡旭晟、賈宜鳳、鹿篤瑾、練有為

1984　〈地下經濟與國民所得統計〉，《73年統計學術研討會實錄》，
　　　　中國統計學社編印，頁171~228。

錢釧燈

1981　〈臺灣地下經濟之研究〉，《臺灣銀行季刊》，第32卷第4期，頁
　　　　145~172。

1983　〈地下經濟之估計〉，《臺北市銀月刊》，第14卷第5期，頁
　　　　56~71。

Aigner, D. J.; Schneider, F. & Ghosh, D.

1986　"Me and My Shadow: Estimating the Size of the U. S. Underground
　　　　Economy from Time Series Data," *MRG working paper* #8615, May.

Allingham, M. G. & Sandmo, A.

1972　"Income Tax Evasion: A Theoretical Analysis," *Journal of Public
　　　　Economy*, Vol. 1, Nov., pp. 323~338.

Becker, G.

1968　"Crime and Punishment: An Economic Approach," *Journal of Poli-
　　　　tical Economy*, Vol. 76, No. 2, Mar./Apr., pp. 169~217.

Block, M. K. & Heineke, J. M.

1975   "A Labor Theoretic Analysis of the Criminal Choice," *American Economic Review*, Vol. 65, No. 3, June, pp. 314~325.

Chu Cyrus, C. Y.

1987   "A Model of Income Tax Evasion with Venal Tax Officials," *Discussion paper*, No. 8704.

Contini, B.

1981   "The Second Economy of Italy," *Journal of Contemporary Studies*, Vol. 4, No. 3, Summer 1981, pp. 17~24.

Dempster, A. P.; Laird, N. M. & Rubin, D. B.

1977   "Maximum Likelihood from Incomplete Data Via the EM Algorithm," *Journal of the Royal Statistical Society*, Series B, Vol. 39, pp. 1~38.

Fhrlich, I.

1973   "Participation in Illegitimate Activities: A Theoretical and Empirical Investigation," *Journal of Political Economy*, May/June, pp. 521~567.

Feige, E. L.

1979   "How Big Is the Irregular Economy?" *Challenge*, Nov./Dec., pp. 5~13.

1980   "A New Perspective on Macroeconomic Phenomena. The Theory and Measurement of the Unobserved Sector of the United States: Causes, Consequences, and Implications," *Mimeo*, Netherlands Institute for Advanced Study, Wassnean, Aug.

Frey, B. S. & Pommerehene, W. W.

1984   "The Hidden Economy: State and Perspects for Measurement," *The Review of Income and Wealth*, Ser. 30, Mar., pp. 1~23.

Frey, B. S. & Week, H.

1984   "The Hidden Economy As an 'Unobserved' Variable," *European Economy Review*, Vol. 26, Oct.-Nov. pp.33~53.

Gutmann, P. M.

1977   "The Subterranean Economy," *Financial Analysts Journal*, Vol. 34, Nov./Dec., pp. 24~27.

1979   "Statistical Illusions, Mistake Policies," *Challenge*, Nov./Dec., pp.

14~17.

1985　"The Subterranean Economy, Redux," in W. Gaertner & A. Wenig eds., *The Economics of the Shadow Economy*, Berlin: Springer-Verlag, Ch.1, pp.2~18.

Harvey, A. C.

1981　*Time Series Models*, Oxford: Phillip Allen Publishers Limited.

Joreskog, K. G. & Goldberger, A. S.

1975　"Estimation of a Model with Multiple Indicators and Multiple Causes of a Single Latent Variable," *Journal of American Statistical Association*, Vol. 70, Sep., pp. 631~639.

Macafee, K.

1980　"A Glimpse of the Hidden Economy in the National Accounts of the United Kingdom," *Economic Trends*, No. 316, Feb., pp. 81~87.

Park, Thae

1979　"Reconciliation between Personal Income and Taxable Income, 1947-1977," *Mimeo*, Bureau of Economic Analysis, Washington, D. C. May.

Posner, R. A.

1985　"An Economic Theory of the Criminal Law," *Columbia Law Review*, Vol. 85, No. 6, Dec.

Simon, C. P. & Witte, A. D.

1982　*Beating the System: The Underground Economy*, Boston: Arburn House.

Stein, B.

1985　"Subterranean Labor Markets: A Conceptual Analysis," in W. Gaertner & A.Wenig eds., *The Economics of the Shadow Economy*, Berlin; Springer-Verlag, Ch. 1, pp. 37~44.

Tanzi, Vito

1982　"The Underground Economy in the United States: Estimates and Implications," in Vito, Tanzi. ed., *The Underground Economy in the United States and Abroad*, Toronto: D. C. Heath, and Co., pp. 69~92.

1983 "The Underground—the Causes and Consequences of This Worldwide Phenomenon," *Finance & Development*, Vol. 20, No. 4, Dec., pp. 10 ~13.

Watson, M. W.& Engle, R. F.

1983 "Factor, MIMIC and Varying Cofficient Regression Models," *Journal of Econometrics*, Vol. 23, No.3, Dec., pp. 385~400.

附錄

本文所使用的資料如下：

年＼項目	①	②	③	④	⑤	⑥	⑦	(1) C (百萬元)	(2) M₂ (百萬元)
60	0.121	78.35	10.58	113.3	17.8	67	63.74	14461	119331
61	0.110	77.16	10.18	101.6	18.3	67	63.16	17329	158112
62	0.117	77.13	13.99	165.0	19.1	135	63.36	23990	205157
63	0.118	78.24	11.94	318.6	19.0	152	64.02	30228	255984
64	0.106	77.61	14.56	231.8	20.1	116	65.55	34868	327711
65	0.103	77.09	14.80	212.3	20.2	117	65.60	42583	413039
66	0.095	77.79	16.39	446.9	20.0	132	64.00	51634	545213
67	0.091	78.96	17.24	202.5	21.2	194	62.86	64871	714131
68	0.103	77.92	18.04	1573.0	22.0	186	62.86	80838	782285
69	0.100	77.11	-18.54	417.1	21.1	156	64.21	95510	953613
70	0.102	76.68	21.05	2525.7	20.6	189	66.40	115371	1131401
71	0.094	76.47	24.83	1440.5	19.4	97	66.63	132819	1406189
72	0.083	76.36	26.22	823.9	19.3	293	65.52	147049	1777608
73	0.077	76.11	27.17	950.0	18.7	203	65.16	163559	2134200
74	0.065	75.47	26.97	1680.9	17.8	152	66.14	170867	2633142
75	0.060	75.15	26.29	1114.2	16.5	84	64.53	198350	3297750

說明：①通貨除以貨幣供給（C/M_2，C 爲通貨淨額，M_2 爲通貨淨額、存款貨幣淨額及準貨幣之和）。
資料來源：(1)的60~71年的資料來自錢釧燈(1983)文表7(1)，72年到75年的資料爲《金融統計月報》表9之貨幣機構以外各部門持有通貨之各年12個月平均數。
(2)的60~65年資料來自《統計提要》(72年)表165(7)+(9)，66~75年資料來自《中華民國臺灣地區經濟統計圖表》(76/5)表26第②項。M_2 爲各年12月月底數字。
②男性勞動參與率，資料來自《勞工統計年報》(70、76年)。
③交易差額法估計結果。民國60~71年的資料引自錢(1983)文表3之實物面地下經濟占GNP的比率。72~75年的資料是依錢文的方法自行估計而得。
④經濟案件金額(單位：新臺幣千萬元)，資料引自《臺灣警務統計分析》(72、75年)之臺灣地區經濟案件統計分析表。
⑤平均每人稅負對平均每人所得百分比，資料引自《賦稅統計年報》(76年)表135。
⑥行政風紀，資料爲《中華民國賦稅年報》(75年)的稅務監察風紀案件統計表中，違法及行政處分項目的人數和。60年因無資料所以以61年的數據代替。
⑦公務人員數占總就業人口的比率，公務人員數由訪問行政院人事行政局而得(蘇建榮先生提供)，總就業人口數來自《勞工統計年報》(70、76年)。

項目＼年別	60	61	62	63	64	65	66
公務人員數(人)	302019	312467	331762	351235	361902	371871	382729
就業人數(千人)	4738	4948	5327	5486	5621	5669	5980

67	68	69	70	71	72	73	74	75
391512	403809	420409	442991	453842	463196	476233	491250	498909
6228	6424	6547	6672	6811	7070	7308	7428	7733

我們將各個變數的走勢圖列在下面七個圖中。

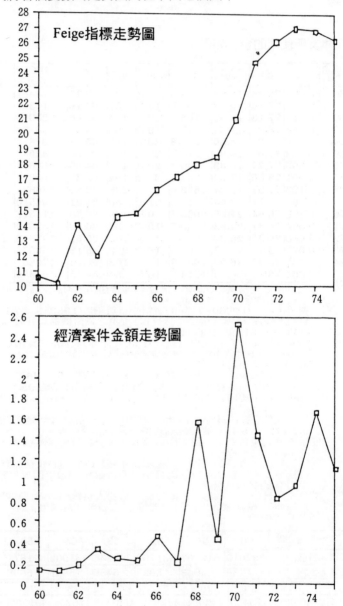

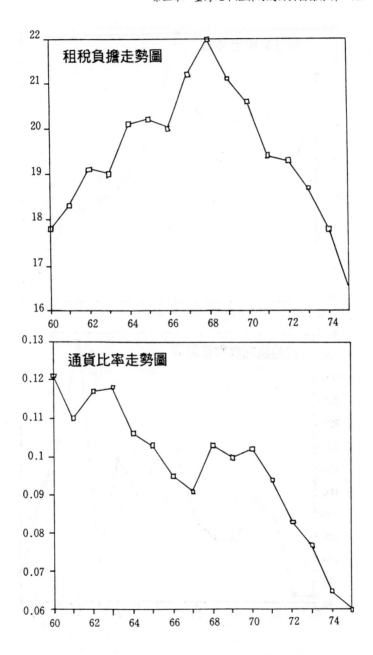

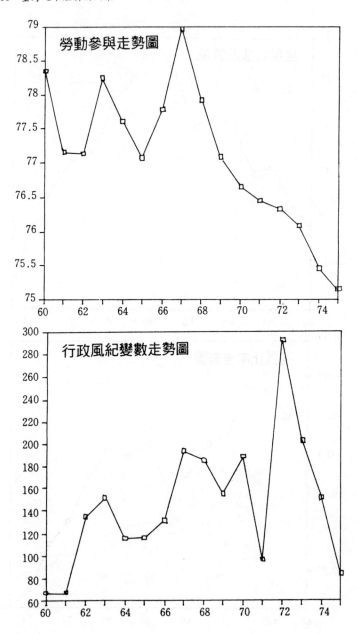

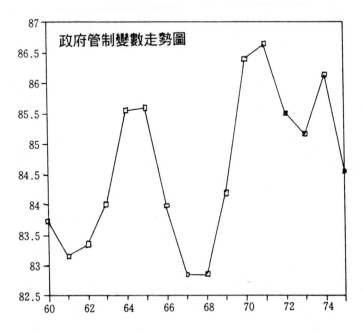

第四章　地下經濟與國民所得統計[*]

蔡旭晟　賈宜鳳　鹿篤瑾　練有爲[**]

一、前　言

　　地下經濟的存在，非始自今日。在以物易物時代，這種交易方式，即屬於一種廣義的地下經濟活動。惟地下經濟活動之蔓延，可追溯至二次大戰期間，各國爲籌措戰爭經費，紛紛提高稅率。俟二次大戰結束後，稅率仍居高不下，人民爲了逃避稅負，遂有部分交易走向地下。

　　迄至今日，地下經濟活動，不僅種類繁多，其交易額也逐漸擴大；在理論上，地下經濟活動之交易應計入國民所得統計內。有關地下經濟與國民所得統計關係之研究，始於1977年美國學者Gutmann的研究報告"地下經濟"（The Subterranean Economy）。當時，包括Gutmann在內的許多人都以爲國民所得統計並未涵蓋所有地下經濟活動。後來Gutmann本人始逐漸了解，其估計之1976年美國地下經濟雖達GNP之13~14％，但如認爲國民所得統計漏估這些

---

　　*本文發表於行政院主計處和中國統計學社合辦之統計學研討會（1984年）。

　　**蔡旭晟現任職經建會管制考核處簡任視察；賈宜鳳現就讀於美國馬利蘭大學經濟學博士班；鹿篤瑾，現任職主計處第三局副局長；練有爲，大漢工專財稅科副教授。

活動似乎是一種誤解。

其後，地下經濟活動引起更多學者、甚至政府機關的興趣和重視，並紛紛從事地下經濟活動的研究。這些研究分別由國民所得統計、稅收或勞動市場等不同觀點加以探討。至於研究方法，大多數學者如Gutmann(1977), Feige(1979), Tanzi(1980), Klovland(1980)等人採間接估計方法，即利用通貨與相關變數之比率，或建立通貨函數推估地下經濟活動之規模。利用間接法所估計之地下經濟規模，通常屬於高估計。1979年美國的內地稅局(Internal Revenue Service)，首先採用直接法，估計全體經濟活動未報之所得，據以衡量地下經濟活動之規模。美國學者Simon與Witte(1982)兩人亦採用此直接法，將地下經濟分成幾個部門，而分別推估其規模。利用直接法估計之地下經濟規模，通常屬於低估計。

在國內，有關地下經濟之研究，基本上係採用國外學者的研究方法，若直接引用這些估計數，以為國民所得統計漏估所有地下經濟活動之產值而致偏低，無法反映整個經濟活動之全貌，誠為一大誤解。產生誤解的原因主要是不了解國民所得統計之編算過程及所採用之基本資料所致。本文擬把地下經濟活動加以分類後，採直接法推估其規模，同時說明國民所得統計在編算過程中，對地下經濟活動之處理情形。

二、地下經濟的意義及其估計方法

(一)地下經濟的意義

地下經濟已成為一種世界性的經濟問題。有關地下經濟的研究，亦不乏其人。但地下經濟之涵義為何？甚至名詞用語多達十餘種。至今各派學者見仁見智，莫衷一是。最常見的有黑市(black

economy)與地下經濟(underground或subterranean)兩種名詞，但也
有人稱之爲未觀察經濟(unobserved economy)或非法經濟(illegal
economy)①。因爲觀察角度的不同，對於地下經濟應該採何種稱謂
的看法也就不一致。

　　基於觀察角度的互異，對不同的人，地下經濟的涵義也隨之有
別。就美國經濟學者Gutmann與Feige(1979)看來，地下經濟是
"GNP未被估測的部分"。換言之，即應被計入而未被計入之國民
生產毛額部分。至於美國內地稅局(Internal Revenue Service，簡稱
IRS)在其未報個人所得之研究計畫當中，地下經濟是指"未向稅捐
機關申報之所得者"。IRS全心全力於逃稅之未報所得的估算，完
全出自於稅收的考慮②。

　　Tanzi(1980)融合上述兩種定義，認爲地下經濟是"國民生產
毛額因爲未報與低報所得而致官方統計無法測定者"。此定義顯
示，地下經濟與逃稅兩者不盡相同，因爲一項交易往往牽涉到多方
面。如果一方逃稅，但國民所得統計可由參與之他方獲得資料時，
此未報所得在估算國民所得時，仍可計及並不影響國民所得之確
度，故Tanzi認爲與國民所得統計比較，由逃稅觀點所認定的地下經
濟其包括範圍會更大③。

---

　　① 《經濟學人週刊》(*Economist*)編輯Macrae, N.稱之爲未觀察經濟。
　　② Gutmann認爲由於他所估計之地下經濟規模過高，致美國內地稅局的
　　　稅收稽徵效率(collection efficiency)備受批評，也因此，內地稅局自
　　　行研究，以駁斥Gutmann的估計值。見Gutmann, P. T., "The Subter-
　　　ranean Economy Five Years Later," *Across the Board*(Feb. 1983),
　　　p.25。
　　③ Tanzi在1981年的一篇文獻中，對於地下經濟與國民所得統計間之關
　　　係，有做較詳細的說明。見Tanzi, V., "A Second(and More Skep-
　　　tical)Look at the Underground Economy in the United States," edited by
　　　Tanzi, V., *The Underground Economy in the United States and Abroad*,
　　　Lexington Books, 1982, pp.116~117.

英國學者Macafee④則把地下經濟侷限於"產出要素所得之經濟活動中,從所得面編算GDP時,無法由所需之一般統計資料推估得到的部分",此定義與Tanzi的非常類似,惟Macafee強調附加價值。無論Tanzi或Macafee,他們對於地下經濟定義,顯然是著重於官方統計與其真實統計之間的差異,而非單純以稅收為目的之未報所得⑤。

有些學者把地下經濟僅做概括性的界定。義大利學者Boca與Forte(1982)兩人認為凡是沒有透過市場,或以不正式的方法進行交易的行為,均應視為地下經濟活動,故地下經濟是指那些"非正式的交易"(informal transactions)。同樣地,Simon與Witte的看法亦如此,不管其交易方式是以貨幣為中介,或是以物易物,"凡官方經濟統計沒有紀錄的所有交易"都是屬於地下經濟行為。由Simon與Witte的定義,顯示雖然地下經濟活動的種類繁多,不勝枚舉,然一言以蔽之,這些活動多未在官方經濟統計留下紀錄。官方經濟統計缺乏其紀錄者,一般多是政府未能掌握行蹤的經濟活動。這些活動,以各種不正當的手段來逃避稅負與管制,破壞法令規章,形成管理上的死角。本文參酌各學者的看法,對於地下經濟採取較廣泛的定義,所謂地下經濟是"凡逃避稅負與管制之經濟活動者,均屬之",以期能涵蓋所有地下經濟活動的種類。

(二)地下經濟之估計方法

有關地下經濟之估計方法雖然很多,但大致上仍可分為直接法與間接法兩種。直接法係分別就地下經濟的每一類活動予以推估,

---

④ 事實上,站在國民所得統計觀點言,並非地下經濟活動之所有交易值都應計入國民所得統計內,應計入的僅其附加價值。

⑤ 根據Tanzi與Macafee的定義,不難了解,他們兩人對地下經濟所下的定義,與美國內地稅局的定義有所區別。

並予以加總。美國內地稅局（IRS）最先使用直接法估算未報之所得。隨後Simon與Witte等人亦起而效之[6]。惟採直接法估計地下經濟，勢必須先將各類活動盡可能包涵在內，並畫分清楚。若有遺漏，則會低估地下經濟的規模[7]。Simon與Witte認為採用直接法估計地下經濟，雖然會因某些非法活動（如偽造、勒索和敲詐等）的資料闕如，而發生困難，但因為這類非法活動所賺取的所得，相對其他活動而言，並不多，因此其影響應該不大。

利用間接法（又稱通貨法）推估地下經濟，係假設地下經濟的任何活動，為免留下紀錄被政府當局查獲，在從事交易時，多使用通貨。因此地下經濟可由整個經濟體系中流通的通貨之增減變化中測出。採用通貨法估計地下經濟的規模以Gutmann, Feige, Tanzi與Klovland等人最具代表性。在國內，有關地下經濟之估計大多數使用間接法。本文嘗試以直接法推估，並將地下經濟活動分成三類：1.法所禁止，2.低報所得，3.不報稅。然後就每一類活動分別推估其規模。

三、地下經濟對國民經濟統計的影響

地下經濟活動對各項經濟統計均具影響。影響程度因統計種類不同而異，以下擇幾個重要經濟統計說明之。

（一）就業統計

---

[6] 雖然Simon與Witte兩人對地下經濟的分類，係參照美國內地稅局的分類，但前者的分類部門要較後者為細。

[7] 利用直接法去估計地下經濟，有些地下經濟活動之資料，如果不易取得時，整個地下經濟之規模可能會低估，見Molefsky, B. "America's Underground Economy," edited by Tanzi, V., *The Underground Economy in the United States and Abroad*, Lexington Books, 1982, p.49.

　　勞動力統計是顯示勞動市場運作的一種統計，假使它只含從事合法經濟活動的從業者，而不包括地下經濟從業者，則此項統計無法反映勞動市場真實的情況，致勞動參與率將低於實際水準，並使失業率高估。

　　從事地下經濟活動之勞動力，De. Grazia⑧稱其爲“祕密性就業”（clandestine employment）。大致言之，祕密性就業包括兩種主要勞動類別：1.從事地下經濟活動爲唯一職業者（sole occupation），2.兼職兼工者（moonlighting）。以地下經濟活動爲唯一職業的，絕大多數是失業者、非法移民、靠養老金生活的人、家庭主婦、孩童、未辦理登記之自營工作者及臨時打工者等。兼職兼工者則指那些有正常工作，又兼有非法與未報給薪之工作者。根據各國研究顯示，從事地下經濟活動的勞動力，有日漸增加的趨勢。例如義大利社會投資研究中心（CENSIS）在義大利勞工部的贊助下，於1975年從事“社會保險制度以外之工作”（noninstitutional work）的研究顯示，從事地下經濟活動的人數估計至少有221萬人，占該國勞動力5％左右。根據Contini⑨估計，至1977年，義大利從事地下經濟活動的人數遞增，已高達四百萬人之多。

　　從事地下經濟活動之兼職兼工者，大都集中於非農業部門。1969~1973年，根據歐洲各國幾項調查⑩顯示，歐洲各國中，從事工業部門之兼職兼工者所占的比率（占全部兼職兼工人數之百分

⑧義大利由於其經濟結構特殊，因之學者研究地下經濟，多數是從勞動面去探討。

⑨Contini, B., "The Second Economy of Italy," *Taxing and Spending* 4 (1981), forthcoming.

⑩這些研究調查的分析工作，係由義大利米蘭（Milan）的一位學者 Maraffi, M. 所主持的。見 Maraffi, M.,"Politica dell' occupazione e seconda professione," Institute of Sociology(Milan, 1976), Mimeographed, pp.46~54

比)，以盧森堡、西德與義大利等三國為最高，分別為60％、55％
與51％，從事服務部門所占比率則以比利時為最高，達65％，次為
英國及荷蘭，分別占64％及63％。

(二)物價統計

有關地下產品充斥市場，或地下工廠對合法廠商的生存構成威
脅之類的報導，屢見不鮮。地下產品，所以能立足於市場，無他，
一般價格均遠較合法產品為低之故。一般而言，要素投入之價格與
稅捐為決定生產成本的兩項主要因素。從事地下經濟活動之勞動
者，一方面其工作性質本身具不安定性，一如Contini(1981)所分
析，這些工作泰半未納入社會保險體系內，因而缺乏保障。另一方
面，因其工作所得不須支付稅捐，故他們願接受比合法經濟部門為
低的工資率。其他要素投入之供給者(包括中間財之生產者)為了規
避政府誘發(Government-induced)之成本[11]　，也願意以較低的價
格，提供其產品或勞務。是故，由於地下經濟之物價水準或物價上
漲率較低，通常會使通貨膨脹率略為降低。

(三)生產統計

如從事地下經濟活動之生產，未能納入官方統計，一般生產統
計便會發生偏低現象。例如地下工廠未報生產，所計算之生產統計
將會偏低，進而影響編製生產指數之確度。

(四)國民生產毛額

國民生產毛額(GNP)是一國經濟具體表現的成果，也是一國在
一定期間，所生產之最終產品按市場價格計算之總和，其數值通常

---

[11] 政府誘發之成本，主要是指稅捐引起之生產成本的增加。

顯示一個國家經濟規模之大小。當地下經濟的成長快於合法經濟時，若國民生產毛額只計及合法經濟，其整個經濟規模將會比實際的爲低[12]。

對地下經濟比較有系統的研究，始於1977年。該年，Gutmann以通貨對活期存款的簡單比率，推估美國1976年地下經濟之規模係介於官方統計13％至14％之間。之後，地下經濟問題受關切的程度與日俱增，Gutmann之功實不可少。1979年另一位美國學者Feige改以交易法(transaction approach)估計，發現地下經濟正以驚人的速度成長，1976年美國地下經濟約占GNP22％，至1978年提高至26.6％，1979年更高達33％。美國內地稅局(IRS)[13] 將未報所得分爲合法來源之所得與非法活動之所得，估計1976年全部未報所得達GNP5.6％至7.4％之多。不過，Tanzi利用通貨函數推估的結果，顯示美國地下經濟規模不如Gutmann與Feige等人的估計大，1976年其規模占GNP的比率，最高爲11.7％，最低爲3.4％。除了美國之外，其他國家的學者亦致力於地下經濟的探討，例如Klovland估計1978年挪威與瑞典兩國之地下經濟占GDP之比率，分別是9.2％與13.2％。Macafee站在國民所得統計立場，就1972年、1975年與1978年等三年分別估計各年地下經濟占GDP(支出面爲準)之比率，各爲1.4％、3.6％與3.3％，顯示地下經濟規模很低。在國內，已有一些學者，採用Feige與Tanzi的估計方法，對臺灣地區71年地下經濟做過估計，其估算結果約爲GNP的31.28％(Feige方法)與16.6％(Tanzi方

[12] Tucker, M.,"Underground Economy in Australia," Edited by Tanzi, V. *The Underground Economy in the United States and Abroad*, Lexington Books, 1982, pp.317~318.

[13] 美國內地稅局估計未報所得，主要是以"納稅人誠實申報度的測試計畫"(Taxpayer Compliance Measurement Program，簡稱T.C.M.P.)爲主。

法）。事實上，Feige與Tanzi的估計方法，本身即有頗多商榷之處。首先就Feige方法言，其估計值是藉自費雪（Irving Fisher）貨幣數量式$MV=PT$求出的，假使M與V已知，PT隨之可知；同樣的，PT占名目GNP之比率已知，且假設為固定，一旦PT知道，那麼GNP當可一目瞭然。對於PT占名目GNP之比率，為長期固定的假設，尚找不出充分的理由來支持[14]。此外，Feige認為通貨的需求完全是為了逃稅之目的，這種以稅率為地下經濟規模的唯一決定性因素，忽略其他因素的影響，是不切實際的作法[15]。再者，他以1939年作為推估之基期，即這一年地下經濟不存在，部分學者[16]發現，基期如改變，推估值將因而會有差異，從而可見基期的選擇會影響推估結果。

　　Tanzi的方法較為嚴謹，他建立通貨函數以為推估之方程式，通貨需求之影響因素，除了稅率外，尚考慮到其他因素。不過，其法亦有瑕疵，解釋性變數如有變動，估計結果將會受到某種程度的影響。例如Tanzi以薪資占國民所得之比重取代其占個人所得之比重，視為解釋變數之一，其他解釋變數不變。結果，1976年地下經濟規模顯著發生變化，其占GNP的百分比，約為3.6%（平均稅率）與5.5

---

[14] 見Tazni, V., "The Underground Economy in the United States: Annual Estimates, 1930-80," *Staff Papers*, IMF., June 1983, p.285。

[15] Frey與Pommerehene兩人對Gutmann與Feige兩人之方法，批評很是詳細。見 Frey, B. S. and Pommerehene, W.W., "Measuring the Hidden Economy: Though This Be Madness, There Is Method in It," Edited by Tanzi, V., *The Underground Economy in the United States and Abroad*, Lexington Books, 1982, pp.13~17.

[16] Tanzi(1983), Frey與Pommerehene及Isachsen, Klovland與Strom等人對此均有所批評。見註 [14], p.285；註 [15], pp. 13~17；Isachsen, A. J.; Klovland, J. T. and Strom, S., "The Hidden Economy in Norway," edited by Tanzi, V., *The Underground Economy in the United States and Abroad*, Lexington Books, 1982, p.221.

%（加權平均稅率）⑰　。

是以，應用國外之估計方法於國內，對方法之適用性，如未做適切之檢討，即其估計結果，認定國民所得統計未包括地下經濟活動，實因不了解國民所得統計之編算過程使然。同時，其估計結果之客觀性，將令人感到懷疑，而難以接受。

四、法所禁止的地下經濟活動

法所禁止的地下經濟活動與低報或漏報營業或所得的地下經濟活動最主要的差異在於前者經濟行為"本身"違反或觸犯相關法令，這些禁令並非僅以稅負或行政管理為目的，而是基於國家安全、市場秩序與社會風氣等需要而訂定。這些活動分為走私、私宰、盜採砂石、黑市金鈔及其他等五大類，其間雖仍涉及逃避稅負與管制問題，但本章所關心的還是這些活動的分量及國民所得統計是否涵蓋或如何估計這類活動的額度。

(一)走私

一個有關稅的國家就有走私的存在，且走私額度的大小與關稅稅率、關卡管理、進口管制、外匯制度及國界性質關係密切。我國基於產業培植及財政需要，關稅始終居於重要地位，雖有走私的誘力，但因海域疆界較易掌握、關卡嚴謹、外匯管制，是以走私比重並不算大。走私方式又分兩類，一為非通關的漁船走私或商船夾帶，另一為虛報的通關走私；前者以管制品為主，後者以高稅率商品為主。走私額度在所有地下經濟活動中屬較難估計的一種，因其種類多，項目細，每又混雜合法進口貨或國產品流入市面，在國民

---

⑰同註⑭，pp. 285~305。

所得統計理論中雖由細密的商品別供需平衡表中可衡量各類走私額度，但商品別供需平衡表爲國民所得統計之尖端工作，世界各國多止於理論架構探討，尚難付諸實務，退而求其次的部門或產業關聯表已不足以解決此一問題，因吾人不宜將部門間或部門內的統計誤差歸諸走私因素，這也是世界主要國家在有較健全的海關進出口統計或國際收支統計後，其總體統計不再調整走私問題的主要原因。我國國際收支統計曾於64年至66年分別於商品輸入中加計4至8百萬美元的走私額度，其後即未再調整，但此並不意味走私活動的消弭。按海關總稅務司署的緝私統計資料顯示，緝獲案件自60年至66年呈上升趨勢，67年以後則趨下降，查獲金額則以68年新臺幣455億元爲最高，若以查獲金額與海關進口金額比較，私貨所占比率甚低，60年至70年間平均僅占0.1％，且此比率有明顯下降趨勢，由60年的0.18％降至70年的0.04％。

表1　我國進口與緝獲走私金額比較表

金額單位：新臺幣億元

	60年	61年	62年	63年	64年	65年	66年	67年	68年	69年	70年
進口金額(1)	739	1,008	1,451	2,654	2,265	2,891	3,238	4,084	5,329	7,114	7,786
緝獲走私金額(2)	1.36	1.45	1.62	2.90	3.11	3.33	3.00	2.59	4.55	4.46	2.73
私貨比率 (2)／(1)×100%	0.18	0.14	0.11	0.11	0.14	0.12	0.09	0.06	0.09	0.06	0.04

資料來源：財政部海關總稅務司署，《海關緝私統計》。

　　以上係納入官方掌握之統計資料，然未被查獲的走私又有多少，這已很難根據較科學的方法估計。但爲進一步了解全般概況，我們曾對不同相關階層做過不記名的電話間接查訪，這些階層包括關稅人員，同業公會及迪化街中大盤商三類，查訪內容僅限於其對走私毛利率及查獲率的看法與臆測，毛利率在各階層間看法相近，平均約在50％左右，查獲率則差異甚大，關稅人員一般認為在1/3左右，同業公會降至1/5，迪化街再降至1/10左右，若將三類平均，則走私查獲率為21％，換言之，走私實際額度應為緝獲額度的4.7倍，按此估計我國70年的走私總額為新臺幣13億元，占該年海關進口總金額的0.17％，這些私貨的市場批售價值為新臺幣20億元，零售價值則達25億元。

國民所得統計對走私的處理計分兩段，以70年為例，私貨批售與零售的毛利12億元均已含在國內生產與需求中，當無遺漏；但走私原始價值13億元，則未記入進口帳內，因國民會計為配合總體相關統計的連結與一貫，仍以海關統計及國際收支統計之進口帳為依據，無疑的，私貨原始價值將混雜在國內各類供需的統計誤差或調整項目中。

(二)私宰

私宰雖包括牛羊豬三種牲畜，但牛羊分量甚輕，本節僅探討豬的私宰問題。由於我國家庭農業盛行，養豬戶中小規模經營比重大，且豬隻供需與豬價缺乏穩定性，致私宰相當普遍。由70年養豬規模觀察，全國將近一半的豬隻被98％的小規模養豬戶飼養，平均每戶飼養頭數僅17頭，而全國超過一半的養豬戶飼養頭數不到5頭。再由近五年豬價變動觀察，除71年較為穩定外，其餘各年漲跌幅度均達10％以上。

私宰所以形成地下經濟可歸因兩點，一是私宰的豬隻是否納入農業生產統計，二是逃漏屠宰稅的金額，後者可由私宰頭數或私宰率衡量，至於是否有益實際稅收，則是稅務問題，本節則以探討私宰額度與生產統計為主。在畜產統計中，按屠宰量衡量生產量一如農業統計按收穫量衡量生產量，是較佳而簡捷的方法，但屠宰量並非屠宰稅量，兩者差異即在私宰，不幸的是農業主管部門在不易尋求或估計私宰量及兼顧稅務形象與負擔下，多以屠宰稅量替代屠宰量衡量畜產生產量值，如此，除逃漏屠宰稅構成地下經濟外，私宰價值亦被生產統計所排斥，無疑的，國民所得統計水準值亦將低估，至於經濟成長率所受的影響，則視每年私宰率的差異而定。

　　至於私宰額度，如由豬肉的總需求來估計仍是相當困難的。因由肉豬至食用肉加工用或外銷用的過程中已摻雜了複雜的屠宰業。製造業乃至商業與運輸附加值在內，這些附加值的比率相當高且難予分割。本節則採半年底頭數與飼養期來估計屠宰量，並與完稅量比較以測度私宰量值及私宰率。以表2為例，70年年初肉豬與小豬（不含種豬）頭數為437萬頭，6月底為419萬頭，按我國養豬協會值計平均飼養期195天計算，期末頭數可用於未來半年之屠宰率為93.59％（365天/195天/2），上半年可屠宰數為409萬頭，下半年為392萬頭，合計70年可屠宰數達801萬頭，扣除年內死亡數（25萬頭）及種豬增加數（負1萬頭），可得實際屠宰數777萬頭，較70年完稅數698萬頭多出79萬頭，即70年私宰數，其占完稅數的比率為11.32％，即私宰率；若以當年市價計算，私宰總值達新臺幣44億元。

　　私宰對農業生產統計的影響是全額低估，對國民所得統計的影響則是雙重部分低估，其一為農業中養豬附加價值的低估，其二為製造業中屠宰業自宰設算附加價值的低估。仍以70年為例，農業生產總值將因私宰低估44億元，但養豬與屠宰業之附加價值率分別為15.3％（按70年農林廳畜產成本調查）及12.5％（按68年產業關聯表），故70年國民所得統計將因而低估6.7億元及5.5億元，合計12.2億元，占該年國民生產毛額（GNP）或國民所得（NI）的比率分別為萬分之7.2及萬分之7.8。70年私宰在屠宰業價值的附加價值5.5億元

表 2　我國私宰量值之估計

單位：萬頭

	期末頭數合計	種豬	肉豬及小豬	期內可屠宰頭數	年內可屠宰頭數	年內死亡數	種豬增加數	屠宰數	完稅數	私宰數	私宰率(%)	私宰值(億元)
	(1)=(2)+(3)	(2)	(3)	(4)	(5)	(6)	(7)	(8)=(5)-(6)(7)	(9)	(10)=(8)-(9)	(11)=(10)/(9)	(12)
68年 下半年	542	52	490	—	—	—	—	—	—	—	—	—
69年 上半年	397	38	359	459	795	25	-7	777	696	81	11.64	37
下半年	482	45	437	336								
70年 上半年	462	43	419	409	801	25	-1	777	698	79	11.32	44
下半年	483	44	439	392								
71年 上半年	456	44	412	411	797	26	9	762	679	83	12.22	51
下半年	518	53	465	386								
69年至71年平均	—	—			—			—	—	81	11.73	—

資料來源：農林廳《農業年報》。

註：1. (1)(2)(3)(6)(7)(9)欄係根據農林廳農業統計資料。

2. (2)欄上半年底種豬頭數採兩年底種豬比率平均值推算。

3. (4)欄期內可屠宰頭數＝期初頭數按中華民國養豬協會估計平均飼養期195天計算。

4. (12)欄私宰值按各年市價計算，單價參照《農業年報》(省農林廳)。

中，約3.0~3.5億元爲逃避屠宰稅負擔(占70年屠宰稅收26.4億元的11.3％~13.3％)，其餘2.0~2.5億元爲私宰利潤或業者混合所得。

(三)盜採砂石

臺灣地區河川密布，河床多產砂石，政府爲維護土石資源合理採取，有效利用及防止公害，雖訂有"土石採取規則"明訂業者採取條件與規範，但因產區偏遠、幅員廣泛、管理不易，且近十餘年來，國內營建發展迅速，砂石需求巨幅增長，致盜濫採情況甚爲嚴重。影響所及，主管部門難以建立確實的砂石產銷統計，進而懷疑總體統計的確度。惟事實上並非如此，因砂石的流向或供需甚爲單純，其與水泥供需亦有密切關係。經由砂石需求角度或水泥用量，不難衡量非法或盜採的額度或比率。根據65年普查資料顯示，礦業中砂石生產或銷售量值僅占砂石主要使用產業——營造業耗用量值的兩成左右(按65年普查：砂石生產量2,968萬立方公尺，銷售量2,947萬立方公尺，銷售值11億元；營造業砂石耗用量14,332萬立方公尺，耗用值53億元)，顯示65年普查亦無法掌握的砂石盜採比率高達八成，額度則達42億元。況就近年每年營建業成本調查顯示，砂石耗用值占水泥耗用值的比率在30％~40％間，70年爲33％，按70年國內水泥耗用總值320億元估計砂石耗用值爲106億元，因無合法採掘之金額，70年普查細部資料亦未完成，盜採額度尚難估計，惟若以65年盜採率八成估計，70年盜採價值應在84億元上下。

由於歷次普查均有高比率的盜採現象，加上國民所得統計本身需兼顧砂石生產及營建耗用之供需平衡，是以國民所得始終採用國內水泥使用量值及其年成長率推計砂石合理產銷水準，即在避免盜採對砂石生產或營建產值可能產生的連鎖低估。以70年爲例，國民所得其他非金屬礦生產總值爲普查初步資料的2.9倍，前者估算值較後者多出新臺幣101億元，其中盜探砂石部分即達84億元之譜，其餘則爲石灰石或大理石等爲製造業自用之礦石生產。

砂石採掘爲附加價值率較高之初級產業，70年國民所得統計中，包括砂石、石灰石、大理石等之石礦採掘附加價值率平均爲58％（根據所得稅申報成本費用分析及民營企業經營概況抽樣調查），70年砂石盜探總值估計爲84億元，其附加價值即達48.7億元左右，惟此額度均已納入國民所得統計礦業產值及附加價值之內。

(四)黑市金鈔

按管理外匯條例規定，國人得持有外匯，但除售予指定銀行外，不得自由買賣。惟事實上外匯買賣在民間頗爲盛行，其中則以美鈔交易爲主。黑市美鈔多來自觀光客，結匯未匯出款或剩餘款，用途則爲結匯不足、走私所需或資金外逃。就流量言，國內市場常可透過兌價及差價軋平供需，如尙有差額，仍可藉臺港大盤調節。黑市美鈔買賣計分大中盤交易與零售交易，前者具有調節功能，亦多承擔兌價風險，後者則以居間爲主，賺取進出差價、餘額或不足短期內（甚至每月）即爲大中盤結算，本身多不承擔價格風險。國內參與零售交易者主要爲銀樓，次則包括觀光飯店及中小旅行社部分業者，中大盤商則較隱密，每有地下財團支持，一般而言，地下匯市自成體系，運作亦稱圓滑。

黑市美鈔買賣因屬違法，絕無明帳，官方統計自無法納入。根據北市部分銀樓業者表示，72年臺北市、高雄市、基隆市及臺中市四個地區銀樓、旅行社及觀光飯店計1,700家中，約1/5即340家參與外幣買賣，每家每月進出交易額估計在2,500美元左右，按此估計全年總交易額達新臺幣108億元（2,500美元×340家×310營業日×黑市兌價41＝新臺幣108億元），如以國民所得年增率追溯，70年黑市美鈔交易總值為新臺幣92億元，折合2.37億美元，黑市交易總值雖多，但附加價值有限，70年黑市每一美元匯兌臺幣進出差額為0.6元，差價率1.5％（0.6元/39元），換言之，70年黑市美鈔交易毛利為新臺幣1.4億元，由於該業幾無中間投入，故其附加價值亦近1.4億元，全屬業主混合所得。

黑市金鈔買賣總值與國民所得統計無關，但其附加價值則應計入，惟歷年來缺乏客觀統計資料與估計方法，此一附加值並未納入國民所得統計。雖在支用購入的黑市美鈔時，支出面會包括黑市差價的勞務在內，但畢竟因低估黑市勞務供給，而需藉其他供需項目的錯帳來達成總供需的平衡。

(五)其他

法所禁止的其他地下經濟活動尚包括賭博、色情、販毒、討債及地下舞廳等不一而足，這些活動缺乏市場價格或勞務標準，其最大特色是僅具低度生產性而具高度所得重分配性。就賭博論，輸贏均屬移轉所得，居間抽佣或分紅者雖提供場所與部分勞務，但與其所得並非相稱，超額所得實來自隱性移轉而非生產貢獻。次就色情論，固違背社會善良風俗，然其行為本身與合法婚姻相同，兩者皆無估量產值或經濟貢獻的必要，色情交易視為所得在個人或家庭間的移轉或再分配應更為恰當，即令色情媒介者亦然，其理形同媒人送禮，禮者移轉也。再就討債論，更是債權分割、債務移轉，實不宜將討債收佣視為合法的勞務提供者。在這些經濟活動中具有生產性者僅地下舞廳，但遺憾的是吾人確實無法估計其規模與交易額度。

國民所得統計對上述地下經濟活動低估者僅地下舞廳之類的產值，至若偏向家庭部門間所得重分配之經濟活動則無涵蓋或估計的必要，但在探討家庭或個人所得分配統計時，後者仍應納入考慮。事實上，我國個人所得分配調查確已包括了諸如賭博、色情、倒會、討債損失等經常移轉項目，惟因合計列帳已不易解析做個案了解。

五、低報所得的地下經濟活動

納稅，是人民應盡的一種義務。有些課稅主體為了逃避稅負，在申報所得時，浮報費用或低報營業額，致其申報額低於實際情況。稅捐機關利用各種憑證，或以調查方式，查核課稅主體之所得。核定之所得若高於申報之所得，其差額適足以表示所得之低報程度。以下針對營利事業與執行業務者分別說明其低報所得之情形。

（一）低報所得之查核依據

所謂營利事業，即是營利事業所得稅之課稅主體。營利事業的範圍包括廣泛，我國所得稅法第11條曾對營利事業限定其範圍，"本法稱營利事業，係指公營私營或公私合營，以營利為目的，具備營業牌號或場所之獨資、合夥、公司或其他組織方式之工、商、農、林、漁牧、礦冶等營利事業"。不論何種組織型態或性質之營利事業，其設立須依有關法令辦理註冊登記。

我國營利事業單位於辦理結算申報時，視其個別情況，採三種不同的申報書：1.普通申報書，2.藍色申報書，3.簡易申報書。三種申報書的適用情形各異，普通申報書適用於一般營利事業，簡易申報書為小規模營利事業所採用，至於藍色申報書，則是專為獎勵誠實申報之營利事業設置的，因此須經稽徵機關核准者，始准適用。稽徵機關接到結算申報書後，應派員調查核定其所得額，核定方式有書面審查與查帳核定兩種。凡申報之所得或純益額達各該業規定之標準，或營業額在3,000萬元以下者（民國70年之標準），均適用書面審核辦法，對於符合書面審核標準之申報案件，於進行抽查時，稅捐機關發現有短漏報情事，而營利事業對短漏報部分又未能提示帳證以憑查核待，則依民國70年度擴大書面審核實施要點第9條規定，"稅捐機關應就未列入申報之短漏部分，視其成本、費用已否列入原申報，分別適用同業利潤標準之純益率、毛利率或按全額核計匿報所得額"處理。

營利事業之結算申報經書面初核，如發現有下列原因，得進行查帳審核：1.申報所得額未達規定之標準，2.與所得額計算有牽連關係之違反規章情事，3.申報計算或內容錯誤而不依規定期限補正者，4.申報項目無資料可證，或未提出說明者，5.生產設備更新或生產技術已有改進，而申報之純利率較前三年仍無顯著進步者。

不論書面審查或查帳核定，課稅主體被發現有重大逃漏稅嫌疑時，而其又無法提示各種證明所得額之帳簿文據，我國所得稅法第79條及同法第83條第一項均有規定"……稽徵機關得依法查得資料或同業利潤標準，核定其所得額"，另外，民國71年12月31日公布之所得稅法，增訂一項規定"稽徵機關或財政部指定之調查人員在進行調查時，……得視案情需要，報經財政部核准，就納稅義務人資產淨值、資金流程，及不合格營業常規之營業資料進行調查"。該增訂規定，主要係以高所得額（500萬元以上），及執行業務者為調查對象，是以在無法掌握所得直接證據之情況下，所得稅法的各項規定，允許稽徵機關有條件的使用間接法課稅。簡言之，這些規定，可說是我國採行間接證明所得查核法的主要法律依據[18]。

---

[18] 有關間接證明所得查核法的研究，可參閱財政部財稅人員訓練所之研究報告(b)。

(二)營利事業所得額之申報

　　所得稅法第24條規定"營利事業所得之計算,以其本年度收入總額減除各項成本費用、損失及稅捐後之純益額爲所得額"。此條文明白指出,營利事業之利潤爲其納稅之所得額,殆無疑義。同時所得稅法施行細則亦列有各業所得額之計算過程,以爲所得額計算之遵循。

　　至於營利事業申報之所得額,係取自營所稅通知書資料[19]。民國70年有核定通知書之公民營營利事業,達670,322家,其中,小規模者(免用統一發票者)占大多數,計有409,355家,餘260,967家爲較大規模營利事業(使用統一發票者)。據了解,核定通知書檔內的營利事業,除了包括有營業稅籍外,經核定之無稅籍營利事業亦含在內。

　　小規模營利事業之所得額,是由財政部財稅資料處理及考核中心依據稅捐處評定的小規模營利事業營業額,然後按各業所得額及同業利潤標準,逕行核定。是以小規模營利事業申報之所得額與核定額用。民國70年小規模營利事業核定之所得額(包括未達起徵點之所得額)計8,762百萬元。大規模營利事業則不然,須申報其所得額,由表3可知,民國70年適用書面審查作業辦法之營利事業有101,461家,其申報之所得額達7,476百萬元,而營利事業經查帳核定的有159,506家,其申報之所得高達101,054百萬元。大規模營利事業家數,雖比小規模者少,然其申報之所得顯較小規模高出甚多。

　　如按業別觀察,製造業申報之所得額最多,有36,524百萬元,次爲農、林、漁、牧、狩獵業24,123百萬元,水電煤氣業及其他業

表3　70年大規模營利事業申報與核定之所得額——按行業別分

單位：新臺幣百萬元

行業別	合計				查帳				書面審查			
	申報		核定		申報（帳報）		核定		申報（面報）		審定	
	家數	課稅所得額	家數	課稅所得額	家數	課稅所得額	家數	課稅所得額	家數	課稅所得額	家數	課稅所得額
合計	260,967	108,530	260,967	130,378	159,506	101,054	159,506	122,789	101,461	7,476	101,461	7,589
農林漁牧狩業	17,425	24,123	17,425	26,134	16,910	24,080	16,910	26,086	515	43	515	48
礦業及土石採取業	1,202	303	1,202	382	955	280	955	359	247	23	247	23
製造業	61,298	36,524	61,298	45,932	42,265	34,685	42,265	44,080	19,033	1,839	19,033	1,852
水電煤氣業	15	56	15	56	11	56	11	56	4	-	4	-
營造業	14,814	4,177	14,814	5,796	9,282	3,645	9,282	5,247	5,532	532	5,532	549
商業	134,133	17,199	134,133	22,518	70,488	12,985	70,488	18,279	63,645	4,214	63,645	4,239
運輸倉儲及通信業	11,345	3,163	11,345	4,256	8,647	2,839	8,647	3,925	2,698	324	2,698	331
金融保險不動產及工商服務業	13,746	21,668	13,746	23,763	6,981	21,323	6,981	23,375	6,765	345	6,765	388
社會團體及個人服務業	6,891	1,311	6,891	1,522	3,920	1,158	3,920	1,366	2,971	153	2,971	156
其他	98	6	98	19	47	3	47	16	51	3	51	3

資料來源：財政部財稅資料處理及考核中心，《年報》。

附　註：水電煤氣業之書面審查資料因未達一百萬元，故不列出。

最少，僅56百萬元及6百萬元，大規模營利事業並非全具公司組織型態，有少部分是以合夥與獨資組織方式出現。公司組織之大規模營利事業，民國70年申報之所得額為62,630百萬元，次為其他組織方式39,487百萬元，而後為獨資5,918百萬元，合夥居末，只有495百萬元，如表4所列。

(三)營利事業低報之所得

前面提到，稽徵機關核定所得方式有二：1.書面審查核定，2.查帳核定。民國70年大規模企業以前者方式核定之所得為7,589百萬元，後者方式核定之所得高達122,789百萬元，兩項核定之所得共計130,378百萬元之多(見表3)。

表5為各業之低報所得，所謂低報所得是核定與申報所得兩者之差；民國70年營利事業低報之所得多達21,848百萬元，其低報率達16.76％。就各行業所得低報之絕對數，以製造業最為可觀，有9,408百萬元；次為商業5,318百萬元。觀其低報率，其他無法歸類者除外，營造業最多為27.95％，運輸倉儲及通信業次之為25.68％；另外，商業之所得低報率亦在23％以上；礦業及土石採取業，以及製造業之低報率亦不低，均在20％以上。

如按組織別觀察，見表6，公司組織之營利事業，其所得低報額(低報率)為最多，達20,319百萬元(24.50％)，次為獨資為1,278百萬元(17.76％)。

(四)執行業務所得之低報

執行業務者係指律師、會計師、醫師、藥師、助產士、技師、著作人、經紀人、代書人、工匠及歌唱演奏等以技藝自力營生者，其申報之所得依所得稅法第14條規定："凡執行業務者之業務或演

表4 70年大規模營利事業申報與核定之所得額——按組織型態分

單位：新臺幣百萬元

項目 組織別	合計 申報 家數	合計 申報 課稅所得額	合計 核定 家數	合計 核定 課稅所得額	查帳 申報 家數	查帳 申報 課稅所得額	查帳 核定 家數	查帳 核定 課稅所得額	書面 申報 家數	書面 申報 課稅所得額	書面 審核 家數	書面 查定 課稅所得額
合計	260,967	108,530	260,967	130,378	159,506	101,054	159,506	122,789	101,461	7,476	101,461	7,589
公司	173,339	62,630	173,339	82,949	106,129	57,441	106,129	77,669	67,210	5,189	67,210	5,280
合夥	3,435	495	3,435	565	1,809	353	1,809	421	1,626	142	1,626	144
獨資	81,787	5,918	81,787	7,196	49,456	3,797	49,456	5,056	32,331	2,121	32,331	2,140
其他	2,406	39,487	2,406	39,668	2,112	39,463	2,112	39,643	294	24	294	25

資料來源：同表3。

附 註：同表3之說明。

表5 大規模營利事業所得低報額及低報率 —— 按行業別分

	低報之所得額 （百萬元）	所得低報率 （%）
合　　　　　　　　計	21,848	16.76
農　林　漁　牧　狩　獵　業	2,010	7.69
礦　業　及　土　石　採　取　業	80	20.94
製　　　　　造　　　　　業	9,408	20.48
水　　電　　煤　　氣　　業	1	1.79
營　　　　　造　　　　　業	1,620	27.95
商　　　　　　　　　　　業	5,318	23.62
運　輸　倉　儲　及　通　信　業	1,093	25.68
金融保險不動產及工商服務業	2,095	8.82
社　會　團　體　及　個　人　服　務　業	210	13.80
其　　　　　　　　　他	13	68.42

資料來源：同表3。

附　　註：1.低報之所得額＝核定之所得－申報之所得

2.所得低報率＝ $\dfrac{\text{核定之所得}-\text{申報之所得}}{\text{核定之所得}} \times 100\%$

表6 大規模營利事業所得低報額及低報率——按組織型態

	低報之所得額(百萬元)	所得低報率(%)
合　　計	21,848	16.76
公　　司	20,319	24.50
合　　夥	70	12.39
獨　　資	1,278	17.76
其　　他	181	0.46

資料來源：同表3。

技收入，減除業務所房租或折舊、業務上使用器材設備之折舊及修理，或收取代價提供顧客使用之藥品材料等之成本、業務上雇用人員之薪資、執行業務之旅費及其他直接必要費用後之餘額為所得額。"同營利事業一樣，執行業務者之所得亦應辦理結算申報，只是執行業務者不列入營利事業範圍，其所得額併入綜合所得，課徵綜合所得稅。

執行業務者如未依法辦理結算申報，或未依法設帳記帳及保存憑證，或未能提供證明所得額之帳簿文據，稽徵機關訂定核定作業辦法，藉各項佐證資料，或以實地調查方式，核定其收入與費用，由核定之收入扣減核定之費用，即是執行業務納稅之所得額。民國70年，繳納綜合所得稅之執行業務所得額有5,452百萬元，占該年所得總額(綜所稅)之比率，為1.17％，見表7所列。另由該表知，納稅之各項所得，其中以薪資所得為最多，其占所得總額(綜合稅)的比率，高達80.51％，再則為利息所得與營利所得，所占比率分別是5.92％與4.57％。

執行業務者，如律師、會計師、建築師及醫師等一向被視為高所得者，在每一年所得申報時，其申報情形很是受注目。此處，限於資料之取得，僅以西醫師為例，估算其低報之所得。民國70年，財政部財稅資料處理及考核中心根據西醫師之綜合所得申報書資料，選5,530件[20]，送請各稽徵機關查核，規定至少應查10％，臺灣省各稽徵機關共查核938件，占列送查核5,530件之16.96％，高於規定之10％，表8為該次查核臺灣省西醫師之所得低報額度。

由表8可知，執行業務者之所得，除了業務所得外，另有其他

----

[20] 其實，財政部財稅資料處理及考核中心最先是選定6,496件西醫師所得稅申報書，請各稽徵機關查核。但其中有部分是為牙醫師及中醫師之資料，經予剔除後，西醫師部分共5,530件。

表7　民國70年繳納綜合所得稅之各類所得額

單位：新臺幣百萬元

所　　　　得　　　　類　　　　別	所　　得　　額	百分比(%)
合　　　　　　　　　　計	465,846	100.00
薪　　資　　所　　得	375,047	80.51
利　　息　　所　　得	27,578	5.92
營　　利　　所　　得	21,301	4.57
執　行　業　務　所　得	5,452	1.17
租　　賃　　所　　得	4,614	0.99
財　產　交　易　所　得	3,595	0.77
自力耕作漁牧林礦所得	438	0.09
競賽及中獎獎金所得	95	0.02
其　　　　　　　　他	27,726	5.96

資料來源：同表3。

表8　民國70年臺灣省西醫師所得之低報額及低報率

單位：新臺幣百萬元

	原申報 (1)	查核後 (2)	所得低報額 (3)=(2)-(1)	低報率 (4)=(3)÷(2)
合　　計	330	628	298	47.46
執行業務所得	242	534	292	54.68
其他各類所得	88	94	8	8.51

資料來源：同表3。

所得。民國70年臺灣省西醫師申報之執行業務所得為242百萬元，查核後，此項所得增為534百萬元，其低報之所得高達292百萬元，較原申報所得多出一倍有餘，致其低報率有54.68％之譜。凡此說明了西醫師所得之漏低報程度很是嚴重。換另一角度看，稽徵機關對西醫師之所得查核絲毫不放鬆，由低報率知，其查核績效頗為顯著。

　　上述所言，僅臺灣省西醫師部分，至於臺灣區所有西醫師之所得低報額，其推估過程如下：民國70年，臺灣區有照，且正執業中之西醫師人數，衛生署《衛生統計》列出有11,957人，並以之為放大的母體數，得出放大率216.221％。由臺灣省西醫師之低報所得292百萬元乘以216.221％，知臺灣區西醫師之低報所得（執行業務所得部分）估算為631百萬元。

(五)低報所得與國民所得統計之關係

　　國民所得可由三方面估算：1.生產面，2.支出面，3.分配面。不論從那一面估算，其結果都應相同。從分配面估算國民所得，在於表示各類不同生產要素，對國民生產的貢獻狀況。詳言之，國民所得之分配，是國民淨生產以生產成本方式支付給參與生產活動之要素提供者，生產要素通常分成勞動、資本、土地與企業組織等四類，對它們支付的報酬，分別是薪資、利息、租金與利潤；而課稅主體據以納稅之所得額，則指其利潤言。

　　我國國民所得統計，列有依組織型態分之國民所得，這項所得係依據公民營企業各項要素所得支付計算中求得之各項報酬移歸是項，而要素所得支付的計算，則以各業之成本構成比率為計算依據。表9為編算各業成本構成比率主要資料來源，該表顯示，國民所得統計在決定要素成本比率時，如果依據稅捐資料，是取其審查後之核定數，而非其申報數。當然，國民所得統計所參照的資料，並不限於財稅機關提供的，其他如營利事業成本費用分析調查等，亦為不可或缺之補充資料。有些人士，以為營利事業與執行業務者低報之所得，國民所得並未計及，然由以上敘述知，國民所得統計之部分資料，取自稅捐機關之核定通知書，因此國民所得統計對低報之所得亦估算在內，並未遺漏。請參考表10。

可知民國70年，國民所得統計如不計醫療保健服務，其他各業（包括公民營）之利潤達523,959百萬元，而核定通知書資料，大小規模營利事業之所得額（利潤）合計為139,140百萬元，僅占國民所得統計編算之利潤的26.56％而已。

按所得稅法之規定，執行業務者之包括對象很廣，但國民所得統計中之自由職業只指會計師、建築師、律師及代書等，至於醫師，則歸於醫療保健服務。為了便於比較，醫療保健服務之利潤移入表11。

此外，執行業務者如唱歌演藝人員，絕大多數是受雇他人而拿薪資或紅利，國民所得統計將之歸入娛樂文化服務，因之娛樂文化服務之勞動報酬可視為執行業務所得，故表11，國民所得統計之執行業務所得，包括了自由職業所得、私立醫療保健服務之利潤，以及娛樂文化服務之勞動報酬，三者共計10,096百萬元，較之財稅機關之5,452百萬元高出4,644百萬元，後者僅占前者之54.00％。

六、不報稅的地下經濟活動

不報稅的地下經濟活動主要分為自給或不上市之經濟活動、流動攤販、地下工廠及地下錢莊等大類，自給或不上市之經濟活動，並未透過市場買賣，而流動攤販、地下工廠及地下錢莊係因逃避稅

表9　國民所得統計各業成本構成決定之主要資料來源

業　　　　　別	主　　要　　資　　料	說　　　　明
農 林 漁 牧 業		
農　　　　　業	1.臺灣省農畜產品生產成本調查 2.臺灣省主要雜糧生產成本調查	
林　　　　　業	臺灣地區民營林業(伐木業)生產成本調查	
漁　　　　　業	臺灣地區沿岸、近海、遠洋漁業經營成本調查	
礦業及土石採取業	稅捐機關之營利事業核定通知書資料	一般言，營利事業申報之營業額與所得額有偏低現象，故採審查後之核定數，以矯正其他營業額與所得額。
製　　造　　業	1.公營事業決算書 2.稅捐機關之營利事業核定通知書資料 3.公民營營利事業成本費用分析調查	營利事業成本費用分析調查作為稅捐機關提供資料之調整依據。
營　　造　　業	1.省市營建業經濟概況調查 2.民間自建營繕工程調查 3.各業所得額及同業利潤標準	當各業所得額無法決定時，稅捐機關可據此核定其所得額。
水 電 煤 氣 業	營業決算書資料	
商　　　　　業	1.稅捐機關核定通知書資料 2.各業所得額及同業利潤標準	
運輸倉儲及通信業	1.營業決算書資料 2.監理所報送之資料	採抽樣整理方式，決定其成本構成比率。
銀 行 保 險 不 動 產 及 工 商 服 務 業	1.營業決算書資料 2.公民營營利事業成本費用分析調查	
其 他 服——醫 療 保 健 服 務	臺灣地區私立醫院診所調查報告	其他服務包括範圍很廣，此處僅就醫療保健服務。

表10 要素所得之分配——利潤

單位：新臺幣百萬元

	(1)國民所得統計	(2)核定通知書資料	(2)╱(1) （％）
企 業 利 潤	523,959	139,140	26.56

資料來源：《國民所得統計》、《財稅中心年報》。

附　　註：此處國民所得統計之企業利潤，不包括私人醫療服務之利潤。

表11 國民所得統計與財稅資料之執行業務所得

單位：新臺幣百萬元

	國民所得統計(1)				核定通知書資料(2)	(2)╱(1) （％）
	合　　計	私人醫療服務之利潤	自由職業所得	娛樂及文化服務之勞動酬報		
執行業務所得	10,096	2,004	2,185	5,907	5,453	54.00

資料來源：《國民所得》、《財稅中心年報》。

附　　註：執行業務所得為70年數值。

負，致被視為地下經濟活動之一。本節謹就這些活動的規模進行估算，其對國民所得統計可能產生的影響並加以探討。

（一）自給或不上市之經濟活動

　　國民所得統計估算的範圍甚為廣泛，本小節僅就易為我人誤解，國民所得可能漏估而流於一般人所謂地下經濟之自給或不上市之經濟活動（自供經濟部分），將其估計範圍及方法加以陳述。

　　所謂自供經濟即生產者自用的經濟活動。自產部分可用作中間消費，也可用作最終消費。農民以自產的穀物播種，是屬於前者，若農民消費自己生產的農產品，則屬於後者。

　　自供的經濟活動，顯然大部分不與貨幣直接發生關係，因生產者把產品供給自己，不必經由市場交易，也就不必以貨幣作爲交換媒介。但此並非意謂這種自供經濟活動的全部過程中完全不發生貨幣交換的行爲。例如：民間自行購入建材，自行建屋給自己居住之自建資本形成的經濟活動，同樣要以貨幣購買建材，故亦間接發生貨幣交易的行爲。

　　本小節有關自產自用之不上市經濟活動，係根據1968年聯合國國民會計制度對其定義加以估計。

1.包括之範圍及涵義

　　根據1968年聯合國國民會計對不上市之經濟活動的定義[21]　，本文擬對自給或不上市之經濟活動的範圍做如下區分：

　　A.初級產品：農林漁牧（畜）業自供產品的估計。

　　B.生產者生產的產品除供市場銷售外亦留自用者：包括礦業、製造業、水電煤氣業、商業等之自供產品。

　　C.自用住宅租金之設算。

　　D.初級產品自用加工。

　　E.自建工程：民間自建營建工程及企業(含公、民營)自建營建工程。

　　鑑於此種生產活動乃法律所允許，人們在交易中毋庸規避罰責而低、漏報或隱蔽其活動，故其產值已全部包括在國民所得統計中，不致遺漏，例如：

　　(1)本文有關農林漁牧(畜)初級產品自供部分，係根據農產品運銷及其成本分配調查對農戶於當年生產之農產品產銷查報資料估算而得，此類生產活動實已反映於當年國民所得統計農業產值估計中，因爲目前國民所得統計對農業產值的估計係依據種植面積及單位面積產量調查資料進行估算，不論生產目的爲自用或出售，上市或不上市，其產值均已

---

[21] *United Nation, A System of National Accounts*, 1968, Chap.6.

——計算在內。

(2)生產者生產的各類產品供給自己使用的部分（自供用量），係各該類產品總產出的一部分，工業生產統計實已包括此自供用量的生產，因工業生產統計所關心者，乃各類產品的總產量，而不論其是否流向下一加工階段作爲自供中間投入用，或爲消費者購買做最終產品使用，因此國民所得統計根據工業生產統計對各業產值之估計，實已包括該項自供用量。

(3)自有住宅租金的設算已爲國民所得統計住宅服務產值之一部分。國民所得統計對於住宅服務業產值之估算，係根據稅捐機關每年房屋總校正（或普查）資料，按各類房屋建坪數估算租金，不分自用與出租。爲單獨估算自有住宅設算租金，本文除參考家庭收支調查中自有住宅占全部住宅租金支付的比率外，同時考慮，全國自用住宅總坪數，全國人口年增率分別由居住者支出面及自用住宅坪數供給面加以估算，與國民所得統計估計，實無二致。

(4)初級產品自用加工主要針對農家在維生食品加工上的設算，由於該類初級產品自用加工的基本原料仍須由市場購入，已透過市場交易行爲，此種原始材料的生產早已計入各相關食品業的產值中，故對國民所得統計亦將不致造成低估。

(5)自建營建工程係根據70年工商業普查及抽樣調查政府辦理之民間自建營繕工程調查資料，對各施工者（民間或企業）自建工程查報資料估算而得。民間或企業在從事其營建活動時所需之建材概由市場購入，其計算價格即爲市價（或交易發生之時價）。由於國民所得統計營造業產值之計算採用商品流通法，根據建築用建材（主要係水泥、砂石等）、建築坪數等估算營造業產值，已包括自建營建工程部分，不致產生漏估的現象。

綜上所述，自供經濟部分，因其基本原材物料，皆可由市場交易或查報資料中取得，國民所得統計即由此種整體性多來源的統計得之，因此自供經濟爲國民所得統計之一部分，且已計及，應爲公允之論。以下謹就自供經濟部分(70年)進行估計。其中自建營建工程部分,因占較重要的地位將另闢一節專文敘述之。

2.各類自給或不上市經濟活動估計內容及結果

　A.初級產品:農林漁牧(畜)自供部分

　(1)資料來源及推估方法

　　本類自供經濟係根據民國70年臺灣農產品運銷及其成本分配報告,並配合臺灣省政府農林廳農業年報、農業生產成本報告資料,以推計我國農漁牧(畜)業產值中自用消費的部分,另根據民國70年家庭收支調查推計林業自用消費之產值。

　　農產品運銷及其成本分配報告,其調查範圍就中華民國行業標準分類選取農業及園藝業、畜牧業、漁撈業、水產養殖業等。並就作物或產品性質分為普通作物、特用作物、園藝作物、魚類、家畜及家禽等六種產品,對象則包括上述應行調查,從事農漁產品生產及出售之農戶漁戶等,由此可得出此六大類產品中自用量(值)結構。

　　林業自供經濟部分,係根據民國70年家庭收支調查中,每戶薪材支出及家庭戶長職業屬於林業及伐木業中最低所得分位分組(第一等分位)家庭的戶數估算而得,其因乃我國生活水準已逐漸提高,依賴撿拾薪材為炊者已不多見,加以盜砍林材之產值亦不列計林業自供經濟部分,及我國林業規劃的管制方式,使民眾入山伐木蓋屋之可能已大為降低。就家庭收支調查中各等分位分組家庭之薪材支出觀察結果,各分位分組家庭皆有耗用薪材,惟獨最低所得分位之分組家庭於該年未購買薪材,由此推定此最低所得分位分組家庭中,以從事林業及伐木業者最有可能撿拾柴薪,其產值甚小僅略作估計。

　(2)農林漁牧(畜)自供部分推估結果(副產物自供部分待補):

　　70年農漁牧（畜）業產品六大類（含副產物）自用部分生產總值之推估結果，列如表12、表17所示。

　　上述各表顯示，農漁牧（畜）業初級產品自供部分產值各占該類產品總產值之比率，以農業之14.24％為最高，牧畜業之8.33％及漁業之1.50％次之，而林業之自供部分（係以平均每戶家庭每年薪柴支出乘以最低所得分組家庭從事林業及伐木業戶數，僅達0.1百萬元，所占極微，詳見表18。如就副產物自供部分觀察，農業副產物自供之生產價值為2,236百萬元，高於牧（畜）業之1,095百萬元。

　　各業產品及副產物自供部分附加價值之推估，係根據農產品生產成本調查資料中各業附加價值率反推之，亦即由該項資料之生產總值，扣除生產過程中中間消費部分（如種苗費、肥料費、畜工費、機工費、農藥費、除草劑、材料費等），而得各業附加價值及附加價值率（附加價值占生產總值比率），列如表19所示。

　　由表19顯示，若就各業自供部分之附加價值占國民所得統計各該業附加價值比重來看，仍以農業之10.51％為最高，牧（畜）業及漁業之7.25％及1.46％次之，而林業之自供部分幾無影響。

B.生產者生產之產品供市場銷售亦同時供自用部分

（1）製造業自供部分

　　製造業自供經濟的發生，乃由於製造業在生產的過程中，往往透過迂迴生產的方式，需要許多步驟方能產製完成；故生產者為避免生產成本的過分負荷，即以本身所具備的機械設備、人力、原料物料自行加工生產以利下一階段的投入。為衡量70年製造業自供產品的產值，採用70年工商普查抽樣廠商全年自用產值（自用量乘以銷售單價）資料，惟該抽樣調查廠商之生產有跨部門（生產之產品有跨產品部門情形）與不跨部門（僅從事單一產品部門生產）之區別，故須對其自供產品之產值分別估計後，再按業別分層擴大母體，推

表12　農業普通作物自供產值之估計

單位：新臺幣百萬元；%

	總產值 (1)	自家消費		留　種		充作飼料與包括肥料	
		產　值 (2)	比　率 (2)/(1)	產　值 (3)	比　率 (3)/(1)	產　值 (4)	比　率 (4)/(1)
稻　　　米	46,369	7,701.9	16.61	500.8	1.08	700.2	1.51
其　　　他	4,764	73.2	1.51	-	0.21	-	4.68
普通作物							
甘　　　藷	3,344	64.9	1.94	-		202.0	6.04
大　　　豆	284	3.9	1.38	9.6	3.37	4.9	1.73
玉　　　米	1,136	4.4	0.39	-		17.6	1.55
副　產　物	2,236	-		-		2,236.0	100.00
合　　　計	53,369	7,775.1	14.57	510.4	0.96	3,160.7	5.92

資料來源：〈農產品運銷及其成本分配報告〉、《農業年報》、〈農業
生產成本報告〉。

附　　註：1.自供包括自家消費、留種、充作飼料三部分。
2.總產值係指該類產品包括自供及非自供部分之生產總值。
3.比率係指該類自供產值占總產值之比率。

表13　農業特用作物自供產值之估計

單位：新臺幣百萬元；%

	總產值	自家消費		留　種		充作飼料與肥料	
		產　值	比　率	產　值	比　率	產　值	比　率
原料甘蔗	7,235	-	-	13.7	0.19	-	-
其他特用作物	4,536	112.1	2.47	197.2	4.35	12.5	0.28
茶　　　菁	1,566	3.6	0.23	-	-	-	-
花　　　生	2,545	108.2	4.25	197.2	7.75	-	-
樹　　　薯	425	0.3	0.07	-		12.5	2.94
合　　　計	11,771	112.1	0.95	210.9	1.79	12.5	0.11

資料來源：同表12。

附　　註：同表12。

表14 農業園藝作物自供產值之估計

單位：新臺幣百萬元；%

| | 總產值
(1) | 自　家　消　費 | | 留　　　種 | | 充作飼料與肥料 | |
		產值 (2)	比率 (2)/(1)	產值 (3)	比率 (3)/(1)	產值 (4)	比率 (4)/(1)
香　蕉	1,215	31.1	2.56	-	-	-	-
鳳　梨	914	3.3	0.36	-	-	-	-
柑　桔	3,477	165.9	4.77		-		-
其他水果	4,601	115.9	2.52	-	-	0.2	0.00
西　瓜	1,738	52.3	3.01	-	-	0.2	0.01
葡　萄	1,129	17.0	1.51	-	-	-	-
梨　子	1,734	46.6	2.69	-	-	-	-
洋　菇	1,685	4.4	0.26	-	-	-	-
蘆　筍	1,949	6	3.18	-	-	-	-
蔬果類	9,322	317.9	3.41	21.4	0.23	66.2	0.71
合　計	23,163	700.5	3.02	21.4	0.09	66.4	0.29

資料來源：同表12。
附　　註：同表12。

表15 漁產品自供產值之估計

單位：新臺幣百萬元；%

| | 總產值
(1) | 自　家　消　費 | | 留　　　種 | | 充作飼料與肥料 | |
		產值 (2)	比率 (2)/(1)	產值 (3)	比率 (3)/(1)	產值 (4)	比率 (4)/(1)
遠　洋	15,714	190.1	1.21	-	-	-	-
近　海	16,966	205.3	1.21	-	-	-	-
沿　岸	1,723	20.8	1.21	-	-	-	-
養　殖	15,874	336.3	2.12	-	-	-	-
合　計	50,277	752.7	1.50	-	-	-	-

資料來源：《漁業年報》。
附　　註：1.同表12。
　　　　　2.假設遠洋及近海漁業者自用消費之比率與沿岸漁業者相同。

表16　家畜產品自供產值之估計

單位：新臺幣百萬元；％

	總產值 (1)	自家消費		留　種		充作飼料 與包括肥料	
		產　值 (2)	比　率 (2)/(1)	產　值 (3)	比　率 (3)/(1)	產值 (4)	比　率 (4)/(1)
毛　　豬	38,474	34.6	0.09	4,047.5	10.52	-	-
牛　　乳	876	20.8	2.37	-	-	-	-
副 產 物	346	-	-	-	-	346	100.00
合　　計	39,696	55.4	0.14	4,047.5	10.20	346	0.87

資料來源：同表12。

附　　註：同表12。

表17　家禽產品自供產值之估計

單位：新臺幣百萬元；％

	產　值 (1)	自家消費		留　種		充作飼料 與包括肥料	
		產　值 (2)	比　率 (2)/(1)	產　值 (3)	比　率 (3)/(1)	產值 (4)	比　率 (4)/(1)
雞	15,508	212.5	1.37	34.1	0.22	-	-
鴨	3,782	28.4	0.75	18.5	0.49	-	-
雞　　蛋	4,816	2.4	0.05	-	-	-	-
鴨　　蛋	1,473	3.1	0.21	0.6	0.04	-	-
副 產 物	749	-	-	-	-	749	100.00
合　　計	26,328	246.4	0.94	53.2	0.20	749	2.84

資料來源：同表12。

附　　註：同表12。

表18　農林漁牧(畜)業自供產值之比重

單位：新臺幣百萬元；％

	總產值 (1)	自供產值 (2)	(2)/(1)
農　　業	88,303	12,570.0	14.24
林　　業	7,889	0.1	0.00
漁　　業	50,277	753.0	1.50
牧(畜)業	66,024	5,498.0	8.33
合　　計	212,493	18,821.1	8.86

資料來源：表12至表17。

附註：1.農業總產值與自供產值係來自表12至表14。

　　　2.牧(畜)業總產值與自供產值係來自表16與表17。

表19　農林漁牧(畜)業自供產品附加價值之估計

單位：新臺幣百萬元；％

	自　供 生產總值	附　加 價值率	自供附加 價　值	國民所得統計 之附加價值	占國民所得統計 附加價值之比率
農　　業	12,570.0	68.76	8,643.0	82,250	10.51
林　　業	0.1	67.02	0.1	5,287	0.00
漁　　業	753.0	48.02	361.0	24,648	1.46
牧(畜)業	5,498.0	18.79	1,033.0	14,246	7.25
合　　計	18,821.1	53.33	10,037.1	126,431	7.94

資料來源：1.〈農業生產成本調查報告〉。

　　　　　2.表17。

　　　　　3.《中華民國國民所得》。

附　　註：產品與副產物之附加價值率假設為相同。

計自供產品的生產總值。

　　民國70年之工商普查之抽樣調查有關耗用自供量、值部分，對於跨產品部門及不跨產品部門之生產行為，有不同的定義。對於跨部門生產耗用自供材料量值，係指本企業生產之產品或原材料供自己生產使用部分。而對於只生產單一產品不跨部門之生產行為，尚包括產品或原材料自用在生產過程中損耗的部分，後者對自供部分的定義範圍雖較廣，但自用品在充作下一階段投入時的損耗與正常財貨具相同的作用，都是在生產過程中發生，故不予析離此自用產品損耗的產值，應不致造成自供經濟產值估計時明顯的偏失。

　　茲按製造業各細業自供產品生產總值，及其占各細業生產總值的比率，分成跨部門與未跨部門的情形，列如表20所示。由表20顯示：民國70年製造業自供部分的生產總值達159,815百萬元，占製造業生產總值2,358,175百萬元的6.87％，各業中以金屬基本工業47,136百萬元，化學及化學製品業31,179百萬元，紡織業22,670百萬元，石油及煤製品業20,844百萬元較高。若就各業自用產值占其生產總值的比率(自供率)觀察，則以金屬基本工業之29.80％，非金屬礦物製造業12.18％，化學及化學製品業之9.78％，紡織業之9.76％，石油及煤製品業之8.46％為最高，主要係因此等業別迂迴生產的程度較高所致。

　　製造業自用產品的附加價值(包括間接稅淨額及折舊)，係由工商普查抽樣調查中各細業之附加價值占生產總值的比率(附加價值率)反推，其結果列如表21所示。

　　由表21可知，製造業各細業合計之自供附加價值達36,327百萬元，占國民所得統計製造業附加價值677,130百萬元之5.36％，顯示製造業自供經濟之比重並不顯著。

　　(2)礦業及土石採取業自供部分

表20　製造業自供產值之估計

單位：新臺幣百萬元；%

	總產值	自供產值 合　計	單一產品部門	跨產品部門	自供率
食　　品	229,195	15,073	754	14,319	6.58
飲料及煙草	63,127	1,384	49	1,335	2.19
紡　　織	232,188	22,670	10,449	12,221	9.76
成衣及服飾品	152,810	2,868	8	2,860	1.88
皮革及毛皮	34,421	78	65	13	0.23
木竹製品、非金屬家具	72,530	2,162	328	1,834	2.98
造紙及紙製品	86,152	2,485	767	1,718	2.88
化學材料		27,237	3,931	23,306	
化學製品 } 化學及化學製品	318,858 } 31,179	274	207	67	} 9.78
塑膠製品		3,668	270	3,398	
石油及煤製品	246,429	20,844	11	20,833	8.46
橡膠製品	27,049	249	248	1	0.92
非金屬礦物製品	68,298	8,439	416	8,023	12.18
金屬基本工業	158,162	47,136	987	46,149	29.80
金屬製品	81,359	902	585	317	1.11
機械設備製造		42	40	2	
精密器械 } 機器	63,778 } 58	16	15	1	} 0.09
電力及電子機械	262,888	3,776	2,492	1,284	1.44
運輸工具製造	150,648	331	142	189	0.22
雜項工業製品	110,283	186	183	3	0.17
合　　計	2,358,175	159,815	21,945	137,870	6.87

資料來源：〈70年工商普查及抽樣調查〉、《中華民國國民所得》。

附　　註：1.單一產品部門係指該業廠商中，其生產之產品可歸納爲同
一產品部門者。

2.跨產品部門係指該業廠商中，其生產之各類產品跨兩個以
上不同產品部門者。

3.自供率：自供產值／總產值。

表21　製造業自供附加價值(包括間接稅淨額及折舊)

單位：新臺幣百萬元；%

項　目 業　別	自供產值	附　　　加 價　值　率	自供附加 價　　值	占國民所得統計 附加價值之比率
食品	15,073	22.84	3,443	8.41
飲料及煙草	1,384	69.66	964	2.34
紡織	22,670	29.13	6,604	10.57
成衣及服飾品	2,868	29.74	853	2.14
皮革及毛皮	78	27.78	22	0.20
木竹製品、非金屬家具	2,162	27.20	588	3.01
造紙及紙製品	2,485	28.15	700	2.46
化學材料　⎫ 化學及化	27,236	25.00	6,809 ⎫	
化學製品　⎬ 學　製　品	274	25.43	70 ⎬	10.32
塑膠製品　⎭	3,668	24.38	894 ⎭	
石油及煤製品	20,844	12.67	2,641	5.07
橡膠製品	249	29.65	74	0.82
非金屬礦物製品	8,439	34.91	2,946	11.66
金屬基本工業	47,136	17.49	8,244	19.80
金屬製品	902	30.21	272	1.23
機械設備製造　⎫ 機　械	41	29.91	12 ⎫	0.08
精密器械　⎭	16	31.51	5 ⎭	
電力及電子機械	3,775	27.30	1,031	1.23
運輸工具製造	331	29.51	98	0.19
雜項工業製品	185	30.59	57	0.11
合　　　　計	159,815	22.73	36,327	5.36

資料來源：同表20。

　　礦業及土石採取業主要包括煤礦業、石油及天然氣礦業及其他礦業，有關礦業及土石採取業自供部分的估計，亦根據民國70年工商業普查之抽樣調查中，礦業廠商所填列之自用量部分(自用於生產及耗損部分)。其產值的估計係以個別廠商填報之銷售值除以銷售量所得之單價乘以自用數量。由實際調查結果,民國70年礦業及土石採取業自供產品的產值為224百萬元,占國民所得統計該業生產總值26,560百萬元的0.84%(表22)。

表22　礦業及土石採取業自供產值之估計

單位:新臺幣百萬元 ;%

	總　產　值	自供產值	自　供　率
煤　礦　業	7,415	18	0.24
石油及天然氣礦業	3,617	0	0.00
金　屬　礦　業	82	0	0.00
其　他　礦　業	15,446	206	1.33
合　　　計	26,560	224	0.84

資料來源:同表20。

附　　註:總產值係指各業包括自供及非自供之生產總值。

自供附加價值的估計,亦係根據抽樣廠商該年附加價值占生產總值之比率反乘上述所估出之礦業及土石採取業自供生產總值。根據調查資料顯示,此業附加價值率為45.54%,其自用產品的附加價值為102百萬元,占國民所得礦業及土石採取業附加價值僅為0.64%(表23)。

(3)水電煤氣業自供部分

此業主要包括電力供應、暖氣及熱水供應、自來水供應等。由於民國70年工商普查對此業廠商亦做抽樣調查,故其自供產值估計方法與前述製造業相同。至於自供產品附加價值之估計,係採用工商普查水電煤氣業抽樣調查中該業附加價值占其總產值之比例,再乘上述估算之自供產值而得。有關水電煤氣業自供產值及附加價值之估計結果，列如表24及表25所示。

根據表24及表25，水電煤氣業自供產品生產總值爲13,778百萬元，附加價值7,194百萬元，分別占國民所得統計水電業總產值及附加價值之11.46％及11.15％。

(4)商業自供部分

由於民國70年工商普查對商業調查資料中並沒有自用量的資料，無法如商業直接估出之自供產品，故本單元之推估方法係先判定商業的特性，再對可能發生自供經濟的部分個別估計之。

根據中華民國行職業標準分類的定義，商業係指凡從事商品之躉售、零售及旅館、飲食經營等行業均屬之。因此，從事商品零售、批發及旅館業者概皆爲商品傳播之媒介，將別的企業單位製造出的產品行銷至使用者或需要者的手中，不致發生自產自用的現象，惟有飲食業爲從事中西各式餐點、飲料供應而取償之有執照餐廳、飯館、食堂、小吃店、茶室、咖啡館、水果店、飲食攤經營行業、叫賣點心之小販等，機關工廠、俱樂部附設之飲食部門領有飲食店執照者亦歸入本類，故應有自產自用行爲的發生；亦即業者自己製造食品，如菜餚、湯、餅等亦有部分留作自家食用，不若躉售、零售、旅館業、進出口貿易業者對其經營之儀器、建材、百貨，大都不會自行製造經銷之貨品。

飲食業自用產品的設算，係以民國70年工商業普查中餐館(指從事中西各式餐食供應，而取償之有執照而獨立經營者)、小吃店(指從事便餐、麵食供應之小吃店)等之民營非公司組織爲主，概因只有民營且爲非公司組織之餐飲業主較有可能對其所經營之餐飲產品任意選取自己產製的食品。其自用產品之推估可由兩方面著手：

　　1)根據民國70年工商普查資料全國餐館業家數爲3,194家，小吃店業家數爲8,093家，扣除公司組織及公營非公司組織的家

表23　礦業及土石採取業自供附加價值之估計

單位：新臺幣百萬元；%

業別＼項目	附加價值率	自供附加價值	占國民所得統計附加價值比率
煤 礦 業	71.55	13	0.24
石油及天然氣礦業	0.00	0	0.00
金 屬 礦 業	0.00	0	0.00
其 他 礦 業	43.44	89	0.98
合　　　計	45.54	102	0.64

資料來源：同表20。

表24　水電煤氣業自供產值之估計

單位：新臺幣百萬元；%

	總 產 值	自供產值	自 供 率
電力供應業	113,534	12,263	10.80
水力供應業	6,722	1,515	22.54
合　　　計	120,256	13,778	11.46

資料來源：同表20。

表25　水電煤氣業自供附加價值之估計

單位：新臺幣百萬元；%

	自供產值	附加價值率	附加價值	占國民所得附加價值之比率
合　　　計	13,778	52.21	7,194	11.15

資料來源：同表20。

數，尚達10,673家，應予計入。

2)每家從事飲食業者的自用產品估計，係根據各業主家庭每日
耗用之主、副食費，其資料來源爲民國70年家庭收支調查報
告中所列示之平均每戶每年家庭中之主食品、副食品[22] 及調
味品消費支出。因此，根據上述定義，從事飲食業者各類食
品消費支出列如表26所示。

表26　民國70年飲食業者平均每戶食品消費支出

單位：新臺幣元

	主　食　品			副食品	調味品	合　計
	米	麵	其　他			
食品消費支出	9,509	1,928	668	41,380	1,264	54,749

資料來源：〈家庭收支調查報告(70年)〉。

3)由於飲食經營業者多屬非農家，表26所列資料係以非農家平
日每戶食品消費爲準。假設各業者家庭之自供產品消費皆達
平均每戶非農家之消費水準，及各業者家庭皆由自產品中提
取部分產品自己食用。故飲食業者自供經濟即以此每年自供
消費54,749元乘上前述民營非公司組織餐飲業家數10,673
家，得出此業之自供產品生產總值，計爲584百萬元。

此業自供產品的附加價值，可由工商普查商業之附加價值占生
產總值之比率反推其自供產品的附加價值。因此，實際資料顯示商
業附加價值率爲55.87％，故得出自供產品的附加價值爲326百萬
元。若與國民所得統計商業之附加價值229,073百萬元相較，其自供

---

[22] 副食品包括：1.豬、牛、鴨、雞等肉類；2.鮮魚、蝦貝等魚貝類；3.
蔬菜類。

表27　商業自供產值、附加價值之估計

單位：新臺幣百萬元；％

	自供產值	附加價值率	自供附加價值	占國民所得統計附加價值之比率
商業	584	55.87	326	0.14

資料來源：同表20、表26，《中華民國國民所得》。

比率爲商業之0.14％，見表27。

C.自有住宅租金之設算

本文有關自有住宅租金設算的估計，其步驟如下：

(1)平均每戶每月租金之估計

根據69年臺灣地區住宅專案調查資料顯示，平均而言，在民國69年臺灣地區月租在1,000元以下的普通租戶，占全部租戶的23.77％；月租在1,000~2,000元，占24.22％；月租2,000~3,000元占23.41％；月租3,000元~4,000元占15.36％，月租在4,000元~5,000元之間占6.1％；月租5,000元以上占7.14％。因此，在推計平均每戶每月租金時，係將各層平均每戶租金加權平均各層租戶的權數爲其戶數占租用總戶數的比重。另外各層平均每戶租金則以組中點代之，估計結果如表28所示。

根據上述方法所估出之民國69年平均每月每戶租金爲2,356元，然上述之估計僅以各層租戶之比重加權，並未考慮由於租戶對住宅之用途，也有可能對租金的高低產生影響，因此再以租戶性質區分爲：住家專用、住家兼店舖、住家兼工廠、住家兼其他用途、其他等五類予以加權，結果如表29所示。

民國69年平均每戶每月租金爲2,256元。欲估計民國70年之平均每戶每月租金，須再考慮此70年較69年房租上漲的幅度。根據臺灣地區都市消費者物價指數居住類之租金於兩年間上升8.68％，換言

表28 各層平均每戶租金之估計

各層租戶所占比率(%)		平均每戶租金(元)	推計各層平均每戶租金(元)
1.月租1,000元以下	0.2377	1,000	238
2.月租1,000元～2,000元	0.2422	1,500	363
3.月租2,000元～3,000元	0.2341	2,500	585
4.月租3,000元～4,000元	0.1536	3,500	538
5.月租4,000元～5,000元	0.0610	4,500	275
6.月租5,000元以上	0.0714	5,000	357
合　　計	1.00	－	2,356

資料來源：〈臺灣地區住宅專案調查(69年)〉。

之，民國70年之平均每戶每月租金當為2,452元。

（2）自有住宅戶數之估計

民國69年臺灣地區住宅專案調查報告顯示住宅總數為3,632,010戶，若以人口成長率18.56％及平均每戶4.80人之速度成長，則民國70年臺灣地區住宅總戶數將達3,646,051戶，再由臺灣地區個人所得分配調查報告之自有住宅占住宅總數之比率73.33％，推計得民國70年自有住宅戶數為2,673,649戶。

（3）自有住宅租金之設算

綜合前兩步驟之估計結果，以平均每戶每月租金乘以自有住宅之戶數再乘12個月，即得出民國70年自有住宅租金設算的生產總值

表29　各類租戶平均租金之估計

各類租戶所占比率	平均每戶租金(元)	推計各類租金(元)
住家專用　　　　.8344	2,119	1,768
住家兼店舖　　　.1199	2,910	349
住家兼工廠　　　.273	2,999	82
住家兼其他用途　.173	3,174	55
其　　　他　　　.011	1,996	2
合　　　計　　　1.00	－	2,256

資料來源：同表26。

為78,669百萬元。

　　若進一步估計自有住宅租金之附加價值率及附加價值，即採家庭收支調查資料房屋修繕費用為中間消費，並扣除之，其附加價值率為88.04％，附加價值估得69,260百萬元。

　　根據上述方法，所推估之自有住宅租金設算產值及附加價值與國民所得比較後列如表30所示。

　　表中顯示，本研究所推估出之生產總額及附加價值占國民所得統計之比率高達77.74％，自有住宅租金之重要性，由此可見一斑。

　　D.初級產品自用加工之估計

　　初級自用產品實源自傳統農業社會，由於工商業不發達，對於某些財貨為人們日常生活所需，但又不便或無力購取之貨品及食品，往往自行加工製造以滿足己需，此種生產活動乃法律所允許，

表30　70年自有住宅租金設算與國民所得統計住宅
服務業比較　　　　　　　　單位：新臺幣百萬元

項　目　來　源	本研究 (1)	國民所得統計 (2)	比率(%)(1)／(2)
生　產　總　額	78,669	101,189	77.74
附　加　價　值	69,260	89,091	77.74

資料來源：1.《中華民國國民所得(71年12月)》。
　　　　　 2.《臺灣地區住宅專案調查(69年)》。

且其產製活動的初期原料、物料亦多已透過市場交易，故不虞國民
所得漏估其產值。

　　目前由於我國的經濟高度發展，多數財貨尤其是此種簡易自用
加工產品皆可在市場上廉價購得，因此欲將此一爲數不大的產值做
一估計，基本上的假設爲：

1)只有最低所得之十等分位家庭才有自用產品的生產活動。

2)以臺北市家庭在這些自用產品的支出爲準。

3)自用產品僅限於維生所需之財貨，範圍包括：加工肉類、加
工魚貝及水產品、其他加工魚貝及水產品、粽子年糕及其他
米製品、麵條、麵線、餛飩及水餃皮、春捲皮及加工蔬菜、
其他加工類等。其他手工藝品則不予論計。

　　根據民國70年家庭收支調查，最低所得之十等分位家庭戶數達
107,754戶，民國70年臺北市家庭收支記帳調查各類自用產品之平均
每戶每年支出如下：

a. 加工肉類　　　　　　　　　286.4

b. 加工魚貝及水產品　　　　　220.1

c. 粽子、年糕及其他米製品　　 70.9

d. 麵條	40.1
e. 麵線	8.3
f. 餛飩皮、水餃皮、春捲皮	11.9
g. 加工蔬菜	236.5
合　計	874.2(元)

民國70年自用初級產品平均每戶支出874.2元，欲計其總產值，則應再乘以最低所得十等分位家庭戶數107,754戶得出94.20百萬元，若以附加價值計時再以商業附加價值率55.08％反推之。94,198×0.5508=51.884(千元)，故知民國70年自用初級產品的產值為94,198千元，附加價值為51,884千元。

3. 自給或不上市之經濟活動總計

茲將前述有關各類自給或不上市之經濟活動估計總結果臚列於表31。

估計顯示：民國70年我國自供經濟的生產總值達當年新臺幣323,563.1百萬元，附加價值為138,599.1百萬元，約占當年國民所得統計編算之生產總值及附加價值的7.97％及8.18％。各類自供活動以屬於住宅服務業的自用住宅所有權租金設算所占比重最高，約為49.97％，其餘依次為製造業(26.21％)、營造業(11.04％)、農業(6.24％)、水電煤氣業(5.19％)等。若由各業自供經濟占其本身所屬業別的附加價值比重觀察，則仍以自用住宅所有權租金設算占住宅服務業的77.74％為最高，營造業14.20％次之，水電煤氣業11.15％，農業10.51％，畜牧業7.25％及製造業5.36％再次之，至於林業及商業，則因經濟的高度發展致使撿拾薪材及自產自用小型商業活動日益消失。

職是之故，儘管合法地下經濟自供部分對國民所得統計目前推估之準確度並無影響，惟由實際資料證實其占國民生產毛額之比率

表31　民國70年我國各類自給或不上市經濟活動

單位：新臺幣百萬元；％

	自供生產總值(1)	自供附加價值(2)	各業國民所得統計附加價值(3)	占國民所得統計附加價值之比(2)/(3)
初級產品	18,821.1	10,037.1	126,431	7.94
農業	12,570.0	8,643.0	82,250	10.51
林業	0.1	0.1	5,287	0.00
漁業	753.0	361.0	24,648	1.46
牧(畜)業	5,498.0	1,033.0	14,246	7.25
自建營建工程*	51,578.0	15,300.0	107,762	14.20
企業	16,198.0	4,290.0	—	—
民間	35,380.0	11,010.0	—	—
生產者	174,401.0	43,949.0	986,574	4.34
製造業	159,815.0	36,327.0	677,130	5.36
礦　業	224.0	102.0	15,829	0.64
水電煤氣業	13,778.0	7,194.0	64,542	11.15
商　業	584.0	326.0	229,073	0.14
自用住宅租金設算	78,669.0	69,260.0	89,091	77.74
初級產品自用加工	94.0	53.0	—	—
合　計	323,563.1	138,599.1	1,694,482	8.18

*自建營建工程部分留於下一節專文討論之。

尚達8.18％，對於我國經濟體系的活動，亦不可輕忽。

(二)自建營建工程

　　自建營建工程係民間或企業團體利用自己或他人之人力或物力，為提供自己使用所建構之房舍或設施。就經營主體畫分，政府

之任何工程皆有定額預算發包施工，不致發生自建營建工程。茲就
民間及企業自建營建工程分述如下：

1.民間自建營建工程

　　民間自建營建工程係根據民國70年臺灣地區民間自建營繕工程
調查資料估算而得。該調查係為彌補工商普查調查之不足，針對凡
由民間出資，於民國70年營繕且不曾或不必經由營造廠商蓋章或辦
理申請建築執照之工程均屬之。包括都市計畫地區外新建房屋工程
（含擴建或增建），以及其他新建工程、都市計畫地區內擴建或增建
部分之房屋工程以及其他新建工程[23]。

　　根據上述定義估計民國70年臺灣地區民間自建營繕工程之生產
總值為新臺幣354億元，占民國70年國民所得統計營造業產值新臺
幣2,627億元之13.48％，民間自建各類工程之生產總值以住宅房屋
工程之341億元為最高，其次是非住宅房屋之7.8億元，及其他建築
工程之5.1億元，而以公共工程之0.3億元為最低（表33）。

　　在進一步估計民間自建工程之附加價值之前，須先了解各類工
程之成本結構。根據該項調查之定義，在各項工程費用中，搬運費
用、圖樣設計費及各項材料費用、其他什項費用為中間費用，僅工
資費用（包括實付工資及設算工資）屬於附加價值部分。各類工程之
成本結構如表32。

　　根據上述定義，估計而得民間自建工程之附加價值合計為新臺
幣110億元，占國民所得統計營造業附加價值新臺幣1,078億元之
10.20％，就各業工程觀察，仍以住宅房屋工程之107億元為最高，
其次是非住宅房屋之2.1億元及其他營建工程之1.1億元，而以公共
工程之0.12億元為最低（表33）。

---

[23] 民國70年臺灣地區民間自建營繕工程調查報告，係行政院主計處委託
省市主計處辦理的。

表32 民間自建營建工程之成本結構

單位：%

	住宅	非住宅房屋	公共工程	其他建築工程	合計
合　計	100.00	100.00	100.00	100.00	100.00
1. 工資費用	31.38	26.81	42.39	21.46	31.12
2. 搬運費用	0.75	1.21	—	0.47	0.78
3. 圖樣設計費	0.56	—	—	—	0.54
4. 材料費用	66.93	71.57	53.78	76.95	67.17
5. 其他什項費用	0.38	0.41	3.82	1.12	0.39

資料來源：〈民國70年民間自建營繕工程調查〉。

表33 民間自建資本形成生產總值及附加價值之估計

單位：新臺幣百萬元

	住　宅	非住宅房屋	公共工程	其他建築工程	合　計
附加價值率(%)	31.38	26.81	42.39	21.46	31.12
生 產 總 值	34,067	776	29	508	35,380
附 加 價 值	10,681	208	12	109	11,010

資料來源：〈70年民間自建營繕工程調查〉、〈70年工商普查及抽樣
　　　　　調查〉。

2. 企業自建營建工程

　　企業自建營建工程，係根據民國70年工商普查資料，其中之全
年自建工程乃指該年內由本企業員工自行建造或雇工協助建造工
程，不論完工與否皆要列計，並按工程分別予以填列，惟不包括有
執照之營造商承包部分，因為該部分已歸屬營造業之範疇。估計之

價值則爲材料人工，以及設計繪圖等費用的總和，但不含土地成本。

　　根據70年工商普查及抽樣調查資料，有關各業(包括礦業、製造業、水電煤氣業、交通運輸業、商業，及除交通運輸業、商業以外之服務業)自建工程列如表34所示㉔。70年企業自建工程計新臺幣162億元，約爲民間自建工程的45.76％，占國民所得統計營造業產值2,627億元的6.17％，就各業觀察，則以水電煤氣業及製造業(占全部企業自建工程之比率)之49.84％及44.54％爲最高，其次是商業之3.43％及交通運輸業之1.73％，而以服務業(交通運輸業、商業除外)0.41％及礦業之0.05％爲最低。

表34　企業自建工程──按業別分

單位：新臺幣百萬元

	住宅工程	其他房屋工程	公共工程	其他營建工程	合計
1.礦　業	2	2	1	3	8
2.製造業	222	6,039	11	943	7,215
3.水電煤氣業	38	99	581	7,355	8,073
4.交通運輸業	162	80	6	32	280
5.商　業	7	79	403	67	556
6.服務業(商業、交通運輸業除外)	47	16	1	3	67
總　　計	478	6,315	1,003	8,402	16,198

資料來源：〈民國70年工商普查及抽樣調查〉。

　　同樣的，在估計企業自建工程的附加價值，可假設企業與民間之自建工程的成本結構相同，其附加價值率與所推計出之附加價值

㉔企業自建工程是指企業自行購料，利用企業之員工，或雇工(沒有營建執造者)自行興建的。

如表35。

3.民間及企業自建營建工程合計

　　欲判定營造業自供經濟所占的比重，可合併民間及企業自建工程之附加價值，視其占國民所得統計營造業附加價值之比率。結果顯示營造業自供產品附加價值達新臺幣153億元，占國民所得統計營造業附加價值之14.20％（表36）。

表35　企業自建工程附加價值之估計

單位：新臺幣百萬元

	住　宅	非住宅房屋	公共工程	其他建築工程	合　計
附加價值率(%)	30.03	25.62	28.27	26.72	26.48
生　產　總　值	477	6,315	1,003	8,402	16,198
附　加　價　值	143	1,618	284	2,245	4,290

表36　營造業自建工程與國民所得統計之比較

單位：新臺幣百萬元；%

	營造業自建工程(1)		營造業國民所得統計(2)		(1)／(2)	
	產　值	附加價值	產　值	附加價值	產　值	附加價值
民　　間	35,380	11,010	-	-	-	-
企　　業	16,198	4,290	-	-	-	-
合　　計	51,578	15,300	262,729	107,762	19.63	14.20

(三)攤販

　　攤販依其有無牌照與有無固定場所可分為有照固定攤販、有照流動攤販、無照固定攤販與無照流動攤販四種。有固定場所之攤販，無論有照無照，均為工商業普查的範圍內，因此國民所得統計均已包括固定攤販之營業額與毛利。至於流動攤販，依營業稅稅法中規定"肩挑負販沿街叫售者免徵營業稅"，稅捐單位無此資料，工商普查亦未包括流動攤販部分，為改進此項缺點，行政院主計處於民國59年及71年舉辦流動攤販調查，以作為國民所得統計之補充資料。至於其他各年則依警政署資料有關攤販之成長率，推估流動攤販之營業額及其附加價值。

根據行政院主計處流動攤販調查，71年全臺灣地區流動攤販達85,020家，占70年普查商業家數的27％。流動攤販從業人數達109,875人，占71年全國總人口的1.60％，占商業就業人口的9.42％，其中以攤販主占77.4％為最高，無酬家店占22.1％次之，受雇人員占0.50％。若按營業類別分，則以販賣小吃、蔬菜、水果及成衣各類最多。

流動攤販每月營業額合計為新臺幣41億元，全年達490億元，占71年全國零售商營業額的6.53％，均較69年的5.82％及70年的5.89％為高，顯示該比率有逐年提高的趨勢。由於每一攤販每月淨收入為13,051元，均較71年製造業受雇員工平均月薪11,966元以及營造業受雇員工平均月薪11,301元為高，而與商業受雇員工平均月薪13,066元相當，致失業人口或教育程度略低者，紛紛投入流動攤販之行列，為造成該比率逐年提高的重要原因之一。

流動攤販71年營業額為490億元，毛利為147億元，僅為71年國民生產毛額18,283億元的0.8％。假設流動攤販民國70年至71年之成長係根據流動攤販主要商品（如食品、飲料及衣著鞋襪及服飾用品等）之成長率而成長，根據國民所得統計70年至71年，食品、飲料及衣著鞋襪及服飾用品等經濟活動之成長率為118.84‰，由此可反推出民國70年流動攤販之營業額為412億元，毛利為124億元，為70

年國民所得統計國民生產毛額的0.73％。然流動攤販所造成阻礙交通，髒亂擁擠，環境汙染，並嚴重影響市容等社會問題，使人們誤以爲流動攤販之地下經濟頗爲嚴重，而致國民生產毛額低估。

(四)地下工廠

1.地下工廠之涵義及範圍

　　地下工廠所從事的經濟活動，主要目的爲逃稅（漏稅）或逃避管制。依照稅捐機關的定義，地下工廠係指未辦工廠登記之廠商，其中又包括已辦營利事業登記及未辦營利事業登記兩種。依法規定，辦有工廠登記之廠商須繳納貨物稅，因此未辦工廠登記之廠商（地下工廠）均有漏繳貨物稅的可能。其中未辦理營利事業登記的廠商，因未辦理營利事業結算申報及繳納營利事業所得稅，形成雙重漏稅。就資料統計觀點而言，未辦工廠登記的地下工廠，其中已辦營利事業登記者，依法規定須填報營利事業結算書，其產銷資料較易蒐集，而未辦營利事業登記的地下工廠，其產銷資料往往不易取得。

2.地下工廠對國民所得統計的影響

(1)地下工廠並未造成國民所得統計的低估

　　地下工廠所從事的經濟活動，國民所得統計係由各類商品的供給必須等於需求的借貸平衡原理而編算。從需求面來看，地下工廠所生產的產品，不是賣予消費者必賣給生產者，而在計算家庭消費支用及計算生產者中間投入時，不論商品來自已辦理或未辦理工廠登記的廠商，均已全部計算家庭消費支用及計算生產者中間投入。從供給面來看，地下工廠從事生產須購買各類商品或原材物料，而國民所得統計在計算各類商品或原材物料生產統計時，不論該類商品是否爲地下工廠所購置，應已全部計算在該類商品的總產出。惟若地下工廠相互購買部分，因無法納入生產統計，導致生產統計偏低。也因有地下工廠的問題，致使供需兩面不平衡（如需求大於供給）而須加以調整。這種情形，在按商品別編製投入產出表時，最為明顯。

由於國民所得統計係根據商品供需平衡原理編算，無論商品是否來自地下工廠經濟活動，均已一一計算在內。以下是對地下工廠經濟活動所占比重做一推估。

(2)地下工廠經濟活動之推估

1)資料來源及推估方法

本單元有關地下工廠生產總值（產值）附加價值之推估，主要是根據70年工商普查附帶之各業抽樣調查，其中未辦理工廠登記之廠商產銷資料，本文原先考慮以70年工商普查各業各層（按營業額分層）家數為母體數予以放大。但地下工廠大半為生產規模較小，其營業額亦較低，而工商普查之資料，年營業額在2,000萬元以下之第三、四、五層之廠商，其母體家數較少，是以，若全部以工商普查之母體數，以為放大之依據，放大率將會因而偏低，結果，地下工廠之產值可能導致低估。鑒於此，年營業額在兩千萬元以下之廠商，其母體數改取自財政部營利事業家數資料，以為抽樣調查，第三、四、五層廠商家數放大的母體數。抽樣調查第一、二層廠商家數放大的母體數，仍以工商普查資料為主。

2)推計結果

根據工商普查及營利事業家數資料，經放大後，推估結果如表37所示。由表37知，民國70年地下工廠的經濟活動，其生產總值為142,664百萬元，附加價值（包括折舊及間接稅淨額）則為52,199百萬元，前者占該年國民所得統計各業生產總值4,058,775百萬元（包括中間投入）的3.51％；後者占國民所得統計各業附加價值1,703,818百

表37 地下工廠經濟活動之推估

單位：新臺幣百萬元

	已辦營利事業登記而未辦工廠登記之廠商	未辦營利事業及工廠登記之廠商	合 計
產　　　值	131,809	10,855	142,664
附 加 價 值	48,079	4,120	52,199
勞 動 報 酬	23,353	2,848	26,201
員工人數(人)	359,659	38,050	397,709
機械及其他設備	14,389	1,878	16,267

資料來源：《民國70年工商業普查抽樣調查》，及財政部《財稅中心年報》。

萬元(包括折舊及間接稅淨額)的3.06％。若就已辦理營利事業登記及未辦營利事業登記觀察，前者生產總值占國民所得統計的比率，為3.25％，後者則只占0.27％；前者附加價值占國民所得統計的比率是2.82％，後者亦只占0.24％。顯然的，已辦理營利事業登記廠商，其生產總值與附加價值均較未辦理營利事業登記之廠商要高出甚多。

　　一般而言，地下工廠所生產的產品，均為加工層次不高的產品，如食品製造、成衣、服飾、金屬製品等，其附加價值率(附加價值占生產總值的比率)36.59％，較70年工商普查整個製造業之附加價值率24.11％為高。同樣的，地下工廠之勞動報酬占附加價值的比率，亦較工商普查整個製造業為高，前者達50.19％，後者為40.66％。至於平均每位員工所使用機械及其他設備而言，地下工廠爲40,902元，而工商普查整個製造業爲287,247元，可知地下工廠所使用的機械及設備遠較一般工廠少。地下工廠平均每位員工所使用的機械設備相對較少，顯見它們生產的大都屬勞力密集產品，也因此構成附加價值之各項要素所得，其中，以勞動報酬居多。

(五)地下錢莊

1.透過地下錢莊的民間借貸

在開發中的國家，有組織的金融機構與無組織的傳統民間借貸市場的同時存在，是極爲普遍的現象[25]。民間借貸的融通途徑可分爲下列三種情形：1)民營企業相互間借貸及自助會，2)民營企業、家庭及非營利事業團體之相互借貸及自助會，3)家庭及非營利團體相互間之借貸及自助會。如附圖。最有可能透過地下錢莊的民間借貸是民營企業與家庭相互間之借貸。其方式爲：一、以私人因素(如親朋上司、員工或業務往來等)所爲之借貸；二、爲透過地下錢莊所爲之資金融通。

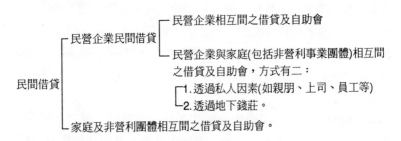

2.民間借貸的重要性

民間借貸之重要性，可由中華民國臺灣地區資金流量統計窺其

---

[25]許嘉棟：〈臺灣之金融體系雙元性與工業發展〉，《臺灣工業發展會議論文集》，民國72年。

端倪(如表38)。近十年來,以民營企業之民間借貸爲例,其中來自家庭及非營利團體之借款占民營企業國內借款之比率,由62年的23.98%升至71年的35.60%。全期之平均爲31.81%。來自企業相互融資之比率則多只維持在2～3%左右。以上民營企業對民間借貸之合計,占其國內借款之比率由62年的27.01%,逐漸爬升至71年的38.19%,全期間的平均比率爲民營企業借款來自金融機構平均比例的五成八。

　　至於家庭部門相互間之借貸及自助會,此種民間互助會係家庭或個人金融性資產(或負債)之一種。根據行政院主計處舉辦之家庭收支訪問調查,其資料顯示,民國70年年底,家庭或個人對已付之活會會款(視爲金融性資產)爲503.4億元,而死會之尚須繳納會款(視爲金融性負債)爲225.2億元。關於會款利息之計算,有其一套公式[26]　,由此公式計算,民國70年,家庭或個人之利息收入來自家庭的(即民間互助會之利息所得)達110.2億元,其占國民生產毛額的比率,約在0.65%左右。

3.地下錢莊對國民所得統計之影響

　　一般人認爲企業透過地下錢莊向家庭的借貸,以及家庭部門透過自助會(或標會)相互的借貸,會因爲利息收入一方低報利息所得或漏報利息所得,導致國民所得統計低估。以企業向家庭部門借貸而言,國民所得統計係根據公民營企業調查廠商利息支出淨額估計,不問其資金來源是否來自銀行、地下錢莊或直接來自家庭均予

---

[26]臺灣省主計處出版之《家庭收支調查工作手冊》,對活會之已付會款,死會之尚須繳納會款,及年內得標後變成死會等之利息收入(或支出),分別列有計算公式,以年內是活會爲例說明之。假使69年10月開始月標一次之合會,每會1,000元共19會,至71年4月結束,假設70年內平均每月標息爲150元,則70年利息收入之列帳公式爲:
150元×12=1,800元(列入經常性收入中之利息收入)

表38 民營企業國內借款來源

單位：新臺幣百萬元；%

民國	金融機關 金額	百分比	民間 小計 金額	百分比	民間 家庭及非營利團體 金額	百分比	民間 企業相互融資 金額	百分比	中美發展基金及政府機關 金額	百分比	合計金額
62	112,005	72.07	41,973	27.01	37,269	23.98	4,704	3.03	1,444	0.92	155,422
63	135,024	69.30	58,126	29.83	54,998	28.23	3,128	1.61	1,680	0.87	194,830
64	159,443	69.28	68,380	29.71	63,540	27.61	4,840	2.10	2,317	1.01	230,140
65	184,128	66.85	87,914	31.92	80,986	29.40	6,928	2.52	3,410	1.24	275,452
66	201,076	64.50	107,373	34.44	99,479	31.91	7,894	2.53	3,295	1.06	311,754
67	247,689	62.13	148,684	37.30	140,433	35.23	8,251	2.07	2,271	0.57	398,643
68	308,134	61.88	187,197	37.59	174,920	35.13	12,277	2.47	2,624	0.53	497,955
69	390,254	62.02	236,561	37.60	220,158	34.99	16,403	2.61	2,382	0.38	629,196
70	452,134	61.08	285,036	38.50	266,400	35.99	18,636	2.51	3,091	0.42	740,261
71	473,970	61.52	294,206	38.19	274,233	35.60	19,973	2.59	2,246	0.29	770,422
平均		65.06		34.21		31.81		2.40		0.73	

計算在內，其中透過地下錢莊或直接向家庭之借貸，則視爲個人及家庭對企業放款之利息所得淨收入。以70年爲例，國民所得統計利息所得爲625億元，財稅統計利息所得則僅爲276億。

　　至於家庭部門的相互借貸，視爲家庭部門間債權債務移轉利息收入（放款者）一方爲債權人，利息支出（借貸者）一方爲債務人，因利息收支所發生的要素所得收支變動，互相抵銷，對國民生產毛額總數並無影響，所影響者僅爲個人所得分配而已。

七、國民所得統計確度問題之檢討

　　地下經濟之各類活動，綜上估算，列於表39。表中，除了地下錢莊（民間互助會）以利息所得表示外，其餘活動均以附加價值表示。就本文估算範圍，民國70年，地下經濟估計爲2,441.3億元，約占該年國民生產毛額16,944.8億元之14.41％。以各項活動言，法所禁止、低報所得與不報稅之地下經濟，分別是74.3億元、224.8億元與2,142.2億元，其占GNP的比率，分別爲0.44％、1.33％、12.64％。值得一提的，不報稅之地下經濟活動中，自給或不上市之經濟活動及自建營建工程價值的估算，是最容易爲人所忽略，經估算民國70年這部分之價值高達1,233.0億元，約占GNP7.28％左右。這部分價值如果不計，地下經濟之規模將降爲1,208.3億元，占GNP的比率亦降爲7.13％。

　　經濟統計貴在能反映經濟活動的全貌，國民所得統計亦不例外。我國國民所得統計在編算過程中，事實上，地下經濟活動已考慮在內。由表40之說明，不難明白，本文所估計之地下經濟活動各細項活動，國民所得除私宰、黑市金鈔及民間互助會外，其他均已納入。站在國民所得統計觀點，並非所有地下經濟活動之價值都須

表39　地下經濟與國民所得統計之關係

單位：新臺幣億元

	地下經濟之估計		國民所得統計(GNP)					
	附加價值	占GNP比率(%)	不須涵蓋	占GNP比率(%)	已涵蓋	占GNP比率(%)	未能涵蓋	占GNP比率(%)
法所禁止	74.30	0.44			60.7	0.36		
走私	12	0.07			12	0.07		
私宰	12.2	0.07					12.2	0.07
盜採砂石	48.7	0.29			48.7	0.29		
黑市金鈔	1.4	0.01					1.4	0.01
	—							
低報所得	224.8	1.33			224.8	1.33		
營利事業	218.5	1.29			218.5	1.29		
執行業務(部分)	6.3	0.04			6.3	0.04		
不報稅	2,142.2	12.64			2,032.0	11.99		
自給或不上市	1,233.0	7.28			1,233	7.28		
農漁牧(畜)業	100.4	0.59			100.4	0.59		
製造業	363.3	2.14			363.3	2.14		
礦業及土石採取業	1.0	0.01			1.0	0.01		
水電煤氣業	71.9	0.42			71.9	0.42		
商業	3.3	0.02			3.3	0.02		
自用住宅租金之設算	692.6	4.09			692.6	4.09		
初級產品自用加工	0.5	—			0.5	—		
自建營建工程	153.0	0.90			153.0	0.90		
流動攤販	124.0	0.73			124.0	0.73		
地下工廠	522.0	3.08			522.0	3.08		
民間互助會	110.2		110.2	0.65				
合　計	2,441.3	14.41	110.2	0.65	2,317.5	13.68	13.6	0.08

資料來源：行政院主計處，《中華民國國民所得》。

附　　註：GNP是為70年數值。

表40　國民所得統計對地下經濟活動之處理說明

| | 國　民　所　得　統　計 | | |
	不　須　涵　蓋	已　　涵　　蓋	未　能　涵　蓋
一、本文估算法所禁止走私		起岸及國內市場流通之商業附加價值12.0億元，則計入國民所得統計。因商業依據營業額統計推計，包括開立與免開發票之商業總交易，免開、未開或小規模商業交易，則採費用查定法推算營業額。	
私宰			國民所得漏(低)估，包括養豬附加價值低估6.7億元，屠宰低估5.5億元。
盜採砂石		國民所得砂石生產，係依據營造業砂石耗用量值推算，營業砂石耗用量值，則依據其抽樣調查砂石與水泥比率及國內水泥內用總量推計。國內砂石總需求量值遠大於一般調查砂石生產量值，超額部分視為盜採或調查低估。	
黑市金鈔			國民所得漏(低)估，黑市美鈔交易總值為92億元，交易差價(或附加價值)1.4億元。

表40　國民所得統計對地下經濟活動之處理說明(續1)

	國　民　所　得　統　計		
	不　須　涵　蓋	已　　　涵　　　蓋	未　能　涵　蓋
低報所得			
營利事業		國民所得各業營業盈餘，是利用成本構成比率計算出，而成本構成比率，則依稅捐資料，營利事業成本費用分析調查，及其他補充資料決定的，其中，稅捐資料是以核定數爲準，實已包括低報所得(申報與核定差額)218.5億元在內。	
執行業務		國民所得對執行業務所得之處理，係分別歸入自由職業、醫療保健服務，及娛樂文化服務。前兩者之利潤與後者之勞動報酬即構成執行業務所得。國民所得之執行業務所得的估算，爲了避免低估算，除了稅捐之所得核定數，尚利用私立醫院診所調查及營利事業成本費用分析調查，以爲調整依據。	
不報稅			
自給或不			
上市			
農漁牧		各類自供產品爲各該類總產出之一部分，而工業生產統計所記錄的，乃是各類產品之總產量，包括自供產品，國民所得估計各業產業，係根據工業生產統計，因此，各類產品之自供用量實已計入在內。	
(畜)業			
礦業及土			
石採取業			
製造業			
水電煤氣			
業			
商業			

表40　國民所得統計對地下經濟活動之處理說明(續2)

	國　民　所　得　統　計		
	不　須　涵　蓋	已　　涵　　蓋	未　能　涵　蓋
自有住宅租金之設算		國民所得對於住宅服務產值之估算，係依每年房屋總校正資料，不論自用與出租，按各類房屋坪數，估算其租金。	
初級產品自用加工		其所需之原材物料，已透過市場交易，而計入國民所得各業之產值內。	
自建營建工程		國民所得之營造業產值，係利用商品流通法估算建築材料之使用比率而去推估的，這種由需求面推估之營造業產值，不管是營造廠或企業(民間)自行興建之工程，均已包括在內。	
流動攤販		國民所得對於流動攤販產值之決定，係依流動攤販調查資料推估的，而在商業調整其產值。	
地下工廠		地下工廠的存在，將使某些商品之需求大於官方之商品統計，國民所得依有關資料，予以判斷調整，使商品供需達平衡，因此，地下工廠生產之商品，應全部(或部分)包括在國民所得內。	
地下錢莊(民間互助會)	國民所得視為所得分配處理，而不予計入，惟已納入個人或家庭所得分配統計內。		

表40　國民所得統計對地下經濟活動之處理說明(續3)

	國　民　所　得　統　計		
	不　須　涵　蓋	已　　涵　　蓋	未　能　涵　蓋
二、本文未估算 　　其他(包括 　　地下舞廳、 　　色情、賭博 　　、販毒、討 　　債等)	色情、賭博、 販毒、討債視 爲個人或家庭 間所得之移轉 或分配，不計 入國民所得統 計，惟已納入 個人所得分配 統計中。		國民所得統計 漏估者，僅地 下舞廳，不過 ，如偏向家庭 所得之分配， 國民所得則無 估算之必要， 但須納入個人 所得分配。
未報所得		合法經濟活動之未報，且 又未被稅捐機關查核到之 所得，此部分之所得，本 文雖未推估，但以民國70 年爲例，該年稅捐機關核 定之各業利潤與執行業務 所得，僅爲國民所得編算 的26.56%與54.00%。足 見國民所得統計對未報所 得已全部(或部分)包括在 內。	

計入，有些地下經濟活動產生的所得，純粹是所得的移轉，非爲產業產值，如民間互助會，其利息所得爲家庭或個人間所得分配之變化，因而不屬於國民所得之涵蓋範圍內。民國70年，民間互助會之利息所得，估計達110.2億元，約占GNP的0.65％，其餘之地下經濟活動，國民所得已涵蓋了2,317.5億元，占GNP的比率爲13.68％。國民所得尙未估列的（私宰與黑市金鈔），占地下經濟之0.56％，而占GNP不到0.1％，僅0.08％。

至於本文未行推估之地下經濟活動，包括地下舞廳、賭博、色情、販毒、討債，以及合法經濟活動之未報所得等不法活動。其中，有部分活動得視爲移轉所得或所得再分配，如賭博、色情、販毒等。即使討債收佣、賭博抽佣或分紅者，亦爲非法的勞務提供者，同樣可視爲隱性移轉而非生產貢獻。凡此種種活動，國民所得通常不予估算[27]。地下舞廳則不然，由於它具有生產性，國民所得理應計入其產值，然我國國民所得尙未估列之。不過，如若偏向家庭所得之重分配，國民所得亦無估列之必要，惟須納入個人所得分配統計。

關於合法經濟活動之未報所得，是指未曾申報，且稅捐機關又未能查核到之所得額（利潤），是以，與低報所得（申報與核定之差額）有別。此未報所得，本文並未推估，但漏估是一回事，與國民所得統計的編算，兩者不能混爲一談。因爲國民所得統計係透過三

---

[27] 各國對有違善良風俗習慣與社會秩序之交易（產品）亦多未估列，如美國國民所得統計當局，基於兩點考慮，對非法產品（或活動）不予估算：

1. 這些產品（或活動）之資料取得不易，如欲估算，實際上有其困難存在。

2. 它們的價格高，非來自生產過程，而是導因於本身之非法性（illegality）。

道平衡式，經無數次的檢查與調整而後編成的⑳ 。以民國70年爲例，該年稅捐機關核就營利事業與執行業務之所得言，稅捐機關之核定額分別僅爲國民所得統計編算結果的26.56％與54％，足見國民所得統計在嚴謹的編算過程中，未報所得已全部（或部分）計入在內。

參考文獻

李　瑟

　　1982　〈地下經濟──啃噬經濟根脈的地鼠〉，《天下雜誌》，頁10~26。

邱榮輝

　　1982　〈地下經濟的研究〉，《國民金融》，頁32~34。

財政部財稅人員訓練所

　　1984　〈間接證明所得查核法之研究〉，《財政部財稅人員訓練所研究報告叢書(6)》。

許嘉棟

　　1983　〈臺灣之金融體系雙元性與工業發展〉，《臺灣工業發展會議論文集》。

錢釧燈

---

⑳此三道平衡式寫於如下：

第一道平衡式爲各種商品的供給（生產＋進口）必須等於商品的需求（消費＋投資＋出口）。

第二道平衡式爲資金來源（所得、移轉與借入）必須等於資金的支用（消費、儲蓄與移轉）。

第三道平衡式爲資金收支與商品供需對應部分必須相等，如儲蓄須等於投資（包括對外貸出），所得須等於生產。

在計算過程中，有可能會發生偏高者，也有可能偏低者，致供需統計結果難以平衡，經檢查有關資料，予以認定，如偏高的一方合理，即須調整偏低的一方，認爲低的一面合理，即須調整高的一面，直至平衡爲止。

1983　〈地下經濟之估計〉，《臺北市銀月刊》，第14卷第5期，頁56~71。

Bawly Dan

1982　*The Subterranean Economy*, McGraw-Hill Book Company.

Contini, Bruno

1981　The Second Economy of Italy, *Taxing and Spending* 4, forthcoming.

Del Boca, Daniela & Forte, Francesco

1982　"Recent Empirical Surveys and Theoretical Interpretations of the Parallel Economy in Italy," edited by Tanzi, V., *The Underground Economy in the United States and Abroad*, Lexington Books, pp. 181~198.

De Grazia, Raffaele

1980　"Clandestine Employment: A Problem of Our Times," *International Labour Review* 119(Sept./Oct.), pp. 549~563.

Feige, E. L.

1979　"How Big Is the Irregular Economy?" *Challenge* 22 (Nov./Dec.), pp. 5~13.

Frey, B. S. & Pommerehene, W. W.

1982　"Measuring the Hidden Economy: Though This Be Madness, There Is Method in It," edited by Tanzi, V., *The Underground Economy in the United States and Abroad*, pp. 3~28.

Gutmann, P. M.

1977　"The Subterranean Economy," *Financial Analysts Journal*(Nov./Dec.), pp. 24~27, p. 34.

1978　"Off the Books," *Across the Board*(Aug.), pp. 8~14.

1979　"Statistical Illusions, Mistaken Policies," *Challenge* 22(Nov./Dec.), pp. 14~17.

1983　"The Subterranean Economy Five Years Later," *Across the Board* (Feb.), pp. 24~31.

Herschel, F. J.

242・臺灣地下經濟論文集

1978   "Tax Evasion and Its Measurement in Developing Countries," *Public Finance* 33, No.31, pp. 232~268.

Internal Revenue Survice

1979   *Estimates of Income Unreported on Individual Income Tax Returns*, Washington, D. C., Government Printing Office, Sept.

Isachsen, A. J., Klovland, J. T. & Strom, S.

1982   "The Hidden Economy in Norway," edited by Tanzi, V. *The Underground Economy in the United States and Abroad*, Lexington Books, pp.209~232.

Kenadjian, B.

n. d.   "The Direct Approach to Measuring the Underground Economy in the United States: IRS Estimates of Unreported Income," Paper presented at the 1980 meeting of the American Economic Association(Denver, Colorado).

Klovland, J. T.

1980   "In Search of the Hidden Economy: Tax Evasion and Demand for Currency in Norway and Sweden," *Discussion Paper* 18/80, Norwegian School of Economics and Business Administration, Bergen, Dec.

Macafee, K.

1982   "A Glimpse of the Hidden Economy in the National Accounts of United Kindom," edited by Tanzi, V. *The Underground Economy in the United States and Abroad*, Lexington Books, pp. 147~162.

Molefsky, B.

1982   "America's Underground Economy," edited by Tanzi, V. *The Underground Economy in the United States and Abroad*, Lexington Books, pp.47~68.

Reuter, P.

1982   "The Irregular Economy and Quality of Macroeconomic Statistics," edited by Tanzi, V. *The Underground Economy in the United States and Abroad*, Lexington Books, pp. 125~144.

Simon, C.P. & Witte, A. D.

 1982 *Beating the System: The Underground Economy,* Boston.

Tanzi, V.

 1980 "The Underground Economy in the United States: Estimates an Implications," *Quarterly Review* 135(Dec.), pp. 427~453.

 1982 "A Second(and More Skeptical)Look at the Underground Economy in the United States," *The Underground Economy in the United States and Abroad*, Lexington Books, pp.103~118.

 1983 "The Underground Economy in the United States: Annual Estimates, 1930-80," *Staff Papers*, IMF(June), pp. 283~305.

Tucker, M.

 1982 " Underground Economy in Australia," edited by Tanzi, V., *The Under- ground Economy in the United States and Abroad*, Lexington Books, pp.315~322.

United Nation

 1968 *A System of National Accounts.*

第二編　個體地下經濟

第五章　臺灣營利事業所得稅逃漏的成因與指標——MIMIC模型的應用[*]

朱敬一[**]

　　臺灣的會計師從其平日處理之業務中，一方面可歸納出促使納稅人做不實申報的制度性因素，一方面又粗略地觀察到業界逃漏稅的比率。我們將上述各個會計師歸納的制度性因素與粗略觀察到的逃漏比率，分別視為營所稅逃漏的成因與指標，利用54個會計師樣本，做MIMIC分析。

一、緒論與文獻回顧

(一)逃漏稅的成因

　　以往關於"何以人民會逃稅"的研究很多，我們可以將這些原因大致歸納為四個因素：

1.經濟因素

　　*本文選自《臺大經濟論文叢刊》，第16卷第4期(78年)，頁481~498。
　　**朱敬一，現為中央研究院經濟研究所研究員。

　　Alingham and Sandmo(1972), Chu(1987)等認為：逃稅行為如同"賭博"行為，納稅人所衡量的是如何花最小的成本，以獲取最大的逃稅利益。成本中最主要考慮為被查獲的機率與查獲後的處罰，及從事此種行為所支用的時間、物質等成本。這種把逃稅看成一種單純的成本效益分析的理論，最近也得到一些學者們實證上的支持[1]。

2.心理因素

　　影響納稅人租稅遵行意願(Tax Comhliance)的心理因素，通常可以拿兩種指標加以衡量[2]：(1)交易指標：人民把"納稅"與"享受公共建設"視為與政府的一種交易；當納稅人覺得政府的服務不佳或稅負相對過重時，便會產生一種"交易不公平"的感覺，進而促使他逃稅。(2)社會導向指標：如果納稅人認識的人當中有不少逃稅者，則自己也就比較有可能去逃稅，此即為參考團體(reference group)的示範效果。

3.道德規範

　　社會規範(social norms)與角色期待(role expectations)對是否要逃稅的決策影響很大。Spicer與Lundstedt(1976)認為，要不要逃稅的決策，除了在經濟因素模型中所考慮的成本外，還要再加上道德成本的考慮。

4.稅務行政與法令規章

---

[1] Mason與Calvin(1984)研究發現，即使大家對稅制的信心有日漸惡化的現象，但無論對稅制滿意或不滿意的納稅人，都會有由於逃稅後可能被查獲的恐懼而保持誠實的傾向。此外Friedland(1982)曾做過實驗，發現即使在抽查比率(audit probabilities)與處罰(fines)很低的情形下，對納稅人隱瞞前項事實，納稅人在缺乏資訊的情形下，仍會比較不敢逃稅。

[2] 見Vogel(1974)。

　　稅務行政通常是以稅的稽徵過程是否順暢無阻來衡量。稅務行政的優劣會影響人民的納稅意識以及徵納雙方的互信。據Jain(1972)的研究，落後國家的稅務行政較爲繁瑣，法令規章亦較紛紜，自然其逃稅現象亦較嚴重。

　　以上這些逃稅的原因，大都是各論文作者歸納整理出來的。既然是理論性的歸納，因此著重的大都是較高層次的基本誘因。至於較低層次的實際誘因則隨各地經濟環境之不同而異。以下我們就對以往有關臺灣逃漏稅的實證研究，做一簡單的回顧。

(二)以往有關臺灣逃稅問題的實證研究

　　易所先(1972)，陳義、王建煊(1972)、黃昌文(1984)、倪秋煌(1981)、黃耀輝(1982)、李金桐等(1988)是對臺灣逃漏稅的實際情況做比較深入探討的幾篇文章。其中黃耀輝比較偏重綜合所得稅之研究，易所先、陳義、王建煊的研究基本上是主觀的歸納多於客觀的推理，學術氣味比較淡。黃昌文(1984)基於其經驗支持，提出7大項逃稅原因與53項常用的逃稅方法。但是這個研究基本上是個人經驗的整理，缺少客觀的實證基礎，也看不出各項逃漏原因與方法之間的相對重要性。臺北市研考會曾委託倪秋煌及李金桐等人先後對臺北市稅務人員偏差行爲進行分析。他們以郵寄問卷方式，對臺北市民做調查，研究發現民眾認爲逃漏稅及稅務人員向民眾索賄的比率相當高。由於郵寄問卷的填覆人未必是直接當事人，因此上述統計數字的代表性有待商榷。此外，倪秋煌的研究只論及逃稅問題之是否存在與是否嚴重，未能深入探討問題之形成與解決之道。

(三)本文研究的目的

　　以問卷方式探討分析一般民眾逃漏稅動機的研究起自瑞典的

Vogel（1974），但由於逃漏稅不是什麼見得人的事，因此即使是面對面訪問的資料，其可信度也是個問題。此外，以往的研究對問卷結果的分析都比較脆弱，缺乏科學方法的支持，以致由此所做出來的政策涵意亦使人將信將疑。在這份研究中，我將同時在資料蒐集及資料分析上做一些改進的努力。

　　本文研究的對象，僅限於所得稅中的營利事業所得稅的逃漏行為。依民國76年的統計，所得稅稅額占稅課收入的39.2%[3]，而其中營利事業所得稅占了49.8%，因為營利事業所得稅與每個人綜合所得稅互相關聯，假使營利事業所得稅逃漏成功的話，營利事業的業主尚可連帶逃漏個人綜合所得稅，獲得很大的不法租稅利益。因此營利事業所得稅的逃漏，應該是逃漏稅重點之所在。

　　就資料的蒐集而言，我們嘗試了一種與Vogel（1972）不同的新方法，我們以臺灣省執業會計師為訪問調查之對象，而不直接對當事人（營利事業與稅務員）進行訪問。若直接對稅務員訪問，由於內容涉及賄賂比率，以及稅務行政上的弊病，稅務員為直接當事人，不免會有隱惡揚善的動機。由於執業會計師並非直接當事人，隱瞞事實的動機微弱，另一方面會計師與企業、稅務員接觸密切，較能了解企業實況與當前租稅環境之優劣點。由於會計師接觸的稅務案件大都是簽證案件，因此我們分析的角度自然也就比較狹窄。

　　每一個會計師都對逃漏稅的成因有一些主觀的判斷，也對逃漏稅、做假帳的比率有一些主觀的猜測。這些判斷與猜測反映出各個會計師日常接觸的各個逃漏成因間交錯的影響。由於逃漏稅本身是一個隱匿的變數（latent variable），因此我們可以用計量上MIMIC（Multiple-indicator-multiple-cause）模型，去檢定各個因素對

---

　　[3]見財政部75年財政統計年報，其他各稅分別為，關稅占27.69%、貨物稅25.71%、其他占7.39%。

逃漏稅影響的顯著性，相信這項統計分析有助於我們對逃漏稅成因的了解。

二、理論架構

我們把每一位會計師看做一個訊息觀察中心。每個會計師日常接觸的業務不同，但是從他們日常接觸中，他們能體會出稅法、稅務行政、租稅處罰、道德規範等可能形成逃漏稅的制度性因素的缺失。另一方面，他們也可以觀察到企業在面對上述制度因素缺失時因應措施——記假帳與逃稅——的普遍性。如果這每一個訊息觀察中心是獨立的，則各個會計師提供的資料就是各個獨立的樣本點。我們要用MIMIC模型，看看這些獨立觀察樣本間，是否存在共通的顯著影響。

MIMIC模型是Joreskog與Goldberger（1975）所發展出來的統計模型，以後又由Joreskog獨自寫下一系列的估計程式，稱為LISREL。基本而言，MIMIC模型是一種"有隱匿變數的多元聯立方程式"。本文的實證部分即是用LISREL4跑出來的。如圖1所示，$Z_{1i},\cdots\cdots,Z_{ki}$ 是 i 樣本點中的 k 個 "成因變數"，$Y_{1i},\cdots\cdots,Y_{pi}$ 是 i 樣本點的 p 個 "指標變數"，X_i 是 i 樣本點的隱匿變數值。Z 與 X 之間及 X 與 Y 之間皆有一隨機干擾。我們無法觀察 X_i 值，但是卻可觀察 Y、Z 值。由這些多成因——多指標之間的互動，我們可以用MIMIC分離

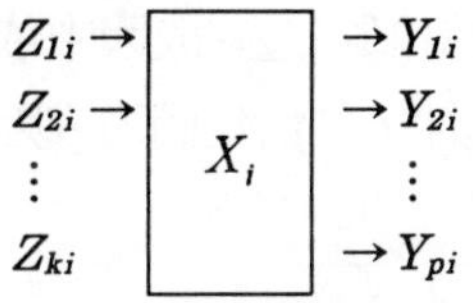

圖1　MIMIC模型關係圖

出Z對X及X對Y影響的統計顯著性。在此我們不敘述MIMIC模型的
細節，有興趣的讀者可參閱Dillon及Goldstein(1984)。

推論的邏輯是這樣的：如果我們發現A、B、C三項成因變數與
逃漏稅的指標之間有顯著的正向關係，這表示當會計師從其客戶案
件中觀察到A、B、C三項變數的嚴重性時，他同時也觀察到其客戶
逃漏指標之增加。如此則表示A、B、C確實爲逃漏稅之顯著成因。

MIMIC模型有兩個缺點：一是模型本身沒有"單位"，只能估
計出隱匿變數的相對規模，及各個變數之間影響的統計顯著性，不
能估計絕對數字。二是當X變數完全無法觀察時，成因與指標變數
也必定有一些資料品質上的瑕疵，因此在統計分析的詮釋上也比較
不容易。以往文獻曾經有Frey，與Weck(1984)將MIMIC用於歐洲幾
個國家地下經濟的分析，將X解釋爲地下經濟的規模。我們在此將
X解釋爲逃漏稅的比率。

三、問卷設計、資料說明與實證結果

我們的問卷是民國75年做的。當年登錄爲稅務代理人的會計師
共540人，我們訪問了54位，占執業會計師的1/10。經由文獻探討與
實務經驗豐富的會計師的協助，我們在問卷中列了9項可能導致營
利事業普遍逃漏的原因，請受訪會計師表達他們的意見，並依他們
心目中的重要次序予以排列，結果見表1。表1中所列的"原因"相
當簡略，我們不打算在此申述其技術細節[4]，但讀者應可大略了解
其涵意。我們請各個會計師在這些成因中依他們平日接觸案件的觀
察，勾列出其相對嚴重性，作爲我們的成因變數。這些成因有的是

---

[4]有關書審制度的問題詳見朱敬一(1988)；逃稅懲處、形式憑證主義的
詳細說明見朱敬一(1989)。

表1 導致營利事業不實申報的原因

原 因	重要性次序 123456789	合計	百比分	權數	依勾選人數排列之名次	依權數排列之名次
A.交易雙方未依照規定開立或收受統一發票。致缺少入帳的眞實依據。	656744724	45	83%	243	5	5
B.稅率過高,部分稅法解釋自由度過大。	1277545150	46	85%	296	4	3
C.部分稅務人員的素質不佳,即使誠實申報也會遭到無端挑剔。	648988211	47	87%	277	3	4
D.部分稅務人員品德、操守不佳,即使企業被發覺不實申報,亦可設法解決,免遭處罰。	157834724	41	76%	206	6	7
E.稅法過於注重形式憑證主義。	91310562210	48	89%	331	2	1
F.書審制度的流弊。	271686811	40	74%	208	7	6
G.不實申報懲處輕緩。	00211011114	30	56%	64	9	9
H.普遍缺乏納稅觀念,社會道德規範之約束力不足。	1377535351	49	91%	307	1	2
I.部分法令嚴苛,不切實際。	334672453	37	69%	183	8	8
J.其他	010000000	1	2%	8		

註(1)權數計算:重要次序爲1者乘以9,爲2者乘以8,以下類推。

(2)(J)其他一欄某位受訪者塡答:商業會計不健全。

在實務上屬於不同的層次,但是在本質上卻同屬一類的,我們在分析時將它歸爲一類。除了成因以外,我們也請會計師就其平日接觸經驗中估算企業逃漏稅的百分比以及做假帳的百分比,這就是我們MIMIC分析的指標變數,其結果列在表2及表3。

如前所述,表1中所列的成因變數有些在實務上屬不同層面,

表2　營利事業誠實申報所占的比率

	人 數	答題人數百分比	累積答題人數百分比
20~0％	15	28.8	28.8
20~40％	21	40.4	69.2
40~60％	11	21.2	90.4
60~80％	5	9.6	100.0
80~100％	0	0	100.0
未 填 答 者	2	組中點平均32.3％	

表3　做假帳的企業所占百分比估計

	勾選人數	百分比	累積百分比
80~100％	13	24％	24％
60~80％	17	31％	55％
40~60％	16	30％	85％
20~40％	7	13％	98％
幾乎沒有	0	0％	98％
未填答者	1	2％	100％

但在理論上卻出自同一源流。我們在做MIMIC分析時，將A與E合併爲一個"形式憑證"變數，取兩者資料之平均值。再將B與I合併爲"租稅結構"變數，將C與D合併爲"稅務行政"變數。此外，再加上書審（F），租稅處罰（G），租稅道德（H），共有6個成因變數。指標變數有逃稅比例與做假帳比例兩項。有效樣本點共有52點，自由度相當充裕。實證結果畫在圖2中。

我們由圖2發現，指標變數的t值均相當顯著，而成因變數中稅

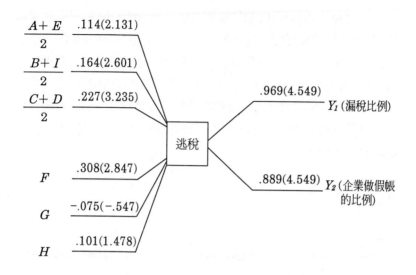

圖2 MIMIC估計結果

務行政、租稅結構、形式憑證3個變數的極爲顯著，反映出會計師系統性的認爲這3個變數是造成逃漏稅普遍的原因。但租稅處罰與租稅道德均不顯著，依照朱敬一（1987）的論點，"道德習慣"是社會上各個分子互動下交互影響所表現出來的整體結果，是一個內生而非外生變數。由這個觀點來看，租稅道德似乎不宜列爲一個解釋逃漏稅的外生變數。至於租稅處罰一項，則受訪會計師之間亦有兩極化的意見，以爲過輕或過重的人都有。在朱敬一（1989）的文章中，作者曾經對我國租稅罰則的結構做過深入的分析，發現我國租稅處罰並不宜以"輕"或"重"來描述，而是一種結構上的病態。這"結構"問題或許不是一個簡單的數量變數所能刻畫出來的。

四、結　論

　　以往模仿Vogel(1974)的研究方法，所做的有關逃漏稅的實證研究，都以一般社會大眾為訪問對象，再以類似心理分析的方法去分析問卷資料。在這份研究中，我們以納稅徵納雙方的中介橋樑——會計師為訪問對象，以改善敏感資料的品質，再以MIMIC統計方法做檢定，以避免敘述式資料分析的缺點。這樣的努力應當有助於我們對臺灣營利事業所得稅的了解，也給以後類似的研究提供了一個新的嘗試方向。

參考文獻

朱敬一

　　1987　〈以賽局理論分析習俗演進〉，《中央研究院經濟研究所經濟論文》，15：1。

　　1988　〈我國小規模營利事業書審制度的福利分析〉，《中央研究院經濟研究所經濟論文》，16：1。

　　1989　〈我國地下經濟與逃漏稅的研究〉，財政部賦改會。

李金桐

　　1988　〈加強臺北市地下經濟稅捐稽徵之研究〉，臺北市政府研考會。

易所先

　　1972　〈防杜營利事業使用假帳措施之研究〉，《稅務旬刊》，739，頁4~6。

倪秋煌

　　1981　〈臺北市政府稅務、警察、地政、建管與工商管理等人員偏差行為之研究〉，臺北市政府研考會。

陳義、王建煊

　　1972　〈假帳成因與防止辦法之研究〉，《財稅研究》，4：8，頁6~24。

黃昌文

　　1984　《逃漏稅問題之研究》，臺北：凱崙出版社。

黃耀輝

　　1982　〈租稅逃漏之研究——我國綜合所得稅逃稅之實證研究〉，國立
　　　　　　政治大學碩士論文。

Chu, C. Y.

　　1982　"Income Tax Evasion with Venal Tax. Officials — The Cose of the
　　　　　　Developing Countries," *Academia Sinica Discussion Paper* #8704.

Dillon, W. R. & Goldstein, M.

　　1984　*Multivariate Analysis: Methods and Applications*, New York: John
　　　　　　Wiley.

Frey, B. S. & Weck, H.

　　1984　"The Hidden Economy as an 'Unobserved' Variable," *European
　　　　　　Economic Review*, 26, pp. 33 ~ 53.

Friedland, N.

　　1983　"A Note on Tax Evasion as a Function of the Quality of Information
　　　　　　about the Magnitude and Credibility of Threated Fines: Some Preli-
　　　　　　minary Research," *Journal of Applied Social Psychology*, 1, pp. 55 ~
　　　　　　59.

Jain, A. K.

　　1972　"The Problem of Income Tax Evasion in India," *Bulletin for Inter-
　　　　　　national Fiscal Documentation*, Vol 26-7, pp. 265~270.

Joreskog, K. G. & Goldberger, A. S.

　　1975　"Estimation of a Model with Multiple Indicators and Multiple Causes
　　　　　　of a Single Latent Variable," *Journal of America Statistical Asso-
　　　　　　ciation*, 70, pp. 631 ~ 639.

Mason, R. & Calvin, L. P.

　　1984　"Public Confidence and Admitted Tax Evasion," *National Tax Jour-
　　　　　　nal*, 37, pp. 489~496。

Spicer, M. W. & Lundstedt, S. B.

　　1976　"Understanding Tax Evasion," *Public Finance*, 31, pp. 295~305.

Vogel, J.

    1974   "Taxation and Public Opinion in Sweden, An Interpretation of Recent Survey Data," *National Tax Journal*, Vol. 27 ~ 4, pp. 499 ~ 513.

第六章　金錢遊戲的疏導與轉化途徑 [*]

殷乃平 [**]

　　40年來，臺灣的社會不斷地成長，原有的經社架構規模卻未能因應環境的變化而隨之調整擴張。直至今日，舊的體制漸漸無法容納眾多成長後的事物，連帶的也使得原有的社會規範失去了約束群體中個體行為效力。不但政治經濟、社會體制、法令規章都需要重新塑建，傳統的社會道德觀念與價值標準也都受到了考驗。在這樣的一個時代背景之下，金錢遊戲得以快速地在社會中滋長蔓延，利用公權力不彰，人們尋求暴利致富之道的心理，成為七〇年代臺灣社會脈動的一部分。傳統中國農業社會遺留下來的保守理財觀念，被金錢遊戲盲目逐利的熱情取代，整個社會隨著金錢遊戲的冷熱而起伏，財富迅速地經由金錢遊戲而重新分配集中，決定是非對錯的傳統社會道德已消失在一個"利"字當中。

　　七〇年代的狂熱金錢遊戲成因很多，最主要的關鍵因素是臺灣經歷了40年持續的經濟成長，人民普遍的變得更"富"了。從民國41年至78年，國民總生產每年平均以8.7%的速度在成長，平均每人

　　[*]本文選自〈金錢遊戲的疏導與轉化途徑〉，社會重建研討會，時報文教基金會，79年8月，頁67～99。
　　[**]殷乃平，現為政大銀行系專任教授。

所得不斷提高，民國78年已達新臺幣18萬1千元，社會的儲蓄率特別高，近二十年來，除了民國64年因爲能源危機而略低外，其餘各年儲蓄占國民總生產的比率均在30％至40％之間。民間長期所積蓄的財富力量極爲驚人，加以在早期傳統社會缺乏完善的社會福利制度、家庭理財方式中，預防動機下持有的高流動性質資產比例偏高，通常均以銀行存款方式握存。根據中央銀行金融統計月報資料，20年來，本國一般銀行存款餘額增加了40倍，79年5月到達3兆500億元。其中，民國71年之後，連續6年，平均年增率爲22.5％，而74年與75年全體金融機構存款分別以23.4％與25.02％比率增加，而當時銀行體系的放款與投資的成長率僅爲6.38％與5.68％。原本規模就不大的銀行體系存款大增，錢滿爲患，閒置而未能消化運用的超額準備過多，不但迫使銀行利率於74年11月降低至有史以來的最低水準，而且部分本國銀行竟然以議價或拒收方式來對付大額存款。

金融體系的涵容能量不足，銀行的資金中介功能不彰，未能有效地導引民間的儲蓄進入投資的管道，促使家庭的資金走出保守的銀行存款形態，尋找更爲有利的理財管道。同時在這一段“錢潮”的衝擊之下，使40年來處於利率管制下的金融市場面臨著環境的壓力，伏下了78年銀行法修正時利率自由化的契機。

同一時期，出口爲導向的臺灣經濟帶來的貿易順差不斷擴大，民國76年創下190億美元的高峰，爲民國60年的88倍。持續的順差使得在外匯管制下的央行外匯存底累積金額不斷增加，民國69年時尚僅有22億美元的外匯準備，76年時已達767.4億美元，平均每年增加498％，尤其以75年與76年兩年的成長速度最爲驚人。74年9月以後，外匯存底的累積迫使新臺幣開始脫離原有的匯價向上緩慢升值。民國75年新臺幣由1美元兌換39.9元升值至35.5元。外匯存底增加了237億美元，當年的外貿順差爲156億美元，將近51%的差距，可以證明從75年起，因爲預期新臺幣升值心理而流入的套匯熱錢已經出現。到了76年兩者的差距擴大爲119億美元（見圖1），對熱錢的估計，因流入的名目各異，難以求出確切的數字；依據不同來源的分析，總在200億美元以上。這些套匯資金進入國內之後，部分流向房地產，部分流向股市，使得76年以後，國內的金錢遊戲更爲熾烈。

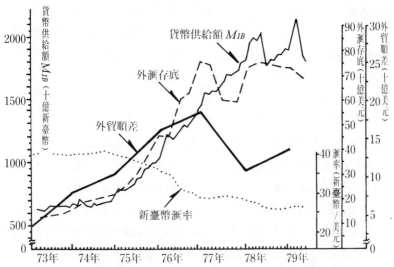

圖1　73～79年貨幣供給額、外滙存底、外貿順差與滙率時間趨勢圖

　　民國76年7月15日，中央銀行鑑於舊有的管理外匯條例重點在管制外匯的運用與流出，與當時熱錢流入現象比較，已失去其意義。乃解除了實行近四十年的外匯管制，另對流入熱錢加以規定：(1)限制每人年匯入款不得超過5萬美元，匯出款每人每年不超過500萬美元。(2)強制民間登記對外的中、長期負債。年匯入款超過

5萬美元者須經中央銀行核准。(3)凍結所有銀行對外債務金額於該年5月底水準，以防止銀行向外貸借熱錢套利。(4)改採現金制來限制銀行外匯準備部位。並規定每日銀行賣超不得超過300萬美元，以限制銀行用賣空方式出售美元，增加新臺幣升值的壓力。

　　但是中央銀行的這些限制規定顯然並沒有發揮太大的作用。一般廠商利用預收貸款名義匯入大量美金；民間則利用人頭方式分散資金的進入，而外商銀行則以臺北分行做保證，由位在他國的分行給臺灣的客戶融資貸放，完全不影響其帳面的外債餘額。所以，在圖1中，民國77年我國外貿順差已經大幅降低，而當年第四季預期新臺幣繼續升值，外匯存底竟上升48億美元。這種情形直至79年新臺幣貶值心理預期形成，熱錢流出，方才逆轉。

　　新臺幣幣值從74年9月到78年10月間的緩慢升值，與78年11月至79年5月間的貶值過程中，把外匯市場轉變成只有莊家──政府輸錢，所有的賭客都能大贏的套匯金錢遊戲。由於緩慢升值時，每日升值的幅度大都能夠事前預測得知，在中心匯率制度之下，漲幅約為前一日的2.25％，廠商在國外付利息來國內套匯者日眾，許多大企業這段期間營業外的匯兌收入已超過其正常營運所得，最大輸家是中央銀行，在力求減低企業匯率風險前提下的匯率政策，先後所累積的匯兌損失超過新臺幣6,000億元以上，在其資產負債表中，淨值部分長期呈現巨額負值。在新臺幣升值期間，外匯金錢遊戲的參與者泰半是國內的大企業，具備基本的外匯操作知識，能夠知曉如何在其中取利。民國79年6月新臺幣貶值的謠言傳出，3日內中央銀行外匯存底減少11億美元，多數套匯資金均為民間個人持有，在證券市場低迷、房地產長期不振而新臺幣看貶的情形下，把新臺幣資金轉為外幣存款來持有，雖然中央銀行因應得當，維持新臺幣價位不變，但是賭徒絕對會不斷地尋求新的賭場。

外匯存底的快速成長使央行的貨幣供給額（ M_{1B} ）邊增。民國74年，貨幣供給額的成長(11.57％)小於貿易順差(24.51％)與外匯存底的成長(43％)。但是到了75年貨幣供給額快速增加，雖然經過央行增加發行乙種國庫券、定期存單、儲蓄券等從事沖銷，貨幣供給年增率仍然高達47.36％。76年則仍為37.66％，而同一年中，中央銀行公開市場操作的最高潮時，短期票券沖銷的總金額高達1兆1,800億元，為當時新臺幣發行額的3.47倍；換而言之，中央銀行每釋出去4.47元，就有3.47元被央行用票券發行收回。貨幣供給額的增加，民間持有的通貨與財富俱皆增多，雖然因所得流通速度相對減緩，未構成物價上漲的壓力，但是由於金錢遊戲活絡，風險性高的資產預期報酬率相對的大於安全性高者，股市投機活躍，使貨幣的交易流通速度上升，與所得流通速度背道而馳[1]。貨幣供給額的高成長與75年之後的金錢遊戲狂熱，有極為密切的關係。同時，因為央行的公開市場操作只是利用短期票券的發行，將當期貨幣供給的成長延展到下一期間。因此，貨幣供給額的大幅增加與沖銷措施所產生的"後移效果"，造成金錢遊戲的熱度因貨幣供給存量不但居高不下，而且還持續增加，一直無法消褪。

"大家樂"與"六合彩"

民國74年，我國經濟正要脫離不景氣的陰影時，臺灣中部鄉間出現了以愛國獎券中獎號碼為簽賭對象的"大家樂"。由民間組頭做莊，提供號碼簽單供人下注，抽取賭資的10％為佣金，餘數分由中簽者當作贏得之獎金取回。大家樂的中獎比例較高，原理單純，

---

[1] 林宗耀、李榮謙，〈貨幣所得流通速度與股市之關係〉，《中央銀行季刊》，第11卷第4期。

蔓延速度極快。極盛時期，估計大家樂開獎前後，作為賭資的通貨數額約有120億元[2]。

　　大家樂出現的時機是民間儲蓄增加，積蓄日豐，有餘力可以參與賭局以小搏大之時。因此，由傳統民間互助會，會首招攬會腳，集資標會方式，轉化成由具公信力之組頭召集資金，抽取1/10賭資以承擔各種可能之風險，以公信力十足定期開獎的愛國獎券號碼為簽賭對象，參與人多，賭贏的倍數就高，中獎者對其他參與者產生強烈的示範作用，與愛國獎券中獎者不為人知的情形而言，成為極大對比。而賭徒為求取明牌，求神、拜佛、祈夢、尋求各種生活中的號碼暗示，僥倖得中，則酬神演戲、送金牌，不一而足，賭輸時，泥塑木雕之神佛亦不得免其劫難。明牌熱發展到最後為省議員牌、立委牌、到臺銀牌，懷疑到定期開獎愛國獎券的公信力。至民國77年1月，臺灣省政府斷然宣布停止愛國獎券的發行，以杜絕有關政府明牌的困擾。但賭風未戢，民間組頭仍繼續以香港六合彩搖出號碼以資瓜代，作為簽賭依據，每星期兩次，全盛期間，開獎日國內電話線路滿載，一般電話難以接通。這種情形持續不到一年，隨著股市的狂飆發展成為全民運動，原有的六合彩賭徒換到另一個更為刺激的新賭場之後，方才逐漸式微。

　　從大家樂、六合彩到股市投機，除了使得民間迷信風氣更為盛行，由求神拜佛，到算紫微改命運，買蟾蜍、養紅龍等，做發財致富的夢之外，社會上好逸惡勞者多，人們追求中獎機率不大的賭博，而不願在基層社會為生活而賺取蠅頭小利，社會基層的工作意願被賭風腐蝕，生產效率低落，當想賺投機錢、抄致富捷徑者日多時，勞力短缺，社會問題開始浮現。及至黑社會介入金錢遊戲，以

---

②彭淮南、李榮謙，〈大家樂對大眾持有通貨之影響〉，《中央銀行季刊》，第9卷第3期。

圖分一杯羹時，社會風氣劣轉，治安惡化徵兆已露。在公權力漸漸衰微時，從搶劫個人到搶劫金融機構，勒索對象從食品公司、大企業家，至股市大戶與作手；綁票則由豪商富賈至街頭學童，整個社會因價值觀的解體，追求金錢不擇手段的方式而呈現混亂的現象。

地下投資公司的興起與衰亡

我國的金融市場，40年來一直處於主管當局的高度管制與保護之中。銀行設立須經特准，有意抑低的官定利率目的在激勵投資，促進經濟成長。金融業務在法規的限制之下，市場被有意的區隔分割，使得40年來，金融機構的業務侷限在傳統的借貸業務中無法突破。而銀行在獨占的保障利潤之下，失去了競爭能力。對客戶的予取予求，如要求客戶回存、無限期的保證責任等，服務品質相對低劣。民間替代性的地下金融業者早已存在。迪化街的地下錢莊提供民間資金，彌補了在經濟成長的低利率時代，因需求過高、資金不足的真空地帶。

及至民國70年前後，民間財富增加，傳統的儲蓄方式漸漸不敷社會所需，地下投資公司開始應運而生。利用人們缺乏正確理財觀念與追求暴富的心理，以高達月息4分至6分的高利，採用金字塔型多層次直銷手法來吸收資金，民間稱之為老鼠會，以其利用人際關係，向外擴張吸收資金的網路，付與吸金者頗高之佣金，有如大老鼠帶小老鼠入會一般。地下投資公司以後來者的本金支付前人的利息，只要貪圖其高利者不斷湧入，以其募集資金方式，立即可以如滾雪球般的成幾何級數成長。

民國74年金融體系資金氾濫，銀行利率太低，迫使游資脫離金融機構，另尋途徑。在人們對地下投資公司缺乏正確認識的前提下，資金大量流進。在75年，地下投資公司開始初次大量分殖滋長，家數由10家不到，迅速擴張為四、五十家。隨著76年以後股市的熱絡，與外匯市場的開放，77年底至78年初，估計已超過500家以上，而吸收的民間儲蓄資金高達3,000億元。這些投資公司的資金泰半利用以支付利息，其餘部分，根據其對外的說法，有大部分自稱在股市炒作投資，在外匯市場套匯，期貨市場投機；亦有少數投資不動產，經營觀光飯店、百貨公司，甚至有以海外投資為招徠資金的號召。可是其資金運用時，多半以個人名義進行，亦有另行組織公司，與投資公司之間並無法律上的從屬關係，當然亦有不少自稱的投資是純屬虛構。再者，縱使在其名下持有不動產，亦多經數度抵押質借，債權並非投資人所得以掌握，這些投資收益自然也絕對無法負擔月息4分的利息負擔。投資人之中，多數亦從報章報導知道地下投資公司的不正常經營方式有問題，一旦新進資金不足以支付其高利，便會立即倒閉。但在高利的誘引下，認為只要自己不是最後一隻老鼠，賭個一年半載就可以回本。因此，在人們的投機僥倖心理中，地下投資公司愈演愈盛，前後歷時幾近十年之久。

地下投資公司類似股市的共同基金，以募集眾人資金轉投資其他投資機會為名，發行受益憑證或認股憑證、入股憑證，以規避取締地下錢莊辦法中，有關非法吸收存款的規定。在這種方式下，投資人名義上是股東，卻未享有股東應有的權益，實質上為債權，卻無法律所賦予債權人的保障。在銀行法修正之前，多數地下投資公司案例僅能依公司法第15條："公司不得經營其登記範圍以外的業務。"科以6萬元以下之罰金。雖然惡性倒閉者尚可引用刑法有關侵占、詐欺、背信等條文議處，最高為5年徒刑。但一則登記之負責人多為人頭，幕後主持者可逍遙法外，不受法律制裁，而在倒閉前脫產潛逃，亦不易掌握。

　　一般而言，在經濟環境轉變，許多在法律夾縫中出現的新生事務，無適合的法律可資規範。而地下投資公司自知非法，爲求生存，自然設法尋找知名人士掛名，以提高其公信，部分亦與黑社會人物、民意代表、特權關係掛鉤，使得一般大眾認爲投資公司具有特權，可以擺平其違法之情事。在處理地下投資公司的問題上，政府各部門之間推諉塞責，顯露出公權力的不足與無力，爲其得以坐大的主因。自民國74年起輿論一再指出投資公司的不法經營，而政府亦一再表示將從嚴取締，卻絲毫未對其存在產生任何影響，遲至民國77年11月底，行政院始成立跨部會的"處理違法吸收資金公司聯合專案小組"，亦未見任何具體成效。投資公司以違法方式出現而能得逞，一方面顯示出公共部門的法律制度缺乏彈性，針對一個明顯的違法現象，卻延宕多年無能爲力的窘況；一方面爲其他類似性質的經濟犯罪樹立一個典範，諸如地下期貨公司等均陸續以同一方式出現。

　　民國78年4月，銀行法修正案通過立法，正式將地下投資公司的吸收資金列爲非法吸收存款。其中，第5條之一重新對收受存款定義爲向不特定多數人收受款項，或吸收資金，並約定返還本金，或給付相當或高於本金之行爲，由正面來解釋收受存款。第29條之一則規定以借款、收受投資，使加入股東或其他名義，向多數人或不特定之人收受款項或吸收資金，而約定給付與本金顯不相當之紅利、利息、股息其他報酬者，以收受存款論，從反面來界定收受存款。再在29條中規定，非銀行不得經營收受存款。利用這3條條文，正式將地下投資經營吸收資金方式列爲非法，並且在第125條中，加重其罰則爲一年以上，7年以下有期徒刑，或併科新臺幣300萬元罰金。

　　新銀行法通過後，地下投資公司方才在入金日減，不敷支應其利息負擔情形下，紛紛倒閉。碩果僅存的鴻源機構將其利息大幅降低為一般金融機構水準，以規避銀行法29條之一的"約定給付與本金顯不相當之紅利、利息、股息或其他報酬者"。但是在投資人卻足不前、入金停止的情況下，亦已漸入困境，接近尾聲。但是由於銀行法只在消極的取締其存在，並未深入就造成地下投資公司所滋生的原因與金融環境的變遷上做根本的檢討；因此，法中對非法存款取締的愈嚴格，對現行金融機構的法定保護就愈為周延，而金融市場的獨占將會對應地使地下金融業者有足夠的空間生生不息。從當前的金融現象而言，以股友社、休閒度假中心、會員俱樂部等新名目，借屍還魂的新型地下投資公司又紛紛出現，混亂情形依舊未變。

地下投資公司的資金吸收網路不但深入社會基層，而且還透過軍公教的退休撫卹系統延伸。涉入者包括家庭主婦、軍、公、教，與一般市民，每逢取締加強時，投資公司均會利用投資人示威抗議，成功地將地下金融問題化轉為社會問題；在政治、社會、經濟同時進入轉型過程的期間，屢能得逞而繼續生存。令人覺得難以置信的是投資人的無知，明知地下投資公司的經營方式幾近詐騙，終將會面臨倒閉，卻仍然心存僥倖的飛蛾撲火，自認倒楣成為末老鼠，而且還無視法律規範，公然以示威抗議方式來支持地下公司繼續存在，以避免自己成為末代老鼠，利慾薰心，可憐亦復可悲。

地下期貨公司

期貨為一種遠期交易的契約，我國古時即有農民為應付急需，出售尚未收割作物的賣青苗；原本以季節性生產的農產品為主，現已擴大至外匯、股票、股市指數等各類產品，而市場中交易之數量、規格亦均標準化以利交易。我國國內並無期貨交易買賣，所謂的期貨均指國際期貨的買賣，在七○年代的金錢遊戲中，提供了一個以國際期貨價格為賭博對象的工具。

我國早在民國60年7月，財政部便核定"大宗物資國外期貨交易管理辦法"，指定由中信局、中華貿易開發公司、物資局為期貨代理單位，美商美林公司為經紀人，而由生產事業參與交易，以玉米、黃豆、大麥、小麥、棉花期貨為主。民國68年經濟部批准康地、寶鑫、經烈三家國人經營之期貨經紀商，一年後，因三者均違規接受自然人開戶，而被撤銷資格。民國69年，行政院頒布"重要物資國外期貨交易管理辦法"，明訂由中央銀行、財政部、經濟部共同設立管理委員會管理，並賦予央行查核代辦商之交易紀錄，以貫徹匯率管制。不料在76年7月，央行宣布解除外匯管制之後，資金可以更為自由地出入國境，加上國內游資過剩，投資管道不足，地下投資公司遂如雨後春筍，在短短的兩、三年內，一下子增加到了五百多家。由於缺乏應有的法律規範，幾乎99％以上的地下期貨公司均為顧客繳交保證金，公司與之對賭差價，或者將顧客之間訂單對沖，不將訂單轉送國外期貨市場下單。少數期貨公司且從事詐騙，甚至侵占挪用客戶保證金。交易糾紛時起，問題層出不窮。但是由於以小搏大，獲利倍數頗高，縱令賭輸，在輸贏邊緣所帶來的官能刺激，亦使許多人樂此不疲。這種期貨交易所收之佣金遠比正常期貨營運者為低，主要收入來自對賭的賭金收入，因而產生劣幣驅逐良幣現象，依靠佣金收入生存的合法業者，難以在國內立足，期貨交易變質。期貨公司所賺取者即為客戶所賠，雙方立場由原來的經紀關係變為對立，而參與期貨交易者多亦以賭其價差心理，鮮有真正規避風險者，我國地下期貨交易的規模已近每日500億元的金額。在世界各地的期貨交易不斷擴大，即將進入新的國際金融時代之時，我國的地下期貨公司卻利用其資訊，關起門來設局賭博，兩者成為強烈對比。

期貨公司猖獗的主要原因是我國金融國際化的腳步走在金融自由化之前。麥金能(R. I. McKinon, 1982)曾指出在內部金融市場尚未自由化時，開放外匯管制，會對一國經濟產生極大的衝擊。我國的外匯管制在76年7月解除，國內金融市場上的種種法令管制仍然未曾改變，這時短期資本的自由流出流入，外來的新型金融工具，俱皆在外匯管制堤防撤除之後，開始更加活躍，這時，國內的許多金融管制便形同具文。譬如當國內尚未解除國外信用卡發行的禁令時，外商以香港為基地對國內發行，由於其金融行為發生在國外，又不能以外匯管制控制資金的進出，而得以不受金融當局的約束；又如外商保險公司雖未經核准設立分公司在國內營業，卻已遴行派人來臺拉保險，開具其所在國的保險單。如果有關當局查緝，則以在海外發生的金融行為應對。同樣的，當海外直接投資尚未開放時，地下金融市場已可購得所欲取得的國際投資工具。因此，外匯管制的開放，使國內金融管制的效力大為減弱，而地下金融市場的金錢遊戲更為盛行。合法的業者受到法令拘束限制，反而面對競爭的威脅。

地下期貨公司的經營，威脅到原有三家合法美商，使其處於不利的競爭地位。如何使期貨這個在不正常金融環境中發展的畸形兒，回復到健全的正常狀態，恐怕並非易事，經濟部擬具的"國外期貨交易法"草案，雖然訂立了初步的遊戲規則，但是因外匯期貨屬中央銀行管轄範圍，證券金融期貨則歸財政部的管轄，尚未能夠溝通，若僅僅開放大宗物資，則在地下期貨公司交易項目業已琳瑯滿目的情形下，合法業者在法令的範圍內，必然無法與之競爭，短期之內，問題仍然無法解決。

金錢遊戲下的不動產市場

　　基於有土斯有財的傳統觀念，不動產一向是國人從事理財時的主要投資對象。在七○年代的金錢遊戲中，自然也是一個不可或缺的主角。我國不動產市場在民國69年之後就步入了不景氣，房地產價格一直處於低迷不振的狀態，74年時，隨著貨幣供給額增加資金的寬鬆，市場逐漸復甦，到了75年，在銀行利率下滑至最低點、超額準備過多、放款需求不振的環境下，房地產的交投熱絡，價格回升到民國69年的高檔水準。76年起，不動產價格開始大漲；少數財團高價標購臺北市內大坪數的國有土地，更產生了宣告效果。加以現代化的房屋中介業者出現，利用電腦建檔，採取現代的廣告行銷手法促銷，使民間普遍產生漲價預期心理，購買者較易接受不合理的高價位。同期，土地價格上漲，勞工成本提高，房屋建築成本增加，對在股市不斷上揚，紙上財富迅速擴張的投資者而言，反而成為"追漲"的心理。民間以購屋投資，分散投資組合的理財觀念又已成形，配合套匯熱錢湧入房地產市場，使我國不動產市場價格一路飛漲，至78年方才停止。而高漲的土地價格成為日後從事投資者的一大阻礙。

　　根據住商不動產公司的統計，76年第1季臺北市房屋的平均單價為每坪86,700元，至77年7月份已漲到每坪238,400元。臺北市每戶房屋的平均售價76年第1季為354萬元，77年7月即高達1,523萬元。易言之，臺北市每坪售價在一年半之內上升了2.7倍。從77年6月以後，由於新證券商的開放設立，帶動的辦公大樓的售價，不但使得都市主要商圈地價一齊為之大漲，而且將不動產投機心理感染到全國各地。估計大臺北地區的土地價格在77年與78年之間，上漲216倍，原本地價低廉的鄉下，金額雖小，上升的倍數反而更大。

在這段期間，股市於76年10月3日，與77年9月24日兩度崩盤，國內預售房屋市場上的退屋率均超過50％，由此可以推測出股市上漲，投資人財富增加所產生的財富外溢效果對不動產市場的需求有其直接的影響。

民國78年2月28日，中央銀行對不動產市場採取強烈的選擇性信用管制。如對空地放款、建造及購屋貸款的限制，凍結對投資公司的授信，土地放款範圍限制在公告現值加四成之內，產生的緊縮作用幾乎是立竿見影，國內不動產交易漸漸冷卻。78年4月，中央銀行再度全面緊縮金融，將銀行存款準備率提高了2～4％，重貼現率提高1％，利率水準普遍提高，當月，貨幣供給額年增率便降為個位數字；國內不動產市場兩度受到打擊，一時之間，熱度立即冷卻。但是由於外匯管制解除，新臺幣升值幅度已逾50％，外國不動產相對的便宜，海外不動產投資熱開始出現，從星、馬、泰、港等地，到澳洲、美國，甚至中國大陸，均成為國人投資者的目標。隨著國內資產外流趨勢的擴大，不動產市場的金錢遊戲很快地走向了國際化。

在近四年房地產價格的飛漲過程之中，固定薪資收入者若是未曾購置不動產，將失去購買住屋的能力，而落入無殼蝸牛之中。先進國家中當房地產價格上漲幅度超過薪資的成長時，銀行購屋貸款的授信期間拉長，購的定金或頭款比例相對降低，使得人們對住的需求不致因購屋能力變動而減低。我國在金錢遊戲把房價推高到新的價位之後，央行緊縮銀行不動產貸放授信，使購屋者自行負擔的比例更為加大，人們購屋能力愈為之減少，使薪資階級產生無屋可居的恐懼感。78年8月，由無住屋組織發動露宿忠孝東路的無殼蝸牛，便是社會面對不動產金錢遊戲所產生的反彈。雖然政府另撥專款給予第一次購屋者優惠利率的貸放，推動市郊國民住宅興建的方案，但是若不能從授信融資制度上的改善著手，長期而言，人口不斷增加，土地面積有限，不動產的問題仍然繼續長存。

七○年代中瘋狂的證券市場

我國的證券交易所成立於民國51年2月，屬於開發中國家的資本市場，規模小。在經濟發展過程之中，資本形成所占的地位，遠不如擔任資金中介角色的金融機構。民國74年以後，貨幣供給額暴增，金融體系錢滿為患，股市需求迅速增加，75年與76年兩年熱錢大量流入，股市成長更為驚人。開戶人數從75年的47萬戶增加到79年的460萬戶，至今平均每4.7人一戶，開戶密度已為世界第一。證券經紀商原僅28家，77年開放設立，目前已超過330家。每日成交值在75年時約值23億元，到79年2月已在2,000億元。若是配合貨幣供給額的變化來看股價指數（表1），74年貨幣供給額開始成長時，股價指數僅636點，及至75年，貨幣供給額年增率高達47.36％，但股價指數的成長只有26.7％。可見當時股市金錢遊戲尚剛起步。直到76年7月以後，兩個半月中，股價指數上升了91.5％；適巧7月中外匯管制開放，誘發股價狂飆的力量應與當時的熱錢流入有頗大關聯。76年的全年交易值暴增，為前一年的3.94倍，交易筆數為前一年的2.26倍，開戶數亦倍增。77年證券商開放設立，股市交易量更加擴大，股價指數一再締造新的紀錄。雖然76年10月與77年9月經歷兩次崩盤，但是由於貨幣供給額年增率仍高，股市仍然有足夠燃料向前再創高價。央行直到78年4月之後方才將貨幣供給量控制下來，但是股市金錢遊戲的最高潮正在進行，一年內開戶數增加270萬，占總開戶人數的66％；股市全年交易值達25兆元以上。78年年底，選舉前後股市開始下跌，卻因中央銀行放鬆銀根，貨幣供給量

表1　貨幣供給額（M_{1B}）臺灣證券交易所綜合股價指數

(月平均值)

		1月	2月	3月	4月	5月	6月	7月	8月	9月	10月	11月	12月
74	M_{1B}	662.8	694.9	665.6	648.6	644.6	682.7	665.0	627.6	686.1	696.9	697.0	751.4
	股價指數	823.2	786.0	793.3	756.8	734.2	709.8	669.7	656.6	699.7	738.9	771.1	807.7
75	M_{1B}	794.8	788.0	790.7	810.9	832.5	881.2	891.5	948.1	966.8	1,016.8	1,049.9	1,137.8
	股價指數	856.1	923.3	961.1	910.3	915.3	972.4	976.5	892.2	922.1	984.9	1,009.9	1,012.2
76	M_{1B}	1,231.8	1,166.3	1,194.1	1,231.7	1,275.5	1,318.7	1,299.6	1,327.7	1,375.3	1,434.3	1,466.4	1,568.2
	股價指數	1,113.6	1,216.0	1,312.2	1,599.6	1,814.2	1,735.6	1,858.0	2,451.5	3,567.1	3,590.1	2,713.6	2,648.3
77	M_{1B}	1,562.8	1,584.0	1,578.0	1,615.5	1,654.6	1,719.5	1,715.7	1,738.6	1,778.1	1,830.8	1,842.1	1,950.4
	股價指數	2,610.8	3,206.3	3,345.9	3,767.7	4,441.5	4,951.3	5,422.0	7,352.1	8,039.1	6,580.9	6,851.9	5,856.6
78	M_{1B}	2,016.4	1,995.6	2,056.6	1,948.6	1,793.8	1,847.1	1,833.6	1,886.5	1,900.1	1,930.5	1,915.0	2,068.7
	股價指數	5,716.9	6,679.8	7,318.0	7,785.2	8,795.4	9,497.4	8,619.6	9,731.6	10,066.9	10,121.3	8,658.4	10,773.1
79	M_{1B}	2,174.1	2,039.9	1,878.1	1,841.9	1,834.4							
	股價指數	10,677.5	11,983.4	11,223.1	9,741.5	7,848.01							

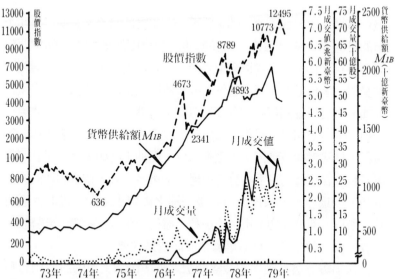

圖2　貨幣供給額、股價綜合指數、股市月成交值、股市月成交量趨勢圖

再度增加，促使79年2月的股市指數直衝12,600點；嗣後，隨著貨幣供給量連續3個月的負成長，與套匯資金外流帶來的金融緊縮，股市一蹶不振，證券市場連續近四年的激情才開始消褪。

　　在先進國家中正常的證券市場，市場機能本身具有穩定價格的功能，當需求增加時，股價上升，供給量立即增高，使價格回到均衡水準之上。我國股市的供給彈性相對極低，從74年到78年股市狂飆時，年成交值增加了130倍，而上市股票數量僅增加0.97倍，其中，近40％還是民國78年上市的。也因為如此，我國股市的股票周轉率也被迫大為提高，民國74年僅68％，到了78年已成為523.5％。股市規模未能隨需求的增加而擴大，供給不足，股價自然脫離了應有的均衡價格，成為需求面左右其高低的泡沫價格了。

　　供給不能因應市場需求而變化，主要癥結在於我國證券上市的發行市場。由於我國會計師素質不一，不實的財務簽證使得公司上市的審查過程極為嚴格，諸多繁雜的程序限制成為上市的主要障礙。而且因為證券主管機構唯恐投資人購買新上市股票後，價格下跌受損，承銷價格多有意壓低，導致新股上市均有連續上漲之蜜月期間，投資者確知新股均有高利可圖，自然群起申購。但是依現行法規，上市公司只須出售10%股份給投資大眾；因此，參與10%新股釋出抽籤者極為踴躍，中籤率極低，而抽中者如中獎券，立可獲得暴利。在這種情形下，發行市場為上市者，募集資金的功能亦被扭曲，因為原有股東俟上市股價高漲之後賣出，即可獲取巨額收益。所以，部分公司上市目的是利用發行上市炒作股票，來替股東賺取利潤，替公司本身募集資金反而成為次要。

除了證券發行市場的金錢遊戲之外，因為上市的股票相對有限，流通的籌碼不足，極易受少數人的哄抬而脫離其價位。我國股市人為操縱的色彩極濃，股市作手與大戶縱橫股市，以養、套、殺三部曲，拉高股價再打壓下來，在漲跌之間均能獲利，證券商與內種經紀人提供人頭戶供投資人運用，大戶利用人頭間的買賣，以哄抬價格，上市公司挪移公司資金進場炒作，營業員亦在市場內居間大搶帽子，股市內線交易盛行，從上市公司內部的董監事，高級經理人員，到民意代表、官員、記者，莫不利用各自所得到的訊息，從事內線交易，謠言與小道消息充斥，目的均在設法左右股市行情，而投資人投入股市俱是被其每日可以賺取的暴利吸引而來，缺乏正確的投資觀念；在追求一夜致富的投機心理下，跟隨股市流言買賣，捨棄公司業績與基本分析而不由，只要能夠炒高股價，帶來價差可賺者就是好股票。資本額不高的小型股，公司面臨重整邊緣的問題股，都成為主要炒作對象。如此一來，股價就隨投資人一窩蜂的心理因素而上下震盪。投資人口結構中，散戶比例較大，盲目

的搶進賣出，使得市場賭博的投資風氣更盛。但是與大家樂六合彩
不同者為後者為公平的賭局，有一定遊戲規則；而在股市是不公平
的賭局，有消息來源者占優勢，會製造謠言者可以發財。一般商業
往來，不但重視來往的信用，而且注重商業道德，如不能以欺騙或
不法的手段來奪人錢財等。但是在我國股市，利用各式手段來強奪
豪取，以大吃小，比明火執仗的搶劫還要可惡，卻能在法外逍遙。
根據79年6月7日美國蓋洛普市場調查公司對我國股市的抽樣調查
中，有54％的投資人表示，自從從事股票投資以來，到調查日為
止，均是賠錢；僅只有22％表示賺了錢③。雖然因為調查期間股市
下滑，其結果或許因而有所偏差，但是股市內的財富重分配，卻因
而顯露無遺。

　　民國75年起，投資散戶中開始出現股友社組織，原為股友間之
自然結合，共同請股市專家講解股市，一齊買賣股票。78年地下投
資公司被取締之後，開始逐漸變質；由市場作手、主力或操盤者出
面，在報端以股友社名義刊登廣告，招攬資金，保證投資報酬。以
委託基金管理方式出現，成為地下的共同基金，實質上卻是地下投
資公司的翻版。同時，類似股價指數期貨的國產品——哈達，在民
國78年又再度出現。據說哈達是源自日本賭賽中，搖旗吶喊的“旗
子”一字。65年時在南部以股市收盤指數漲跌為簽賭對象，一個百
分點為一個單位，每單位折算一定金額，從事場外賭博。75年之
後，股市漲多跌少，哈達漸漸消失，到了78年底又捲土重來，以期
貨性質的保證金方式收注，賭股市指數或特定股票股價漲跌，每口
保證金5萬元。莊家循大家樂慣例，取1/10佣金，餘數歸簽注勝方所
得。哈達在民間蔓延，成為證券市場的會外賽，交易金額高時亦上

---

③〈大臺北地區股市投資人對財政部長王建煊及股市政策之意見調查報
　告書〉，美國蓋洛普市場調查公司，79年6月17日。

百億。

我國證券市場上制度的缺陷與結構上的不全，使得問題更加惡化。我國股市的深度與廣度俱皆不足。深度不夠，則水少易枯、池淺易盈，股價易呈現暴漲暴跌。廣度不夠，則投資管道有限，交易工具不足，投資風險集中，無法分散，投資人隨市場漲跌而成同命鴛鴦。為了要避免股價的巨幅波動，證管會採用單日漲跌停板的方式，限制漲跌幅度，停止交易的進行。由於設定的幅度較窄狹，正常市場的機能受到了侷限。而流通的籌碼不足，易受人為操縱，以少許資金便可操縱股價使股票交易停止，短期股市的波動因而延長為長期的大漲大跌，投資報酬與風險的相對關係受到了扭曲，投資人亦喪失了測度日常股價風險的能力。

我國股市信用交易制度——融資與融券，被主管機關用來作為調節股市溫度的工具，根據股價指數的高低，利用公式自動調整股市融資融券成數。但是在融資融券辦法中，不論是從貸放期間的長短、金額的多寡，與成本的高低，均對融資者較為優厚，從制度上來看，本身即有鼓勵市場走向多頭上漲之嫌。這種因素對股市的長期漲風難以消戢，多少有其影響。在先進國家中，融資融券原為選擇性信用管制的利器，我國將之自動隨股市指數調整，其應有之功能業已喪失，加以臺灣證券交易所的綜合股價指數中，部分高價績優股在外流通數量少，而所占的權數大，使得指數失真。股市信用交易以代表性不足的指數變動為依據，產生的市場扭曲作用更為加大。

多年來，復華證券金融公司獨占股市合法信用交易的管道，在諸般法規限制之下，發揮的效能不大，其融資融券由證券經紀商開立信用帳戶，每日融資融券金額事後才能結出，常有資金不足須向行庫調借，或融券量大難以軋平的情事。因此，地下融資融券的丙種經紀盛行，估計占股市信用交易的80％以上，寄生於股市成為大害。丙種墊款融資，必須要利用人頭戶買賣方能保障其權益。若股價下跌危及其墊款時，丙種經紀人可斷頭賣出，以保全其墊款。如此一來，客戶利用人頭戶押在丙種的融券資金或融資股票，又成為其擴張信用、操縱市場行情的工具。近日市場不景氣時，兼營丙種營業員借用、挪用，甚至盜賣投資人股票者日多，糾紛時起。關鍵在於地下丙種業務缺乏法律的保護與有司的適當管理。未來雖然將開放綜合證券商的信用交易業務，但若是現行相關規定不改，則無法像復華一樣取得金融機構無限支持的券商，必然會產生資金周轉不靈，或軋券難平之現象，而成為金融問題。

造成我國股市的違法脫序現象普遍，內線交易無法遏止，投機風氣盛行，被人稱為吃人市場的另一個主要因素是政府的主管部門未曾善盡職責。根據我國證券交易法第155條，明文規定禁止人為操縱股票價格。像與人約定對做股票，以抬高或壓低行情者，連續以高價買進，或低價賣出以影響股價者，散布流言或不實資料，意圖影響價格者；或任何直接、間接從事其他影響股價之操縱行為，均可處以5年或7年以下有期徒刑，或併科15萬至25萬之罰鍰。同時，為了防止內線交易，除了在157條中加強對董、監事、經理人及持有10％以上股份之股東，6個月內買賣歸入權的行使外，另在157條之一中，明文規範上述三種人及基於職業或控制關係者，獲悉可影響股價的重大消息，在消息未公開以前，不得從事該股票之買賣，違者可處兩年以下徒刑或併科15萬元罰金。而在證券商管理規則中，更明文禁止券商提供人頭戶供客買賣，或提供明牌，或接受以內線交易及有操縱股市意圖者之委託買賣。我國證券管理委員會也建立了股市電腦監視系統，以追蹤異常交易行為，作為匡正市場秩序的工具。但是徒法不能自行，從外國移植過來的一些法律規定,在國內金錢遊戲文化之下,缺乏市場自律的行為,證管會缺少執法的調查權,更沒有執法的魄力。猶如購買了一部外國的機器,卻沒有操作手冊,也無有訓練的操作人員,法律逐形同具文。違法犯紀者所在皆是,被查獲判刑者,人們反而會心生同情,認為只是運氣不好,因而公權力愈益不彰。

在財政部對證券交易課稅的轉折下,也顯示出政府政策規劃草率,公權力受到極大質疑。民國77年9月24日,財政部鑑於股市交易熱絡,獎勵投資條例中為鼓勵證券投資,暫時免徵證券交易所得的背景已不存在。加以證券市場不斷上揚,財富分配差距愈益拉大,資本交易的所得可以免稅,而土地交易的所得卻有土地增值稅,相對來說亦不公平,因此宣布恢復開徵證券交易的所得稅,登時引起股市連續下挫,投資人反應激烈,示威請願不斷,號子立委在立法院中相繼質詢。政府終於退讓,將免稅交易額由300萬元提高至1,000萬,再三強調推行證券交易所得課稅的決心。到了78年8月27日,財政部又因股市人頭戶問題,稅源無法掌握,宣布擬課15‰證券交易稅來替代。及至年底選舉期間,股市下滑,當局又在壓力之下,宣布將稅率降為6‰。政策一改再改,原有的租稅公平因素已完全不再存在。在金錢遊戲之下,挾眾可以達到威脅政府的目的,惡例一開,政府的政令推行自然益加困難。

在78年金錢遊戲最盛時期,股市交易已不能滿足投資人的慾望,店頭市場,與未上市股票的地下交易市場相繼出現;由於股票的定價缺乏客觀的評估標準,價格波動幅度又不受限制,因此,成為賭性較強的投機客投資的對象。股市的周邊市場也就隨著金錢遊戲的蔓延而自然擴大。為求紓解股市需求大幅成長所產生的壓力,證券主管機構一方面批准國內建弘、國際、光華及中華4家證券信託投資公司在國內發行共同基金以擴大其規模,而且引進近兩百種國外共同基金供投資人投資，近日又批准3家國外知名證券公司在國內設立分公司，使國人增加了直接對外投資的管道。可是由於共同基金仍然以國內股票爲投資對象，股市大跌時，常易套牢，無法解約，過去並未受到投資人眷顧；直至79年1月，共同基金證券交易稅減爲1％，而其受益憑證顯著低估，在股市股票均已過高，難以追求價差情形下，共同基金成爲股市炒作的熱門對象。從地下股友社的猖獗情形而言，共同基金的需求頗高，證券管理機構似有必要開放基金市場，加強管理工作。至於海外基金，因涉及的匯率風險，國外市場的不確定因素過多，成長較爲緩慢；直至79年3月之後，新臺幣貶值的趨向已更爲明顯，國內股市又一蹶不起，投資理財走向國際化，海外共同基金才開始有起色。同一期間，股市資金外流，促成東南亞地區，星、泰、馬、菲、港等地股市的飛漲，這是我國走向國際化的前兆。

股市金錢遊戲使財富在投機風氣之下快速集中，這個建築在人們心理因素空幻基礎上、抬升過高的泡沫價格，對社會產生的衝擊極大，當人們發現辛勞一年的報酬，竟然比不上一日投機所得的暴利時，在我國經濟高度成長中，扮演重要角色者——勤奮工作的工人，努力生產的企業家，奉公守法的公務人員，與教人不誨的教師，都漸漸在金錢遊戲暴利誘惑之下而消失了，老老實實遵循傳統價值標準者，不隨“利”逐流者，不知把握賺錢標會者，都成爲社會上的“新貧民階級”，投機行爲產生的外溢效果，汙染了整個社會環境，使得社會行爲的型態日趨惡化，社會風氣亦日趨敗壞。從房地產與股市的競利，到地下投資公司、股友社、期貨公司的地下違規，然後慢慢發展，擴張到了漁民走私毒品、走私武器，到人口的偷渡，黑道介入商業活動，以暴力來換取暴利，像這樣的社會如何去規範？我們現在面對著的似乎是阿拉伯神話中，逸出了魔瓶的巨人，如何使金錢遊戲下，失去控制的金融環境重新納入體制之中？如何使走上歧路的投資理財回到正途？如何矯正已呈病態的社會？要回答這些問題並不容易，但是若不在金錢遊戲勢衰之時，重新構築經社發展的藍圖，使深陷於金錢爭奪中的人們能幡然回首，重新踏實地去為未來而努力，四十年來經濟成長的根基，恐怕就要湮沒在金錢遊戲的虛幻數字之中了。

金錢遊戲的疏導與轉化

潮水退了，經濟的病根都浮現出來了。七○年代的金錢遊戲是果，四十年來經濟奇蹟的成就是因。在經濟發展到達一個新階段時，舊的經濟規模自然就呈現不足。我國在這一段金錢遊戲猖獗的期間，未曾從事必要的金融改革，落後的資本市場，陳舊的金融法規，加上不當的金融管理，與缺乏高瞻遠矚的主事者，不但未能使我國利用經濟上的成就，向上提升以晉入經濟大國之列，反而任令金融混亂，併發出暴發戶心態的金錢遊戲，把一個號稱世界經濟櫥窗的奇蹟，推上了賭桌。

金錢遊戲所衍生出來的種種社會現象，也許需要從長期的社會教育與道德水準的提升、法律秩序的維護等，多方面去潛移默化，以求人民富得更有氣質。但基本上，金錢遊戲仍然是一種金融現象，需要從經濟的層面去尋求解決。我國的金融市場規模小，涵容量有限，資金水準一旦增加，立即滿溢而出；投資管道不足，資金沒有適當出路，自然走入歧途。對合法的金融體制而言，法令管制規定過嚴，金融機構設立受限，金融服務不足，使得潛身地下的非法業者得以生存；另一方面，法令又陳舊，無法約束新生的金融產品。當外匯管制解除，多采多姿的金融工具進入地下市場，金融當局對之視若無睹，更坐大了地下經濟的範圍。人為的疏失，體制上的不健全，造成地下金融業者四處搭建違章建築，成為合法業者的強大競爭對手。欲求根本解決產生之問題，似乎只有走向自由化一途。

金融自由化首在各種金融管制的陸續開放，從法律上來看，利率業已完全自由化，銀行可以依據其資金需求、成本高低、市場變化等因素決定其利率價格。但是由於民營銀行並未完全開放，在一個聯營壟斷的市場上，利率仍然無法反映資金的供給與需求。因此，市場的開放競爭成為利率自由化的必要條件。除此之外，金融市場中還必須要有一個活絡的債券市場與貨幣市場，以使長短期的利率結構有一較為客觀的市場依據，而且在有另一個可資競爭的市場存在，供需雙方可做自由選擇時，市場的價格方才具有代表性。除此之外，我國保險市場中的費率官定，證券市場的佣金費率亦固定，均為人為的價格管制，在競爭下均有退佣現象，顯示這些規定業已不符實際需要，有必要開放由市場自行決定其價位。

其次為市場的開放。我國的金融主管當局為求市場的穩定，多以嚴格限制設立，以防範相互競爭，保障金融機構的生存。但是如此一來，地下金融業者趁機而起，以填補其不足所帶來的空間。除了銀行外，保險業、信託投資公司、證券信託投資、票券金融業與證券金融業，亦均受限制而未開放。這些行業也都受到地下業者的競爭壓力。在金融市場中，開放的家數愈少，形成的家數愈少，形成的特權就愈大，而其在保護下的利潤自然亦愈高；非金融業者以替代性大的商品參與競爭的誘因就愈強。金錢遊戲也就是在這種背景下出現。當然，像選擇權、期貨，雖然有一重要物資國外期貨管理辦法，但對未列入重要物資項下者，就完全缺乏規範。在民間已普遍參與各種期貨交易時，新的"國外期貨交易法"草案就應正視事實，將之納入管理之列。金融自由化項下，有關金融業務的約束，亦有解除的必要。在國際金融市場上，金融機構可為客戶特別需求，設計新的金融工具，而將原有的貸放功能分解成不同性質的商品，如換匯或換利，轉手債券(Pass-through Bonds)，各種權證與選擇權、證券化業務等，均可調節金融機構內部資產負債部位，降低其財務風險。而且金融自由化之後，不但銀行間的競爭加劇，而且在貨幣市場與資本市場發達之後，反中介作用出現，金融機構傳統借貸業務減少，必須利用創新的業務，走向多元化經營才能生存。

市場的開放必須要佐以嚴格的管理，才能約束供需雙方均能遵守交易的規則與秩序，不至於淪落入非法賭博式的金錢遊戲之中。對我國的股市而言，主管機關應全力依法取締非法，利用股市電腦監視系統清查異常交易，追查銀行資金往來，以根絕人頭戶，對丙種融資融券，則一面開放證券信用交易市場的申請設立，一面要嚴格取締，以便將潛伏股市地下多年的丙種，逼迫上地面，接受正常的市場管理。這時，金融監理法規有待修正、金融監理人才亦有待培育，整個金融管理工作的協調與地位的提升，卻有待加強。

金融市場規模的擴大，可以將社會資金消化，轉移至生產用途，有助於經濟發展與資本形成，為資本市場與貨幣市場的主要功能，就資本市場而言，先進國家中，債券市場為募集長期資本的重要市場，其交易額均占資本市場的65％以上。而我國債券市場規模極少，幾無流通市場可言，若能排除法律與稅制上的一些障礙，債券發行數量增加，不但可以帶動流通市場的交易，而且可以進一步經由市場的創新，提供企業可資規避利率風險的金融工具。至於證券市場，除了改善發行市場中的上市功能，以促使供給增加外，公營企業民營化應加速進行，利用釋出的公股固定流動性大的游資。

共同基金的開放亦可增加股市籌碼，有關認股權證、融券的借券市場、店頭市場，以及健全未上市股票交易市場，甚至對國內股市的期貨、選擇權市場等相關輔助周邊市場的設立，與新交易工具的推出，均可解決需求過多引起的股市發燒現象。同樣的，貨幣市場內，短期票券交易市場規模的擴大，不但可以提供企業短期融通，金融機構負債管理的場所，而且可爲投資人提供眾多的中、低風險投資工具。在外匯市場，除了應更加開放、解除管制，以反映供需之外，遠期外匯市場的恢復，並進一步將之標準化，以建立新臺幣的期貨市場，一則可以增加央行調節匯率的工具，另則可以提供企業更多的規避匯率風險管道。

　　七〇年代錯誤的金融政策，造成熱錢流入，央行放縱貨幣供給額巨幅增加，是把金錢遊戲熱度提高的元兇。在外匯管制開放之後，短期資金的進出會使得央行穩定內部利率水準，或控制貨幣供給額的努力更爲困難。75年熱錢流入與79年的熱錢流出，均爲範例。在這種客觀環境之下，央行欲圖維持內部經濟的均衡，必須要顧及匯率政策的配合，才能達到其目的。一般而言，利率價格與匯率價格之間只能擇一作爲穩定的對象，若以利率穩定爲主，則當國內外利率水準不同，造成短期資金流動時，匯率隨供需調整，抵銷其差距。反之，若以匯率爲穩定對象，當國內外利率出現差異時，短期資金的流動便將使利率回復一致。75年資金的氾濫與79年的資金緊俏異常，均與央行想同時穩定兩者有關。前車之鑑不遠，金融政策的制定必須要考慮周詳，才不至於過多或不足，而帶來負面的效果。

　　針對國人在大家樂、六合彩中的賭博天性與貪婪的本能，選擇一個略爲閉鎖的地點，開放賭場的設立，以資宣洩。政府如能妥善管理，限制參與者的年齡與身分；並且嚴格取締非法賭博者，或可將金錢遊戲中最為人所詬病的一種遊戲納入規範。但是整個開放過程必須要經由公民表決，以符合當時社會的現實需求，不致違反當時社會的價值標準為前提。政府從中所得的稅收為罪惡稅（sin tax），在先進國家中多指定使用於公益用途，與從發行彩券所得之收入並無二致。

總而言之，七〇年代的金錢遊戲改變了國人的理財觀念，提高了人們對財經現象的了解，惡化了貧富之間的差距，投機風氣改變了社會多數人的生活行為，眼光短淺，唯利是圖，可以說是這一個期間人們的寫照。進入八〇年代的國人，究竟是繼續追逐金錢，不斷地由一個賭場再換到另一個賭場呢？還是能夠把人力、財力投注到國家生產建設，以再創另一個經濟發展奇蹟？這就要看我國的金融市場是否能夠重建，重新規範業已失序的種種金融現象。易言之，我國若能成功地將地下的金融市場與地上合法的金融市場融合為一，豐沛的資金與強大的金融潛力，將可加速與國際金融市場間的整合，而將我國的經濟發展提高到另一個更高的層次之上。

第七章　民間標會暨私人借貸問卷調查 *①

劉壽祥**

一、前　言

　　本調查之目的有三：一在推估家庭部門來自民間借貸之借款的數額，以及民間借貸占家庭部門借款之重要性；二在了解家庭部門參與民間標會之動機；三在估計民間標會之利率。因此問卷在內容上乃爲達此三目的而設計。本問卷以家庭爲調查的對象，樣本數爲

　　*本文節錄自，劉壽祥，《臺灣雙元金融體系家庭部門的儲蓄與資產選擇決策》，中華經濟研究院經濟叢書(13)，民國76年8月，頁78～88。

　　①本項調查工作係在許嘉棟教授的指導下，由筆者負責主辦撰寫。在設計調查問卷時，承蒙于宗先教授、侯繼明教授、張清溪教授提供許多寶貴意見；在進行問卷調查時，亦惠承行政院主計處第三局、臺灣省政府主計處、臺北市與高雄市主計處等協助辦理調查，李清松先生在抽樣設計方面提供許多寶貴經驗；在資料處理上，陳博貴先生、楊麗雪小姐與魏玉嬌小姐之協助，使調查工作得以順利完成，在此一併致謝。其調查結果曾刊載在許嘉棟、梁明義、楊雅惠、劉壽祥、陳坤銘(民國74年)合撰的《臺灣金融制度之研究》中。

　　**劉壽祥，現爲中華經濟研究院研究員。

1,030戶②，在存量資料之時點方面，以民國71年年底之數值爲填報
之依據。又本調查係配合行政院主計處的家庭收支調查，委託臺灣
省、臺北市及高雄市所屬各縣市區之調查員代爲調查。最後並推估
出臺灣地區的母體數值。

　　本章共分五節。以下第二節爲民間借貸數量之估計。第三節爲
家庭參加民間借貸之動機。第四節爲民間借貸利率與金融機構放款
利率之比較。第五節爲本章結論。

二、民間借貸數量之估計

　　表1所列係民國71年12月底，家計部門之金融資產與負債推估
值。

　　首先，檢討估計結果之正確性。依會計上借貸雙方必定相等之
原則，每一種金融工具的債權必須與其債務相等。準此，家庭部門
民間標會的金融債權與金融負債，兩者應該相等。同理，家庭部門
向家庭部門之私人借款金額，亦應等於家庭部門對家庭部門之私人
貸款金額。調查估計的資料是否具備上述之特性呢？我們可以根據
調查得到的資料略做比較。

　　表1顯示活會已繳會款總數與死會應付未付會款總數兩者之間
的差異，占活會已繳會款的百分比小於0.8％；此外，家庭部門借給
親友之金融債權與家庭部門向家庭部門之私人借款兩者之間的差
異，占借款金額之百分比也小於3.3％。由這兩個相關項目之比較，
可以看出本項調查資料大體尚能符合資料之一致性。

---

②有關調查內容、抽樣方法、程序及母體推估方法，請見劉壽祥，《臺
灣雙元金融體系家庭部門的儲蓄與資產選擇決策》，中華經濟研究院
經濟叢書(13)，民國76年8月，第五章。

表1 家庭部門金融資產與金融負債餘額之調查推估值
(民國71年年底)　　　　　　　　　　單位：新臺幣百萬元

項　　　　　　　　　　　　目	金　　　　　　　　額
金融資產	
活會已繳會款	82,700.00
借給親友	37,775.00
借給他人做生意	39,841.00
儲蓄性存款	266,473.00
金融負債	
死會應付未付會款	82,028.00
私人借款	41,190.00
向廠商賒欠	16,253.00
金融機構借款	115,220.00

資料來源：本章之調查結果。

　　但是如果將調查得到的儲蓄性存款與金融機構借款資料，與中央銀行資金流量統計上的資料比較，即可發現調查得到的資料有嚴重低估之現象。依據中央銀行資金流量統計上之資料，民國71年年底家庭及非營利團體儲蓄性存款的金額為966,574百萬元，來自金融機構之借款金額為579,342百萬元，即可看出本調查所推估出來的存款數值，只達資金流量統計的27.57%，而借款更是只有資金流量統計的19.89%。根據以往類似調查的經驗（例如主計處的家庭收支調查），接受調查者對債權、債務與所得這類的問題往往會有低報之現象，因此，此次調查結果之低估，亦屬意料中事。唯令我們困擾者為，儲蓄性存款與自金融機構借款兩者的低估幅度存在著明顯的差距。

　　因此，在家庭部門的未付會款、私人借款推估值之調整上，我們仍有兩種不同之處理法。一是假定本調查的未付會款與私人借款之低估幅度與金融機構借款相同，從而依579,342/115,220=5.0281之倍數，將未付會款與私人借款金額放大，並將之與中央銀行資金流量統計上來自公民營企業借款與金融機構借款並列，可得到表2的第一欄數值。在此種計算法下，家庭部門來自民間借款（包括未付會款、私人借款與來自公民營企業借款）之金額合計爲637,263百萬元，占家庭部門總借款的52.38％，而來自金融機構之借款僅占47.62％。另一處理法是假定表1的未付會款與私人借款推估值的低估程度與儲蓄性存款相同，故依966,574／266,473=3.6273之倍數，將未付會款與私人借款之數額放大，而得到表2的第三欄。此種估算法顯示家庭部門的民間借款金額爲464,659百萬元，占總借款的44.51％，而金融機構借款之比重爲55.49％。

表2　家庭部門之借款來源(民國71年年底)

單位：新臺幣百萬元，％

項　　　　　目	依金融機構借款金額調整		依儲蓄性存款金額調整	
	金額(1)	百分比(2)	金額(3)	百分比(4)
死會應付未付款	412,445	33.90	297,540	28.50
私人借款	207,107	17.02	149,408	14.31
來自公民營企業借款	17,711	1.46	17,711	1.70
民間借款合計	637,263	52.38	464,659	44.51
金融機構借款	579,342	47.62	579,342	55.49
總　　　　　計	1,216,605	100.00	1,044,001	100.00

資料來源：1.中央銀行經濟研究處編印，《中華民國臺灣地區資金流量統計》。
　　　　　2.本章之調查結果。

　　根據表2，在民國71年年底，民間借貸與金融機構借款對家庭部門之重要性，在伯仲之間，若進一步將此表之估計結果與中央銀行資金流量統計所報導的民營企業國內借款來源合併，可得到表3。根據該表，民營企業與家庭部門來自金融機構之借款合計爲

表3　民營企業與家庭部門國內借款來源(民國71年年底)

單位：新臺幣百萬元，%

借款者	借　　款		來		源	
	金　融　機　構		民　間　借　貸		合　　　　計	
	金　額	百分比	金　額	百分比	金　額	百分比
民營企業(1)	473,970	60.49	309,547	39.51	783,517	100.00
家庭部門(2)	①579,342	47.62	637,263	52.38	1,216,605	100.00
	②579,342	55.49	464,659	44.51	1,044,001	100.00
合　　　計	①1,053,312	52.66	946,810	47.34	2,000,122	100.00
	②1,053,312	57.64	774,206	42.36	1,827,518	100.00

資料來源：1.中央銀行經濟研究處編印，《中華民國臺灣地區資金流量統計》。

　　　　　2.①欄取自表2之第一欄縱欄，②欄取自表2之第三欄縱欄。

1,053,312百萬元，比重為52.66%(或57.64%)；而來自民間借貸市場之借款金額為946,810(或774,206)百萬元，占47.34%(或42.36)。民間借貸之比重雖稍低於金融機構借款，但低得不多。

三、家庭參加民間標會之動機

　　根據本項調查結果，在調查樣本1,030戶中，曾經參加過標會的家庭有650戶，占63.1%，其中有46.5%的家庭參加標會的目的是儲蓄，16.5%的家庭參加標會的目的是借錢，剩下37.0%的家庭兼具儲蓄與借錢兩個目的。

　　家庭選擇標會作為儲蓄方式，而不將錢存入金融機構的原因，調查結果如表4所示(回答第(6)項其他原因者，根據其說明理由，如果(1)至(5)原因可以包括，則重新歸併至適當之原因中。表5、6、7同)。由此表可以看出：(1)標會的利息優厚，(3)標會比較方便，(4)朋友間之互助，這3項是家庭以標會為儲蓄工具的主要原

表4　家庭選擇標會作為儲蓄工具的原因

原　　　　　　　　　　　　　　　　　　因	次 數 分 配	百　　分　　比
(1)標會的利息優厚	236	30.5
(2)標會的利息收入免稅	44	5.7
(3)標會比較方便（例如：會首來收會金比在金融機構裡存錢方便、附近沒有金融機構、……等）	224	28.9
(4)朋友間的互助	267	34.5
(5)金融機構的服務態度不好	3	0.4
(6)其他，請說明理由	-	-
合　　　　　　　　　　　　　　　　　　計	774	100.00

資料來源：本章之調查結果。

因；而(2)標會的利息免稅，與(5)金融機構的服務態度不好，這兩項原因的重要性不高。

家庭選擇標會作為借款工具，不直接向金融機構借款的原因（請參閱表5），主要者為：(2)不需要用錢時，可以獲得利息；需要

表5　家庭選擇標會作為借款工具的原因

原　　　　　　　　　　　　　　　　　　因	次 數 分 配	百　　分　　比
(1)當會首可以不必支付利息。	45	7.7
(2)不需要用錢時，可以獲得利息；需要用錢時，可以標下來用。	219	37.4
(3)不知如何向金融機構借錢。	15	2.6
(4)知道向金融機構借錢手續，但其手續繁雜，而標會借錢方便。	181	30.9
(5)沒有足夠的擔保品，保證人也不易找。	115	19.6
(6)金融機構的服務態度不好。	11	1.9
(7)其他，請說明理由。	-	-
合　　　　　　　　　　　　　　　　　　計	586	100.0

資料來源：本章之調查結果。

用錢時，可以標下來用；(4)知道向金融機構借錢手續，但其手續繁雜，而標會借錢方便；與(5)沒有足夠的擔保品，保證人也不易找等三項。

不參加標會的理由：家庭在金融機構存錢而沒有參加標會的主要原因為(見表6)：(3)怕被倒會，(4)標會的期限固定，而金融機構存款可以自由提存。

至於家庭向金融機構借錢而不參加標會的原因中(見表7)，(3)

表6　未參加標會而在銀行存款的原因

原　　　　　　　　　　　　　　因	次 數 分 配	百　分　比
(1)不了解標會性質。	23	5.0
(2)雖想參加，但因沒有人邀會而無法參加。	25	5.4
(3)怕被倒會。	255	55.3
(4)標會的期限固定，而金融機構存款可以自由提存。	137	29.7
(5)以為標會是非法活動。	12	2.6
(6)其他，請說明理由。	9	2.0
合　　　　　　　　　　　　　　計	461	100.0

資料來源：本章之調查結果。

表7　家庭未參加標會而向銀行借錢的原因

原　　　　　　　　　　　　　　因	次 數 分 配	百　分　比
(1)不了解標會的性質。	7	6.9
(2)雖想參加，但因沒有人邀會而無法參加。	11	10.9
(3)邀會太麻煩。	28	27.7
(4)金融機構借錢的利息比較低廉。	37	36.6
(5)金融機構借款的金額比較大。	15	14.9
(6)其他，請說明理由。	3	3.0
合　　　　　　　　　　　　　　計	101	100.0

資料來源：本章之調查結果。

邀會太麻煩，與(4)金融機構借錢的利息比較低廉，是兩項主要的決定因素；(2)沒有人邀會無法參加，與(5)金融機構借錢的金額比較大的重要性次之。

綜合上述調查之結果，民間標會除了具備朋友間互助之特性外，利息優厚與方便是儲蓄者願意提供可貸資金的主要原因，而倒會風險是不利於民間資金供給的最主要因素。對於借款者而言，民間標會由於手續簡便，不需擔保品或保證人，故仍願支付較高利率以標會作為借款之手段。

四、民間借貸利率與金融機構放款利率之比較

在中央銀行編製的《臺灣地區金融統計月報》上，其民間借貸利率資料是商業銀行對其客戶調查得來，在內容上又分三項：遠期支票借款利率、信用拆借利率與存放廠商利率。以上這三項借款利率，都是企業彼此間相互融資或是企業向家庭部門借款之利率。而對家庭部門至關重要的標會利率，至今仍缺正式統計或調查資料可資參考。本調查利用所得到的一些標會資料，並查閱陳建昭與修俊良所編的民間標會利率表(70年)，可估算民國71年年底，年標次數為12次的平均標會年利率為20.27％。此利率與金融統計月報所報導民間借貸利率及銀行短期放款利率之比較，如表8所示。

根據表8可知，四種民間借貸的利率都遠高於銀行短期放款利率，且除了標會利率稍低於銀行短期放款利率的兩倍之外，其餘三種民間借貸利率都在銀行利率的兩倍以上。

又在四種民間借貸利率之比較上，由於存放廠商的存款者，多屬廠商之員工、股東或其親朋好友，對借款者(廠商)之認識較深，故風險相對上較小，利率也就較低。而遠期支票由於多了違反票據

表8　民間借貸利率與金融機構放款利率之比較

（民國71年年底）　　　　　　　　　　單位：年利率(%)

民間借貸利率	
1.遠期支票借款	26.88
2.信用拆借	27.72
3.存放廠商	21.12
4.標會	20.27
金融機構利率	
短期放款	10.26

資料來源：1.中央銀行經濟研究處編印，《中華民國臺灣地區金融統
　　　　　　　計月報》。
　　　　　2.本章之調查結果。

法得處以刑責之保障，故利率又較信用拆借稍低。至於標會利率何
以又較存放廠商為低？其原因可能一方面係參加者彼此間大都相
識，或為同事、親朋、好友與近鄰，故風險較低；另一方面，標會
在性質上多屬互助，且家庭部門之標會多為消費用途，故供需雙方
所要求與所能承擔的利率，相對上也較低。

五、結　論

　　根據本章所辦理的民間標會暨私人借貸問卷調查結果，大致可
獲得下述結論：

　　1.調查資料顯示，在民國71年年底，家庭部門的借款來源中，
　　　來自民間借貸的比重與來自金融借貸者在伯仲之間，由此可
　　　見，民間借貸是家庭部門內的重要融資途徑。

　　2.本文採用兩種不同的推估方法，第一種推估方法得到在民國
　　　71年底臺灣地區民間借貸的金額為新臺幣9,468億元，與同時
　　　間臺灣地區金融機構借款金額新臺幣10,533億元比較，其比

重爲0.899比1；第二種推估方法得到在民國71年底臺灣地區民間借貸的金額爲新臺幣7,742億元，與同時間金融機構借款金額比較，其比重爲0.735比1。臺灣地區民間借貸活動之比重雖略低於金融機構借款，但低得不多。

3. 調查資料顯示，在民國71年底，臺灣地區有63.1％家庭曾經參加過民間標會，其中46.5％家庭參加民間標會的目的是爲了儲蓄，16.5％家庭是爲了借錢，剩下37％家庭兼具儲蓄與借錢兩個目的。調查資料並顯示，民間借貸除了具備朋友間互助之特性外，利息優厚、手續簡便是儲蓄者願意參加民間標會的最主要原因，擔心倒會風險則是儲蓄者不願參加民間標會之主要原因。對於借款者而言，民間標會的借款利率雖然高於金融機構借款利率，但由於手續簡便，不需擔保品或保證人，故借款人無法自金融機構取得借款時，民間標會是一個重要的借貸融資中介。

4. 在民國71年底，家庭部門保有民間標會債權（活會）的餘額約爲其金融機構儲蓄性存款餘額的31.04％，因此，參加民間標會是家庭部門的一種重要的資產保有方式。

5. 在民國71年底，民間標會年標次數爲12次的平均年利率爲20.27％，低於同一期間的遠期支票借款（26.88％）、信用拆借（27.72％）、存放廠商（21.12％）等其他民間借貸方式之利率，但高於金融機構短期放款利率（10.26％）。

第八章　遊覽車違規經營班車[*][*]

黃承傳　陳光華　鄧淑華[**]

　　依現行公路法與汽車運輸業管理規則之規定，遊覽車客運業應在核定區域內以遊覽車包租載客，其車輛應停置車庫內待客包租，不得外駛個別攬載旅客，或行駛定線班車。然而，遊覽車違規經營班車問題，卻是由來已久，此一問題由於係屬本研究之主要重點之一，因此本節將詳細探討違規遊覽車之沿革、現況及其產生原因與問題。

一、沿革及背景

　　追溯遊覽車經營班車之演變過程，可概略分爲以下四個時期：

(一)萌芽期

　　在64年鐵路電氣化施工以前，可以稱爲是違規遊覽車之萌芽期。

---

　　　*本文摘自黃承傳、陳光華、鄧淑華，《臺灣地區遊覽車供需與管理策略之研究》，交通部編印，民國77年3月，頁12~24。
　　**黃承傳，現爲交通大學交通運輸研究所教授；陳光華，現任交大運輸工程與管理系教授；鄧淑華，任職於中華航空公司企劃室。

早在48年時，公路局(臺汽之前身)並無經營臺北至高雄之長途班車，但遊覽車業違規營運之情形早已存在，當時違規營運之情形，大致有兩種：

(1)假借行駛遊覽地區定線班車之名義，行駛城際班車。

(2)在幹線道路人口較多地點，利用當地飯館、攤販、旅社攬載旅客，發給號牌代替車票，開行定時班車。

在這段期間，由於車輛均無冷氣設備，為數不多，在經營條件上亦不足以與正當客運業者競爭，故未受到重視。

值得一提的是，省交通處於49年為輔導遊覽車業者淡季營業並彌補鐵、公路容量之不足以滿足城際旅運需求，曾特准遊覽車業者行駛臺北至高雄之"公路夜快車"，其時每晚對開一班次。到了61年經協調參加之業者有68家，遊覽車190輛，每日對開10班次。嗣因監察院提案糾正，改由公路局編列經費將該190輛租用納入該局營運範圍，繼續行駛。迄民國68年，省議會為糾正該局租用由該局福利社所經營之路福公司車輛之不當，而將所有租車經費全部刪除，"夜快車"因而停辦。

(二)成長期

64年鐵路電氣化開始施工至67年11月高速公路全線通車前，可稱為違規遊覽車之成長期。

64年鐵路電氣化工程開始由北而南，逐步展開。影響所及，列車次數減少，行車時間加長，誤點情形嚴重，加上臺汽未能適時大量擴充車次，使得公路班車擁擠不堪。新竹地區乃有遊覽車業者以中型冷氣遊覽車攬客營業，逐漸發展成為定時班車。許多業者在有厚利可圖之情況下紛紛增購車輛，違法經營定點、定線之班車業務。省交通處雖於民國66年11月即已發布凍結新增車行與新車牌照之申請，但在鐵、公路容量不足，業者有厚利可圖以及取締績效不彰之情形下，隨著高速公路逐段通車，遊覽車之違規營業仍然逐漸向中南部延伸。

表1顯示在民國64年至66年之間遊覽車業之家數與車輛數之顯著增加情形。此外根據交通部運輸計畫委員會在民國66年9月所做的一項調查（交通部運委會，1978）發現臺北至新竹間之客運量分配情形，違規遊覽車占58％，高於臺汽公司35％與臺鐵8％之總和。

表1　遊覽車客運業家數與車輛成長狀況表

年\項目別	業者家數						車輛數					
	臺灣省	增加率%	臺北市	增加率%	合計	增加率%	臺灣省	增加率%	臺北市	增加率%	合計	增加率%
57	94		47		141		470		200		690	
58	97	3.2	49	4.3	146	3.5	491	4.5	260	30	751	8.8
59	107	10.3	58	18.8	165	13.0	565	15.1	299	15	864	15
60	115	7.5	61	5.2	176	6.7	630	11.5	344	15.1	974	12.7
61	115	0	64	4.9	179	1.7	656	4.1	380	10.5	1,036	6.4
62	123	6.5	67	4.7	190	6.1	738	12.5	587	54.5	1,325	27.9
63	143	16.3	73	9.0	216	13.7	860	16.5	622	6.0	1,428	11.8
64	189	32.2	98	34.2	287	32.9	1,073	24.8	803	29.1	1,876	26.6
65	276	46.0	103	5.0	379	32.1	1,351	35.9	852	6.1	2,203	17.4
66	310	12.3	132	28.2	442	16.6	1,710	26.6	917	7.6	2,627	19.2

資料來源：鄧淑華，1987。

(三)全盛期

67年11月高速公路全線通車後至69年7月臺汽公車施行租用遊覽車案之短短不到兩年的期間，可以稱為違規遊覽車之全盛期。

高速公路全線通車後，違規遊覽車已蔓延至全省各地，當時鐵

路電化工程尙未完工，公路局購置之國光號新車50輛供不應求。違
規業者在牌照凍結之情況下，以汰舊換新方式換購大馬力新車加入
違規行列。

68年7月1日鐵路電化工程全線通車後，運輸能量大幅提高，公
路局增購之新車陸續出廠，違規業者之新車亦相繼投入市場，據估
計當時經營違規班車之公司約在百家以上，總車數約爲七百餘輛，
平均每天南下、北上對開之班車約爲1,500車次。在此運輸供給激
增，需求不變之情況下，造成了鐵路客運平時載客率僅達四成，例
假日亦不過五成，每天平均約有16,000至19,000個空位；公路局平
時載客率約補六成，例假日約七成，每天也出現近26,000至35,000
個空位(鄧淑華，1987)。

(四)衰退期

69年7月1日臺汽租用遊覽車後至73年4月鐵公路票價調整期
間，稱爲違規遊覽車之衰退期。

針對違規遊覽車全盛期所出現之運輸能量與能源浪費情形，省
交通處除依法將公路局之客運部門畫出成立臺灣汽車客運公司，採
取企業化經營外，並自69年7月1日起陸續租用786輛遊覽車，租期
兩年，納入該公司營運範圍，排班行駛。但因其承載率偏低、管理
不便，與服務品質無法控制等因素，乃於71年7月兩年租期屆滿
後，改以租斷方式繼續訂約租用565輛遊覽車，至車齡屆滿8年後即
將牌照發還業者。

此外並自69年7月1日起將原訂之"大客車出租業違規營業處罰
作業要點"加以修正，改以公司行號爲處罰對象，並加重處罰標
準，同時由交通部與警備總部及地方公路警察機關會同組成取締專
案小組，責由省、市8個監警聯合小組全面嚴格執行查處取締。在

這段期間裡，對於改善違規遊覽車問題確已收到實效，但基本上租車及租斷方案仍屬治標方案，同時也增加了臺汽公司之財務負擔。

(五)復甦期

自民國73年4月鐵公路票價調整後，部分遊覽車業者在有厚利可圖之動機下，又紛紛投入或擴充違規營業行列陣容。雖然交通主管機構於73年配合"公路法"之修正以及76年3月兩度加重違規遊覽車之處罰標準，但由於各種因素的影響，取締績效不彰，加上以下各項直接、間接原因，違規營運情形又有死灰復燃的趨勢。

1.開放大馬力客車進口

主管機關有鑑於臺灣地區山路崎嶇，天氣炎熱，為了提升遊覽客運之服務水準，於是在74年8月將已凍結了6年之180匹馬力以上大客車再度開放進口，間接造成業者競相換購大馬力車輛作為高速公路違規經營班車之競爭籌碼。

2.臺汽租斷之遊覽車牌照陸續到期

由表2臺汽公司租斷遊覽車之分年到期資料可以看出目前(76年6月底)已有132輛租期屆滿，最近高速公路出現許多嶄新豪華遊覽車違規營業，據說主要來源就是臺汽發還的牌照所產生的。至77會計年度，也就是77年6月底前，又將有416輛租期屆滿，累計到期之車輛數將高達548輛，這些車輛回到市場後將會產生何種影響，值

表2　臺汽公司租斷遊覽車之分年到期資料表

項目 會計年度	73	74	75	76	77	78	合　計
車 輛 數	3	34	13	82	416	18	566
累積車數	3	37	50	132	548	566	
累積比率（％）	0.5	6.5	8.8	23.3	96.8	100	

得正視。

二、違規遊覽車現況調查與分析

1. 表3為本研究於76年7月31日至8月3日（星期五~星期一）在臺
   北、三重、臺中、虎尾、斗南、西螺、嘉義、臺南等地區之
   違規遊覽車主要營業據點展開全面調查之綜合結果。該表顯
   示：
   (1)目前從事違規營運車數至少約兩百輛，一般日總班次約860
      班／日，主要路線共11線，均以對開方式營運。
   (2)一般日平均每車載客人數在21人~30人之間，以每車45座位
      估計，乘載率約為47%~67%，平均約56%。
   (3)週末與星期例假日之載客人數並無顯著差異，均在30~40人
      ／車之間，乘載率為67%~89%，平均約為78%，為一般日
      之1.4倍。

2. 目前違規遊覽車所行駛的路線，除雲林縣之虎尾、西螺等少
   數地區外，其餘均有臺汽國光號與中興號行駛，其中臺北—
   高雄、臺北—臺南、臺北—臺中、臺北—嘉義尤為臺汽近五
   年來營收最高之前4條路線（謝長宏，1987）。為進一步分析
   比較違規遊覽車與臺汽之運量比例，茲將臺汽民國75年之營
   運資料與依據表3估算之違規遊覽車各路線客運資料，列表
   比較如表4。該表顯示：
   (1)就所調查之11條路線的市場占有率而言，違規遊覽車所承
      運人數占總數之41%，國光號占33%，中興號占26%。與
      臺汽公司之27條國光號與109條中興號民國75年總乘載量
      82,635,000人比較，該11條違規遊覽車主要路線所承運的旅

表3 違規遊覽車營運現況

行　駛　路　線	主要據點 除臺北以外	營業時間		每日班次			營運 車輛數	每車載客人數		
		北上	南下	北上	南下	合計		一般	週末	週日
東勢—豐原—臺北	豐原	—	—	21	21	42	6	—	—	—
臺中—臺北	臺中	6：00~ 23：30	6：00~ 23：30	36	36	72	9	30	40	40
臺中—臺北	臺中	5：30~ 23：00	5：30~ 23：00	36	36	72	9	30	40	40
彰化—員林—臺北	彰化	8：00~ 17：00	8：00~ 17：00	10	10	20	8	—	—	—
北港—虎尾—臺北	虎尾、三重	7：20~ 22：00	6：40~ 21：20	23	23	46	14	26	30	34
北港—虎尾—板橋	虎尾、板橋	8：50~ 19：20	8：00~ 20：00	8	8	16	6	26	30	34
新港—斗南—臺北	斗南、三重	8：10~ 21：10	7：40~ 20：40	9	9	18	8	20	32	34
麥寮—西螺—臺北	西螺、三重	8：10~ 21：00	9：00~ 23：50	13	12	25	11	33	33	32
嘉義—臺北	嘉義、三重	7：00~ 22：30	6：30~ 24：00	45	45	90	20	24	36	37
嘉義—臺北	嘉義、三重	7：00~ 22：30	7：00~ 22：30	24	24	48	18	24	36	37
朴子—嘉義—臺北	嘉義	7：30~ 20：30	8：00~ 20：30	13	13	26	7	24	36	37
新營—佳里—三重	新營	8：10~ 21：40	8：10~ 21：40	9	9	18	6	21	37	35
臺南—臺北	臺南	5：30~ 3：00	5：30~ 3：00	37	37	74	15	25	32	33
臺南—臺北	臺南	5：40~ 3：00	6：00~ 3：00	30	30	60	9	25	32	33
臺南—臺北	臺南	6：00~ 3：30	6：30~ 2：30	36	36	72	15	25	32	33
高雄—臺北	高雄	7：00~ 2：00	7：00~ 2：00	30	30	60	14	26	—	36
高雄—臺北	高雄	24小時	24小時	38	38	76	14	26	—	36
屏東—臺北	屏東	8：00~ 1：30	8：00~ 1：30	13	13	26	8	—	—	—
合　　　計						860	197			

表4 違規遊覽車與臺汽公司營運資料比較表

路線	全年總班次			車輛數			全年載客人數(千人)							平均每班車人數(乘載率)		
	遊覽車	國光號	中興號	遊覽車	國光	中興	遊覽車 人數	%	國光號 人數	%	中興號 人數	%	合計 人數	遊覽車	國光號	中興號
臺北一豐原	15330	2908	8765	6	1.5	11	402	53.8	65	8.7	280	37.5	747	26 (0.58)	22 (0.55)	32 (0.8)
臺北一臺中	52560	60972	92135	18	33	118	1760	25.6	2192	31.9	2930	42.5	6882	34 (0.76)	36 (0.90)	32 (0.8)
臺北一彰化	7300	7696	32296	8	5	45	191	16.0	210	18.2	786	65.8	1194	26 (0.58)	28 (0.7)	24 (0.6)
臺北一虎尾一北港	22630	2868	21504	20	2.5	43	636	47.4	73	5.4	634	47.2	1343	28 (0.62)	26 (0.65)	30 (0.75)
臺北一斗南	6570	-	-	8			159						-	24 (0.54)	-	-
臺北一西螺	9125	-	-	11			247						-	27 (0.6)	-	-
臺北一嘉義	59860	27044	8711	45	23	17	1568	61.2	768	30.0	225	8.8	2561	27 (0.6)	28 (0.7)	26 (0.65)
臺北一新營	6570	1455	7421	6	1.3	16	183	42.6	73	17.0	174	40.5	430	26 (0.58)	34 (0.85)	24 (0.6)
臺北一臺南	75190	30258	1799	39	32	4	2090	71.2	812	27.6	35	1.2	2937	28 (0.62)	27 (0.68)	19 (0.48)
臺北一高雄	49640	67776	10690	28	80	30	1464	37.4	2176	55.5	279	7.1	3919	30 (0.67)	32 (0.8)	26 (0.65)
臺北一屏東	9490	17682	2814	8	22	8	249	30.2	504	61.2	70	8.6	823	26 (0.58)	29 (0.73)	25 (0.63)
合計	314265 298570	218659	186135	197	200	292	8949 8543	41.0	6880	33.0	5413	26	20836	28.6 (0.64)	31.5 (0.79)	29 (0.72)

註：(1)臺汽資料來源謝長宏，1987)。

(2)遊覽車班次以每日班次×365天計算，週日、節慶機動加班未予考慮。

(3)遊覽車載客人數以每年〔127天(65天+52天)×週末、週日之平均載客人數〕加上〔(238天×一般日載客人數〕計算。

(4)臺北一豐原、臺北一彰化與臺北一屏東線無每車載客人數資料。假設與臺北一新營線相同。

客人數約爲10.8％。

(2)就承載率而言，遊覽車爲64％，低於國光號之79％與中興
號之72％，但就總車數比較，遊覽車僅約200輛，臺汽國光
號200輛，中興號292輛，合計492輛，約爲遊覽車之2.5
倍，市場占有率僅爲遊覽車之1.5倍，顯示營運管理，尤其
車輛排班、調度有待檢討改善。

(3)就路線別而言，遊覽車之市場占有率以臺北－臺南線高達
71％居首，其次爲臺北－嘉義線之61％，承運人數亦以該
兩條路線最多。

(4)以臺汽目前之車輛承載率而言，即使真正能夠全面取締杜
絕違規遊覽車之營運，臺汽之運輸能量亦將無法負荷。但
以現有車輛數而言，如能改善車輛排班、調度，應可負擔
一般日之運輸需求。週末、星期例假日等尖峰時間則無法
負荷。

三、違規遊覽車產生原因與問題

違規遊覽車產生的原因以及各項因素之間的因果關係相當錯綜
複雜，但綜合有關文獻以及本研究之分析，大致可以歸納如圖1，
茲就有關違規遊覽車產生之原因擇要說明如下。

(一)臺汽高速公路票價偏高

由於鐵路與公路之成本結構不同，政府在運輸政策上爲使鐵公
路運量均衡，臺汽國光號與中興號票價之訂定均參照鐵路高級列車
費率，訂定遠高於成本之票價。

加上臺汽公司因行駛許多政策性偏遠地區路線之虧損須由高速
公路中長程路線之盈餘自行補貼，亦爲票價偏高之理由之一。此

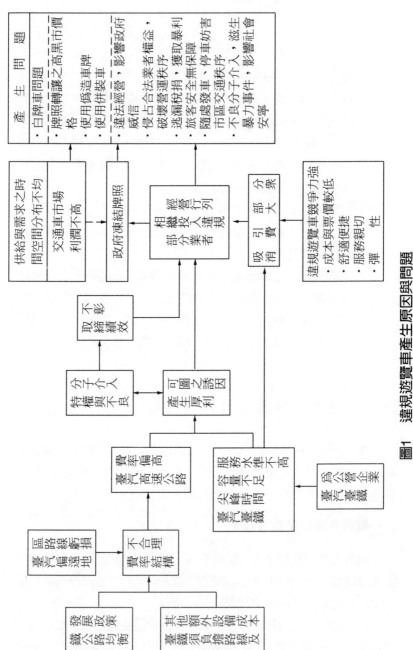

圖1　違規遊覽車產生原因與問題

外，目前以每車公里作爲計算運價之單一費率方式是否合理亦有待檢討。據估計臺汽公司行駛高速公路中長程路線之盈餘每年高達七億餘元，占該公司客運總收入七成以上。

(二)尖峰時間臺汽臺鐵容量不足，服務品質不高

依據鄧淑華之研究（1987），年節與週日例假臺鐵對號車以上座位利用率高達105％，臺汽公司則約爲89％。容量不足與服務品質不高的原因，一方面固然係因尖峰時間之需求較一般日爲高，但臺汽、臺鐵屬於公營企業，受到較多的牽制與束縛，未能適時擴充容量，提高服務品質，加上內部管理與營運效率較差，亦爲無須諱言的事實。

(三)違規遊覽車有厚利可圖

臺汽票價偏高以及臺汽、臺鐵尖峰時間容量不足，服務品質不高，無法滿足市場需求，爲產生有厚利可圖之基本原因。此外，違規遊覽業者由於無須負擔場站設備、稅捐、優待票、偏遠路線虧損等費用，成本較臺汽公司爲低（雖然業者聲稱須支付約25％之規費），其利潤比臺汽公司更高。依據文獻（鄧淑華，1987；《都市交通》，第15期，〈遊覽車問題面面觀〉）之調查與分析，違規遊覽業之平均出車淨利約爲其他合法營運類別之4倍（詳表5）。

(四)違規遊覽車吸引部分消費大眾

雖然違規遊覽車與臺汽公司屬於不公平的競爭，但對消費大眾而言，由於

(1)經濟——由於成本較低，平均票價約爲臺汽公司之87％（詳表6），非尖峰時間可能更低。

表5　遊覽車業出車淨利概況

單位：萬元／車／月

項目＼類別	國民旅遊	旅行社	交通車	班　車
小規模業者 (車數≦10)	3.693	3.723	2.384	13.75
大規模業者 (車數≧11)	3.002	2.825	2.665	14.30
平均淨利	3.578	3.544	2.434	13.99

表6　違規班車／臺汽高級車票價比較表　單位：元

車種別＼路線	臺北屏東	臺北高雄	臺北臺南	臺北嘉義	臺北北港	臺北彰化	臺北東勢	臺北臺中	臺北豐原	平均%
A中興號	--	334	--	237	236	168	158	156	144	
B國光號	429	414	363	294	293	208	--	194	178	
C遊覽車	350	300	250	200	200	150	120	150	120	
D雙層	--	350	300	250	250	--	--	--	--	
C/A(%)	--	89.8	--	84.4	84.8	89.3	76.0	96.1	83.3	86.2
D/A(%)	--	1048	--	1055	1060	--	--	--	--	1053
C/B(%)	81.6	72.5	68.9	68.0	68.3	72.1	--	77.3	67.4	72.0
D/B(%)	--	84.5	82.6	85.0	85.3	--	--	--	--	84.4
平　均　百　分　比										87.0

資料來源：鄧淑華，1987。

(2)舒適便捷——依據文獻(鄧淑華，1987)之問卷調查，180匹馬力以上之豪華遊覽車占57%。

(3)服務親切——車上提供報紙、雜誌與茶水等供旅客閱讀取用。

(4)較具彈性——沿途可以任意停車，上下旅客，機動增加班次，同時票價亦有彈性。

因此雖然在行車安全方面較無保障，但仍然能吸引一部分的消費大眾。

(五)特權與不良分子介入以及取締績效不彰

以臺北市監理處聯合稽查小組為例，民國70年至75年平均每年取締315件，一天不到一件(鄧淑華，1987)。

至於違規遊覽車所產生的問題主要有：

(1)違法經營，公然向公權力挑戰，影響政府威信。

(2)侵占合法業者權益，破壞公路營運秩序。

(3)逃漏稅捐，獲取不法暴利。

(4)旅客安全無保障：車輛未合理保養，超速行車，一旦發生肇事又缺乏合理的理賠制度。

(5)隨處發車、停車，妨害市區交通秩序。

(6)不良分子介入，滋生暴力事件，影響社會安寧。

參考文獻

鄧淑華

　1987　〈臺灣地區遊覽車管理策略之研究〉，國立交通大學交通運輸研究所碩士論文。

交通部運委會

　　1978　《出租大客車違規經營固定班車問題之研究》。

謝長宏

　　1987　《臺灣汽車客運股份有限公司運務營運管理研究》，臺灣省政府
　　　　　研考會委託交大管研所辦理。

第九章　臺灣地區攤販經營概況調查報告之調查結果綜合分析[*]

行政院主計處

一、攤販經營概況

（一）攤販家數分布

　　77年底臺灣地區攤販家數計有234,335家，較71年底之85,020家，劇增1.75倍，平均每年以18.41％之速度增加，亦即平均每年約增加24,886家。

1.地區分布情況

　　❖攤販多向都會區聚集，各縣市中以臺北縣、市幾占三成為最多。

　　77年底臺灣地區攤販家數，按縣市別觀察，以臺北縣為最多，有43,555家，占全部攤販數之18.59％；臺北市有23,568家或占10.06％居次；臺中縣、臺中市與高雄市分別以15,747家、15,736家、15,498家再次之；餘攤販家數達10,000家以上之縣市，依序為彰化

＊本文摘自該報告（78年10月）之肆，頁8~38。

縣有13,932家，桃園縣有13,429家，高雄縣有11,080家，屏東縣有11,005家，臺南縣有10,315家；而以澎湖縣為最少，僅有788家，顯示人口較多，工商業較發達之都會區及其外圍之縣市，均為吸引攤販湧來聚集營業之地區。

❖攤販採取固定地點營業者高占78％，而各縣市流動性攤販之比率均相若。

若觀察攤販營業方式，則採取固定地點營業之攤販有183,559家或占78.33％；而到處游動叫賣之流動攤販有50,776家或占21.67％，顯示臺灣地區攤販已逐漸脫離農業社會之臨時廟集或游動售賣貨品之營業方式，而大都占據在公共地區之一隅營業，由於其設備簡陋，頗易影響市容觀瞻。若由縣市別觀察，各縣市都以固定攤販占多數；而流動攤販中，以臺北縣有12,365家，占全部流動攤販家數之24.35％為最多；其次為臺北市有5,036家居次；臺中縣有3,394家居第三；高雄市有3,246家居第四；而流動攤販達2,000家以上之縣市，尚有屏東縣、臺南市、臺中市、桃園縣、高雄縣等5縣市，顯示都市地區市民光顧流動攤販之喜好程度，與非都市地區相若。

❖攤販家數占正規零售商家之82.54％，各縣市中以臺北縣、基隆市與臺中市之攤販家數遠多於正規商家。

若觀察攤販家數占正規零售（含飲食業）商店家數之比率，臺灣地區攤販家數占正規零售商店家數之比率高達82.54％，顯示攤販之蔓延已影響合法商家之生意，造成不公平競爭情形。其中以臺北縣最為嚴重，其攤販家數占正規零售商店家數之比率高達151.60％，亦即是攤販家數遠多於正規零售商店家數五成多；基隆市之比率亦達134.14％居次；臺中市則以116.00％居第三；新竹縣為110.75％，臺中縣為107.30％分居第四、五。顯示該等縣市之攤販已到處充斥，已影響合法商家之營運。澎湖縣與臺北市之攤販家數占正規

表1 臺灣地區攤販營業家數——按地區區分

民國77年底

地 區 別	攤販家數（家）	固定攤販（家）	流動攤販（家）	零售商店家數（含飲食業）（家）	攤販家數占零售商店家數百分比（％）	平均每百人攤販家數（家）	平均每平方公里攤販家數（家）
總計	234,335	183,559	50,776	283,913	82.54	1.18	6.51
臺灣省	195,269	152,775	42,494	211,774	92.21	1.23	5.49
臺北縣	43,555	31,190	12,365	28,730	151.60	1.51	21.22
宜蘭縣	5,082	3,996	1,086	6,708	75.76	1.14	2.38
桃園縣	13,429	11,137	2,292	14,760	90.98	1.04	11.00
新竹縣	5,028	3,458	1,570	4,540	110.75	1.37	3.52
苗栗縣	4,228	2,969	1,259	7,755	54.52	0.77	2.32
臺中縣	15,747	12,353	3,394	14,676	107.30	1.30	7.68
彰化縣	13,932	12,429	1,503	14,974	93.04	1.13	12.97
南投縣	4,374	3,786	588	8,045	54.37	0.82	1.07
雲林縣	5,346	4,369	977	10,040	53.25	0.70	4.14
嘉義縣	5,123	4,406	717	7,340	69.80	0.92	2.69
臺南縣	10,315	8,957	1,358	12,802	80.57	1.02	5.12
高雄縣	11,080	8,999	2,081	13,010	85.17	1.01	3.97
屏東縣	11,005	7,813	3,192	12,855	85.61	1.23	3.96
澎湖縣	788	520	268	2,171	36.30	0.81	6.21
臺東縣	3,691	2,977	714	4,432	83.28	1.42	1.05
花蓮縣	3,926	3,592	334	6,053	64.86	1.11	0.85
基隆市	8,204	6,456	1,748	6,116	134.14	2.35	61.80
新竹市	3,450	2,410	1,040	4,750	72.63	1.10	33.14
臺中市	15,736	13,200	2,536	13,566	116.00	2.15	96.29
嘉義市	3,186	2,306	880	4,786	66.57	1.24	53.08
臺南市	8,044	5,452	2,592	13,665	58.87	1.20	45.80
臺北市	23,568	18,532	5,036	47,989	49.11	0.88	86.72
高雄市	15,498	12,252	3,246	24,150	64.17	1.14	100.90
按縣市、縣級地區分							
縣級地區	77,686	60,608	17,078	115,022	67.54	1.22	73.20
市級地區	156,649	122,951	33,698	168,891	92.75	1.16	4.48

零售商店家數之比率分別為36.30％與49.11％為屬較少者，乃因澎湖縣人口較少，而臺北市則為臺灣地區工商業活動最繁榮之都市，商店到處林立，百貨公司、超級市場與飲食店較多，致其攤販占正規零售商店之比率較低。

❖平均每百人口擁有1.18家攤販，各縣市中以基隆市與臺中市之擁有比率最高。

若觀察每百人口之攤販家數，臺灣地區平均每百人口有1.18家攤販，亦即平均每84.7人擁有一家攤販。若由縣市別觀察，以基隆市平均每百人口有2.35家攤販為最高；其次為臺中市，平均每百人口有2.15家攤販，顯示基隆市與臺中市之市民向攤販光顧購物之機會最多；臺北縣則以平均每百人口有1.51家攤販居第三；而雲林縣則以平均每百人口有0.7家攤販為最少，乃因其為農業縣，人口聚居程度較低，致攤販之比例較少。綜合觀察，近年來由於工商業快速發達，農村農業收入相對降低，吸引部分農村邊際人口移入都市，其在都市就業市場競爭下，部分無法覓得適當職業，其為求在都市生存下去，而從事攤販正是最簡易可行之謀生方式，因此都市及其外圍地區，成為攤販增長之絕佳空間。

❖市級地區平均每平方公里有73.2家攤販，為縣級地區之16.3倍。

若由攤販家數密集度觀察，以高雄市平均每平方公里有100.90家為最多；臺中市以96.29家居次；臺北市以86.72家居第三；基隆市以61.80家居第四；嘉義市以53.08家居第五；而以花蓮縣未滿1家為最少；臺東縣則以1.05家較花蓮縣為略高。若由市、縣級地區來觀察，都市級地區之每平方公里有73.20家攤販，為縣級地區密集度之16.34倍，顯示攤販都湧向工商業發達、人口眾多之都市地區聚集。

2.營業類別結構

❖臺灣地區攤販主要以食、衣類為主要營業類別，其中以販賣食物類者占全部之74.32％最多，顯示國人尚多好吃，不重視衛生與隨處就食之習慣。

77年底臺灣地區攤販家數，由營業項目類別觀察，以經營小吃及食品類為最多，有81,014家或占34.57％；其次為經營生鮮水果類有27,392家或占11.69％；經營蔬菜類有25,905家或占11.05％居第三；而以銷售電器及電料類之攤販最少，僅有1,091家。若將營業項目分為食物類、衣著類及隨身用品類、家庭用品類、醫藥類、育樂類、服務類與其他商品類來觀察，則以販賣食物類攤販有174,156家或占74.32％為最多，由於"民以食為天"乃為我國人民之本性，每日基本三餐之食物，除由一般零售商店提供外，大部分民眾鑒於便宜而方便，逐向攤販購買食品，因此攤販業者趨之若鶩，紛紛開業販賣食品，此類攤販亦為造成髒亂之最主要來源；亦顯示國人尚多好吃，不重視衛生與隨處就食之習慣。其次為衣著及隨身用品類有29,057家或占12.40％，我國國民所得雖已提高至六千餘美元，惟國人對衣著支出仍有節省之習慣，早期買布自縫衣物之情形，已被大量製造之成衣所取代，而一般商店所銷售之中上級成衣，由於價格較不為一般國人所接納，因此向攤販購買之機會較多，此為衣著攤販比率較大之主要因素。其餘服務類攤販有11,160家，育樂類攤販有7,886家，家庭用品類攤販有5,977家，醫藥類攤販有1,403家，其他商品類攤販有4,696家。若由地區別觀察，各縣市均以食物類與衣著及隨身用品類攤販為最多，顯示臺灣地區攤販主要營業類別為販賣食、衣類者，而此兩類商品則與民眾日常生活為最密切者。

3.營業地點分布

❖攤販營業地點多設置在馬路邊、市場旁、自家門口、一般商

表2 臺灣地區攤販營業家數——按地區及營業種類分

民國77年底

單位：家

地區別	合計	食物類	衣著及隨身用品類	家庭用品類	醫藥類	育樂類	服務類	其他商品類
總計	234,335	174,156	29,057	5,977	1,403	7,886	11,160	4,696
臺灣省	195,269	145,654	23,754	5,267	1,267	6,535	9,062	3,730
臺北縣	43,555	34,921	4,567	896	203	922	1,032	1,014
宜蘭縣	5,082	3,536	564	132	-	432	270	148
桃園縣	13,429	9,427	1,983	395	66	603	709	246
新竹縣	5,028	3,206	608	37	8	411	734	24
苗栗縣	4,228	3,189	528	97	49	139	114	112
臺中縣	15,747	11,129	2,134	378	126	463	1,265	252
彰化縣	13,932	9,525	1,807	553	166	641	886	354
南投縣	4,374	3,606	408	100	-	80	-	180
雲林縣	5,346	4,329	351	78	36	141	246	165
嘉義縣	5,123	4,378	338	102	85	66	112	42
臺南縣	10,315	7,438	1,676	366	90	151	496	98
高雄縣	11,080	8,054	1,605	223	78	253	722	145
屏東縣	11,005	9,321	610	361	21	177	405	110
澎湖縣	788	448	186	92	-	40	22	-
臺東縣	3,691	2,356	557	176	-	276	326	71
花蓮縣	3,926	3,338	207	104	-	71	135	71
基隆市	8,204	5,926	940	212	102	360	564	100
新竹市	3,450	2,670	180	180	-	240	-	180
臺中市	15,736	9,760	3,555	567	171	711	675	297
嘉義市	3,186	2,668	218	42	12	81	108	57
臺南市	8,044	6,429	732	176	54	277	241	135
臺北市	23,568	16,820	3,458	350	28	784	1,414	714
高雄市	15,498	11,682	1,845	360	108	567	684	252
按縣市、縣級地區分 縣級地區	77,686	55,955	10,928	1,887	475	3,020	3,686	1,735
市級地區	156,649	118,201	18,129	4,090	928	4,866	7,474	2,961

註：食物類包括肉類、魚介類、生鮮水果、小吃及食品、飲料。
衣著及隨身用品類包括成衣、被服及布類、鞋類、飾品及隨身用品、化妝及清潔。
家庭用品類包括小件五金及家用器皿、電器及電料。
醫藥類包括藥品及醫療材料。
育樂類包括運動及休閒用品、玩具及玩偶、書報雜誌及文具紙張。
服務類包括娛樂服務、修理服務、其他個人服務。

店或工廠門口與夜市等，嚴重影響交通與市場經營。

臺灣地區攤販主要營業地點，大都設置在馬路邊、市場旁、自

表3　臺灣地區攤販經營家數──按營業地點分

民國77年底　　　　　　　　　　　單位：家

項　　目　　別	合　計	市場旁	夜市	遊樂場所附近	車站附近	自家門口(含騎樓下或路旁)	一般商店或工廠門口	馬路邊	其他
總　　　計	234,335	58,083	24,760	2,285	3,794	38,436	29,083	68,221	9,673
臺灣省	195,269	48,683	22,506	1,947	3,511	33,404	21,462	55,109	8,647
臺北市	23,568	3,766	1,498	140	112	2,548	6,874	7,748	882
高雄市	15,498	5,634	756	198	171	2,484	747	5,364	114
按都市化程度分									
都市地區	140,977	41,093	14,577	1,621	2,019	18,305	21,036	38,800	3,526
城鎮地區	38,535	8,227	2,418	350	506	6,643	4,290	13,472	2,629
鄉鎮地區	54,823	8,763	7,765	314	1,269	13,488	3,757	15,949	3,518
按營業項目分									
肉類	19,184	7,080	989	135	302	2,609	2,135	4,919	1,015
魚介類	12,666	5,355	377	14	125	1,128	1,245	3,842	580
蔬菜類	25,905	10,615	403	36	317	2,446	2,351	8,500	1,237
生鮮水果類	27,392	9,979	2,232	278	530	2,165	2,064	9,443	701
小吃及食品類	81,014	9,709	4,445	1,197	1,371	22,952	11,404	27,085	2,851
飲料類	7,995	1,216	833	173	234	1,925	1,226	1,961	427
成衣被服及布類	17,933	5,863	4,978	48	152	717	2,505	3,523	147
鞋類	3,874	934	1,483	-	58	221	311	797	70
飾品及隨身用品類	4,864	1,053	1,660	-	72	139	980	828	132
化妝及清潔用品類	2,386	572	783	-	41	118	226	568	78
小件五金及家用器皿類	4,886	1,401	1,158	-	35	265	433	1,346	248
藥品及醫療材料類	1,403	348	353	18	18	133	121	265	147
電器及電料類	1,091	142	374	34	18	78	139	306	-
運動及休閒用品類	2,039	374	738	20	57	124	242	412	72
玩具及玩偶類	3,359	579	636	159	-	519	450	698	318
書報雜誌及文具紙張類	2,488	282	440	27	66	387	680	578	28
其他商品買賣類	4,696	804	523	27	117	468	505	1,322	930
娛樂服務類	5,157	608	1,939	20	114	853	624	858	105
修理服務類	3,676	567	151	21	117	730	974	774	342
其他個人服務類	2,327	602	265	42	50	459	468	196	245

家門口、一般商店或工廠門口與夜市，其家數共占全部攤販之93.28
％。由地區別觀察，各縣市之攤販均分布在該上述地點營業，其中
高雄市、嘉義市、臺南市、臺中縣、南投縣、臺東縣等縣市之攤
販，較集中於市場旁營業；而臺中市、彰化縣、臺南縣等縣市之攤
販則較集中於夜市內營業。

❖肉類、魚介類、蔬菜類、生鮮水果類等攤販，以市場旁為主
要營業地點；小吃及食品類、飲料類等攤販，則以在馬路邊營業為
主。

若由營業項目觀察，食物類攤販與營業地點有相當之關係，屬
於肉類、魚介類、蔬菜類、生鮮水果類等攤販，較偏向在市場旁營
業，小吃及食品類、飲料類等攤販則以馬路邊營業為主。至於其他
類攤販分布，則較不顯著，但仍顯著集中在食物類攤販較多之地點
營業，顯示其有隨食物類攤販移動之勢，蓋因食物類攤販家數比率
居首，其原本會引來大批消費群眾，而人潮所至，則吸引其他各類
攤販湧進聚集營業，以爭取消費人口。而食物類攤販大都聚在馬路
邊與市場旁營業，其對交通與市場經營之影響甚巨，且對環境衛生
與市容觀瞻，均有所影響。

4.開業期間

❖攤販開業達3年以上者占76.65％，顯示攤販因本輕利厚，更
替頻率較低。而近三年來，每年新成立之攤販在17,000家以上，造
成攤販越來越多。

77年底臺灣地區攤販，若由其開業期間觀察，其營業期間已達
3年以上者之攤販有179,612家，占全體攤販之76.65％，尤其達10年
以上之攤販有71,162家或占30.37%最多；顯示攤販因營生容易，且
利潤優渥，而樂此不疲，更替變動較少，致開業期間已有長久時
期，此種優厚條件吸引更多之攤販成立，造成攤販越來越多，四處

表4　臺灣地區攤販營業家數——按開業期間分

民國77年底　　　　　　　　　　　　　　　　　　單位：家

營　業　項　目　別	合　計	未滿 1年	1年~ 未滿2年	2年~ 未滿3年	3年~ 未滿5年	5年~ 未滿10年	10年 以上
總　　　　　　　　計	234,335	17,392	19,125	18,206	45,913	62,537	71,162
肉　　　　　　　類	19,184	588	1,172	1,024	3,204	6,896	6,300
魚　　介　　類	12,666	86	986	545	1,799	4,141	5,109
蔬　　菜　　類	25,905	1,170	1,573	2,481	3,853	7,484	9,344
生　鮮　水　果　類	27,392	1,362	1,347	1,509	5,733	6,885	10,556
小 吃 及 食 品 類	81,014	11,029	8,673	6,157	18,016	17,951	19,188
飲　　料　　類	7,995	263	241	685	1,258	2,250	3,298
成 衣 被 服 及 布 類	17,933	988	1,629	2,127	3,092	5,287	4,810
鞋　　　　　類	3,874	79	350	323	641	1,315	1,166
飾 品 及 隨 身 用 品 類	4,864	407	482	710	1,090	1,154	1,021
化 妝 及 清 潔 用 品 類	2,386	50	239	104	526	942	525
小件五金及家用器皿類	4,886	56	579	296	1,232	1,390	1,333
藥 品 及 醫 療 材 料 類	1,403	17	159	81	236	81	829
電 器 及 電 料 類	1,091	8	144	136	231	320	252
運 動 及 休 閒 用 品 類	2,039	15	204	312	729	623	156
玩 具 及 玩 偶 類	3,359	165	339	286	690	792	1,087
書報雜誌及文具紙張類	2,488	182	148	234	651	780	493
其 他 商 品 買 賣 類	4,696	572	425	349	603	1,079	1,668
娛 樂 服 務 類	5,157	303	416	630	1,450	1,934	424
修 理 服 務 類	3,676	52	19	145	470	923	2,067
其 他 個 人 服 務 類	2,327	-	-	72	409	310	1,536

蔓延。

❖近三年來，以小吃及食品類、生鮮水果類、成衣被服及布
類、蔬菜類等攤販增加最多。

　　若由營業項目類別觀察，最近三年所增加之攤販，以販賣小吃
及食品類者爲最多，達25,859家，且有逐年增加之趨勢；其次爲蔬
菜類攤販增加5,224家；成衣被服及布類攤販增加4,744家居第三；
生鮮水果類攤販增加4,218家居第四。上述四類攤販合計增加家數則

占近三年所增加攤販之73.18％，顯示該四類攤販由於成立容易，貨品售價較一般商店便宜，且消費者之習性，仍爲圖方便之利，喜向攤販購買，致該四類攤販增加最多。

5.全年營業收入經營規模

❖攤販之全年營業收入規模逐漸擴大，約有三成達百萬元以上，已較許多正規商店爲佳。

若由全年營業收入之經營規模觀察，則臺灣地區攤販多屬個人之小規模經營者，攤販全年營業收入未滿50萬元者占39.39％，全年營業收入在50萬元至未滿100萬元者占32.16％，全年營業收入在100萬元至未滿200萬元者占22.88％，全年營業收入在200萬元以上者，則占5.57％。若與75年工商業普查商業比較，攤販全年營業收入在50萬元至未滿500萬元間之家數占60.08％，較商業普查家數統計同等規模之71.53％略低，顯示大多數攤販之全年營業收入規模，與正規商店比較，並未遜色多少。由於攤販不必負擔店面租金及賦稅，因此本輕利厚之誘因，而促使攤販家數成長快速，對正規商店之經營，已產生惡性競爭影響。

6.攤販營業時間

❖臺灣地區有八成以上之攤販每天營業時間固定，其中半數僅在上午營業，而全天候營業者亦達37％。

臺灣地區攤販每天營業時間不固定者有43,214家或占18.44％，其中以小吃及食品類有10,131家爲較多。若由每天營業時間固定者觀察，全天營業者有71,344家，或占37.33％；只在上午營業者有55,152家，或占28.86％；只在白天營業者有47,791家，或占25.01％；僅在晚上營業者有14,846家，或占7.77％；而僅在下午營業者，只有1,988家最少。若由營業項目觀察，販售食物類商品攤販大都在上午即開始營業；販售衣著及隨身用品類商品之攤販，則多在

表5 臺灣地區攤販營業家數——按全年營業收入分

民國77年底

單位：家

營業項目別	合計	未滿20萬元	20萬元～未滿30萬元	30萬元～未滿40萬元	40萬元～未滿50萬元	50萬元～未滿100萬元	100萬元～未滿200萬元	200萬元～未滿300萬元	300萬元～未滿500萬元	500萬元以上
總計	234,335	6,538	34,442	30,402	20,914	75,351	53,618	9,163	2,667	1,240
肉 類	19,184	70	1,045	1,159	913	5,821	7,694	1,828	403	251
魚 介 類	12,666	30	745	1,009	1,040	4,163	4,717	816	136	10
蔬 菜 類	25,905	872	4,781	3,830	2,094	8,048	5,155	701	324	100
生 鮮 水 果 類	27,392	298	2,728	3,264	2,684	10,883	6,144	1,007	218	166
小 吃 及 食 品 類	81,014	1,615	12,319	11,419	8,017	27,273	16,994	2,320	730	327
飲 料 類	7,995	660	2,068	1,162	815	2,437	773	66	14	-
成 衣 服 被 服 及 布 類	17,933	171	1,444	1,842	1,394	5,550	5,897	1,139	409	87
鞋 類	3,874	61	464	413	413	1,437	866	199	14	7
飾 品 及 隨 身 用 品 類	4,864	93	976	1,003	521	1,449	729	71	6	16
化 妝 及 清 潔 用 品 類	2,386	22	426	271	290	612	488	235	28	14
小件五金及家電器皿類	4,886	73	789	769	456	1,665	932	140	62	-
藥 品 及 醫 療 材 料 類	1,403	48	263	200	47	369	391	52	26	7
電 器 及 電 料 類	1,091	12	69	195	57	234	389	90	45	-
運 動 及 休 閒 用 品 類	2,039	24	175	349	206	839	376	35	35	-
玩 具 及 玩 偶 類	3,359	122	633	653	341	1,018	431	161	-	-
書報雜誌及文具紙張類	2,488	64	405	461	197	893	343	83	28	14
其 他 商 品 買 賣 類	4,696	250	1,189	537	419	965	914	139	140	143
娛 樂 服 務 類	5,157	912	1,813	685	481	819	219	81	49	98
修 理 服 務 類	3,676	568	1,270	737	340	682	79	-	-	-
其 他 個 人 服 務 類	2,327	573	840	444	189	194	87	-	-	-

表6　臺灣地區攤販營業家數——按主要營業時間分

民國77年底　　　　　　　　　　　　　　　　單位：家；%

營業時間別	合　計		食物類	衣著及隨身用品類	家庭用品類	醫藥類	育樂類	服務類	其他商品類
	家	%							
總　　　計	234,335	100.00	74.32	12.40	2.55	0.60	3.37	4.76	2.00
按主要營業時間分									
不　固　定	43,214	100.00	63.52	15.26	4.60	1.28	4.96	7.91	2.46
固　　　定	191,121	100.00	76.76	11.75	2.09	0.45	3.00	4.05	1.90
上　　　午	55,152	100.00	85.26	9.03	1.65	0.49	1.44	1.10	1.03
下　　　午	1,988	100.00	78.87	14.24	2.21	-	1.76	1.61	1.31
晚　　　上	14,846	100.00	32.57	38.16	6.88	1.21	9.06	9.65	2.47
白天(上午及下午)	47,791	100.00	76.91	10.30	2.34	0.52	2.53	4.40	3.01
全天(白天及晚上)	71,344	100.00	79.24	9.27	1.25	0.22	3.31	4.99	1.73

晚上才開始營業；其餘各類攤販亦多以晚上開始營業為主。顯示許多早點攤、果菜攤為迎合民眾起居、買菜習慣，而早出營業；而衣著攤、家庭用品攤，則配合民眾晚上休閒活動而出外營業；至全天候(白天及晚上)營業者，亦占多數，可見頗多攤販之經營已趨規制化。

(二)攤販從業員工

1.攤販從業員工人數

❖臺灣地區攤販從業員工人數有311,190人，占零售商業就業人口之25.02%；其中以婦女勞動力參與比率較高。

　　77年底臺灣地區攤販從業員工人數有311,190人，占臺灣地區就業人口之3.76%，占零售商業(含飲食業)就業人口之25.02%，即每25個就業人口或4個從事零售商業就業人口中，即有1人從事攤販營業活動。若按從業身分言，攤販負責人有234,335人或占75.30%，無酬家屬工作者有76,330人或占24.53%，受僱員工僅有525人或占

表7 臺灣地區攤販從業員工狀況──按地區分
民國77年底

地 區 別	合計 (人)	負責 (人)	無酬家 屬工作 者(人)	受雇員工人數及薪資		平均每家 從業員工 人數 (人)
				受雇員工 人數 (人)	平均每人 每月薪資 (元)	
總　　　　計	311,190	234,335	76,330	525	7,371	1.3
按都市化程度分						
都市地區	187,719	140,977	46,385	357	7,927	1.3
城鎮地區	50,825	38,535	12,230	60	5,400	1.3
鄉村地區	72,646	54,823	17,715	108	6,630	1.3
按縣市分						
臺灣省	257,675	195,269	61,979	427	7,555	1.3
臺北縣	56,548	43,555	12,957	36	7,333	1.3
宜蘭縣	6,778	5,082	1,628	68	4,765	1.3
桃園縣	17,141	13,429	3,705	7	9,000	1.3
新竹縣	5,370	5,028	342	-	-	1.1
苗栗縣	5,267	4,228	1,039	-	-	1.2
臺中縣	21,276	15,747	5,529	-	-	1.4
彰化縣	19,366	13,932	5,434	-	-	1.4
南投縣	5,258	4,374	884	-	-	1.2
雲林縣	7,953	5,346	2,583	24	6,000	1.5
嘉義縣	7,065	5,123	1,886	56	6,000	1.4
臺南縣	13,004	10,315	2,689	-	-	1.3
高雄縣	14,684	11,080	3,515	89	8,236	1.3
屏東縣	14,385	11,005	3,380	-	-	1.3
澎湖縣	1,124	788	336	-	-	1.4
臺東縣	5,030	3,691	1,321	18	7,500	1.4
花蓮縣	5,302	3,926	1,367	9	4,000	1.4
基隆市	10,640	8,204	2,436	-	-	1.3
新竹市	4,950	3,450	1,470	30	7,000	1.4
臺中市	22,429	15,736	6,630	63	10,714	1.4
嘉義市	3,967	3,186	781	-	-	1.2
臺南市	10,138	8,044	2,067	27	11,333	1.3
臺北市	33,004	23,568	9,338	98	6,571	1.4
高雄市	20,511	15,498	5,013	-	-	1.3

0.17%最少，顯示攤販多以個人式營業之小規模型態為主，甚少雇用員工。若由從業員工之性別觀察，男性從業員工有155,969人或50.12%，女性從業員工有155,221人或占49.88%；與77年底臺灣地區就業人口比較，男性就業人口中，每33人則有1人從事攤販營業活動，而女性就業人口中，每20人則有1人從事攤販營業活動，顯示臺灣地區攤販業中，婦女勞動力參與比率較高，乃因我國婦女傳統勤儉習性，除在家相夫教子外，為增加收入，多利用空餘時間，參與工作較自由之攤販業，以貼補家用，減輕家庭負擔。

2.攤販受雇員工薪資

❖77年攤販受雇員工平均每人每月薪資為7,371元，較零售商業非監督專技人員之13,745元為低。

77年臺灣地區攤販之受雇員工，平均每人每月薪資為7,371元，若與行政院主計處受雇員工調查比較，77年零售商業非監督專技人員平均每人每月薪資為13,745元，顯然較低，與勞基法公布規定之最低工資8,130元比較，亦顯較低，若由都市化程度地區別之受雇員工平均每人每月薪資觀察，都市地區之受雇員工為最高，達7,927元；由縣市別觀察，則以臺南市與臺中市超過1萬元最高，而以花蓮縣之4,000元最低。

(三)攤販平均每月營業日數與營業時間

❖攤販平均每月營業26.6日，平均每月營業準備時間與營業時間共達242.0小時，較零售商業受雇員工平均每人每月工作時數高出40.6小時。

77年臺灣地區攤販平均每月營業日數為26.6日，較同時期臺灣地區零售商業(含飲食業)受雇員工平均每人每月工作日數25.2日為高。若由地區別觀察，以鄉村地區平均每月營業日數27日最高，都市地區為26.7日居次，而以城鎮地區之25.7日為最低。

❖小吃及食品類、飲料類之攤販，平均每月工作時間最長，達280小時以上。

表8　臺灣地區攤販平均每月營業日數及平均每月工作時數——按營業項目分

民國77年

營 業 項 目 別	平均每月營業日數(日)				平均每月工作時數(小時)			
	合計	都市	城鎮	鄉村	合計	都市	城鎮	鄉村
總　　　計	26.6	26.7	25.7	27.0	242.0	240.4	236.0	249.4
肉類	26.7	26.7	26.5	26.9	200.0	195.3	203.4	210.7
魚介類	26.6	26.8	25.5	26.9	181.2	173.7	191.7	192.5
蔬菜類	26.7	26.7	26.1	27.4	198.3	190.4	198.1	216.7
生鮮水果類	26.9	26.9	26.7	27.2	244.2	239.8	263.2	243.1
小吃及食品類	27.1	27.2	26.4	27.4	299.7	297.8	281.6	312.8
飲料類	27.4	27.2	26.5	28.4	281.0	279.7	287.0	277.5
成衣被服及布類	25.7	26.0	24.3	25.9	188.9	193.1	181.9	175.3
鞋類	24.8	25.2	23.1	25.2	183.6	190.3	180.2	162.1
飾品及隨身用品類	25.8	25.6	26.3	26.5	195.4	200.3	191.3	173.0
化妝及清潔用品類	24.9	24.2	25.8	25.0	193.7	169.6	235.5	174.4
小件五金及家用器皿類	25.2	25.1	24.0	26.3	197.0	206.5	181.1	188.4
藥品及醫療材料類	24.7	25.2	25.7	22.2	182.5	192.4	194.9	143.1
電器及電料類	24.9	24.1	24.1	27.5	182.1	165.9	212.0	192.3
運動及休閒用品類	25.7	25.6	25.6	26.0	193.0	177.8	259.5	159.8
玩具及玩偶類	25.6	26.3	23.1	27.4	213.3	205.0	210.2	253.1
書報雜誌及文具紙張類	26.2	26.6	24.1	25.8	227.3	234.6	198.8	216.5
其他商品買賣類	24.7	26.6	19.0	27.0	233.9	260.7	169.6	244.2
娛樂服務類	26.5	27.1	26.4	25.3	244.1	259.1	250.5	209.7
修理服務類	26.6	27.2	26.3	25.7	252.5	256.5	267.4	237.7
其他個人服務類	25.7	26.2	23.1	26.7	204.4	236.3	160.8	186.4

註：工作時數包括營業時間和營業前準備時間。

　　若觀察每月營業時間，77年臺灣地區攤販平均每月營業時間為
210.1小時，較同時期臺灣地區零售商業受雇員工，平均每人每月工
作時數201.4小時，高出8.7小時；若再計入營業前之準備時間，則
更高出達40.6小時。攤販以薄利多銷為其主要經營方法，勤勞便成
為攤販之重要本錢，因此工作時間較一般行業為長，為其經營特
性。若觀察攤販平均每月工作時間（含營業時間與營業前準備時
間），則以販賣小吃及食品類攤販之平均每月工作時間最長，達
299.7小時為最高；其次為販賣飲料類攤販為281.0小時；修理服務
類攤販252.9小時居第三；而以販賣魚介類攤販工作時間最短，僅有
181.2小時。顯示小吃及食品類與飲料類攤販，由於其營業地點大都
離家較近，在追求利潤與顧家兩相兼宜之下，其工作時間則較不受
家庭生活之影響，例如麵攤、檳榔攤、香煙攤、冷熱飲攤等即是。

（四）攤販營業收支情形

1.全年營業收入

　　❖77年臺灣地區攤販全年營業收入占民間最終消費之11.70％。

　　77年臺灣地區攤販全年營業收入計196,201百萬元，占77年民間
最終消費之11.70％，顯示攤販業在整體經濟活動中，已形成不正常
現象。若由縣市觀察平均每家攤販全年營業收入情形，則以雲林縣
平均每家攤販全年營業收入達1,201千元為最高，其次為桃園縣平均
每家攤販全年營業收入1,186千元次之，南投縣平均每家攤販全年營
業收入1,076千元居第三；而平均每家攤販全年營業收入在900千元
以上之縣市有臺北市、臺中市、高雄市；新竹縣則以平均每家攤販
全年營業收入480千元最低。

　　若由營業項目觀察，平均每家攤販全年營業收入，以肉類攤販
平均每家全年營業收入1,334千元為最高，電器及電料類攤販之

1,091千元居次，成衣被服及布類攤販與魚介類攤販，分以1,038千元與1,005千元居第三及第四，顯示攤販銷售之商品由於成本低廉，在比一般商店較便宜之優厚條件下，吸引大批消費群來購買，至其全年營業收入與一般正規商店不相上下。

　❖都市地區之攤販平均每家全年營業收入864千元；城鎮地區為814千元；鄉村地區為785千元。

　　若由地區別觀察，都市地區平均每家攤販全年營業收入864千元最高，城鎮地區平均每家攤販全年營業收入814千元居次，鄉村地區平均每家攤販全年營業收入785千元最低，顯示攤販在都市、城鎮地區，由於消費群眾較多，致收入亦較豐；而鄉村地區則受交通或地理條件不便與消費購買力較低影響，因此平均收入較少。

2.利潤率

　❖77年臺灣地區攤販平均利潤達25.65％，遠高於正規商店；攤

表9　臺灣地區攤販營業收支情形——按營業種類分

民國77年

營　業　種　類　別	年底家數(家)	全　年營業收入(百萬元)	全　年營業支出(百萬元)	平均每家全　年營業收入(千元)	平均每家全　年營業支出(千元)	利潤率(％)
總　　　計	234,335	196,201	145,880	837	623	25.65
食物類	174,156	148,117	110,003	850	632	25.73
衣著及隨身用品類	29,057	27,164	20,365	935	701	25.03
家庭用品類	5,977	4,779	3,583	800	599	25.02
醫藥類	1,403	1,184	899	844	641	24.11
育樂類	7,886	5,471	4,083	694	518	25.38
服務類	11,160	5,073	3,627	455	325	28.50
其他商品類	4,969	4,413	3,320	940	707	24.76

販平均每家每月淨收益達17,895元,較製造業受雇員工平均每人每月薪資為高。

77年臺灣地區攤販全年營業收入扣除全年營業支出與成本後,平均每家攤販全年利潤為215千元,其經營利潤率達25.65%,較一般正規商店為優渥。由於利潤即為攤販之所得,因此換言之,平均每家攤販每月之淨收益達17,895元,較77年臺灣地區製造業受雇員工每人每月平均薪資16,846元為高。若由都市化程度觀察,城鎮地區平均每家攤販之利潤率為26.54%最高;都市地區平均每家攤販之利潤率為25.53%居次;鄉村地區平均每家攤販之利潤為25.32%為較低。

若由縣市別觀察平均每家攤販每月淨收益情形,每月淨收益在20,000元以上之縣市,依次有雲林縣為31,789元、桃園縣為24,351元、南投縣為23,686元、臺北市為22,381元、臺東縣為20,925元等;而每月淨收益最低之縣市為新竹縣,僅有9,560元,顯示在選擇就業情況下,攤販業之利潤確能吸引不少勞動人口投入營業,由於出資成本少,不須辦理任何登記手續即可成立,營業費用甚低,致利潤率較高,此為近年攤販家數漸趨增多,而其他各行業卻有勞力不足原因之一。

若由營業種類觀察,平均每家攤販每月淨收益言,以販售衣著及隨身用品類攤販之每月淨收益達19,502元為最高;其次為販售其他商品攤販為19,395元次之;販售食物類攤販為18,168元居第三;販售醫藥類攤販為16,957元居第四;而以服務類攤販之10,806元為最低。

3.生產總值

❖攤販經營之全年生產總值達63,179百萬元,占零售商業生產總值之14.36%,顯示攤販在零售商業經濟活動中,已逐漸擴張蔓延，形成到處充斥之不正常現象。

若以攤販之全年商品銷售淨收入計算為生產總值，則77年臺灣地區攤販經營之全年生產總值達63,179百萬元，占零售商業經濟活動生產總值之14.36％，顯示攤販經營之經濟活動，已逐漸擴張蔓延，形成到處充斥之不正常現象。攤販經營活動生產總值之分配中，中間支出占20.28％，受雇員工勞動報酬僅占0.07％，而利潤占79.65％。

若觀察各縣市攤販之生產總值，則以臺北縣之10,703百萬元或占16.94％最高；臺北市為7,662百萬元或占12.13％居第二；高雄市、臺中市與桃園縣則分別占7.64％、7.62％與7.39％再居次；澎湖縣則以0.27％居末。

若由營業項目觀之，則以小吃及食品類攤販之生產總值達20,518百萬元或占32.48％最高；肉類、生鮮水果類、蔬菜類與成衣被服及布類等攤販分別占12.76％、11.66％、9.76％與9.23％再居次。

(五)攤販銷售商品進貨來源

❖攤販銷售商品進貨來源，主要以批發商為主，零售商、生產者為次；銷售自產自種商品之攤販，以小吃及食品類、蔬菜類攤販為主。

77年臺灣地區攤販銷售商品進貨來源，主要來自批發商者占74.20％居首；來自零售商者占10.22％居次；自產（自種）者占4.79％居第三。顯示攤販銷售商品，為降低售價，減低成本吸引顧客，因此向批發商切貨販售較多。惟仍有部分攤販販售自行生產（種植）之物品，其中以小吃及食品類、蔬菜類、肉類、魚介類等攤販較多，因此其銷售價格亦能比超級市場為低。

(六)攤販銷售商品便宜情形

❖攤販銷售商品較一般正規零售商店平均便宜11.27%，但其免納營業稅，故營業費用甚低，利潤亦能相對較高。

價格便宜是攤販營業之基本條件，而國民仍有"貪小便宜"之消費習性，對便宜商品之喜好程度，已形成一種自然"供需"關

表10　臺灣地區攤販經營商品較一般零售商店便宜情形

民國77年底　　　　　　　　　　　　單位：家；%

項　目　別	合計		便宜10%以下	便宜10%	便宜20%	便宜30%	便宜50%	平均便宜程度
	家	%						
總　　　計	234,335	100.00	62.75	21.46	5.24	8.12	2.43	11.27
按都市程度分								
都市地區	140,977	100.00	61.25	20.94	5.93	9.03	2.84	12.02
城鎮地區	38,535	100.00	61.86	22.77	5.34	7.87	2.16	10.95
鄉村地區	54,823	100.00	68.48	22.06	2.87	5.31	1.28	9.03
按營業項目分								
食物類	174,156	100.00	70.03	19.13	3.79	5.96	1.10	8.70
衣著及隨身用品類	29,057	100.00	27.86	33.06	12.63	18.92	7.52	23.13
家庭用品類	5,977	100.00	35.74	32.99	13.23	11.38	6.66	20.38
醫藥類	1,403	100.00	48.61	27.58	4.92	11.33	7.56	15.81
育樂類	7,886	100.00	35.67	39.16	8.48	8.86	7.82	19.51
服務類	11,160	100.00	74.12	10.43	1.36	10.89	3.20	9.10
其他商品類	4,696	100.00	65.67	16.23	7.09	8.56	2.45	11.29
按營業地點分								
市場旁	58,087	100.00	53.95	26.77	8.43	8.76	2.10	13.52
夜市	24,760	100.00	48.34	23.74	8.24	13.50	6.19	17.26
遊樂場所附近	2,285	100.00	78.60	17.59	0.44	2.19	1.18	5.86
車站附近	3,794	100.00	61.68	25.20	3.58	6.85	2.69	11.51
自家門口	38,436	100.00	75.70	15.11	2.18	5.00	2.00	7.34
一般商店或工廠門口	29,083	100.00	62.79	21.22	5.32	8.03	2.64	11.30
馬路邊	68,217	100.00	66.16	20.41	3.27	8.42	1.73	10.04
其他	9,673	100.00	73.49	16.61	6.04	2.86	0.99	7.75

係，致使攤販家數呈增長趨勢。由於攤販大都向工廠或倒閉商店低價切貨，因此能以較正規商店銷售價格為便宜之方式來吸引消費群。

　　77年臺灣地區攤販銷售商品較一般正規零售商店平均便宜11.27％，因其免納營業稅，故營業費用甚低，利潤亦能相對提高。若由營業項目觀察，則平均便宜程度在10％以下者，僅有販售肉類、魚介類、生鮮水果類、小吃及食品類、飲料類與娛樂服務類等攤販，顯示大部分種類之商品攤販銷售較一般零售商店便宜；而攤販家數最多之小吃及食品類攤販，則僅較一般正規零售商店便宜7.60％，飲料類攤販則僅便宜6.50％，顯示國人尚多好吃，不重視衛生與隨處就食習慣，造就該攤販滋增繁衍。若觀察攤販家數，62.75％之攤販所銷售之商品較一般正規零售商店便宜之比率在10％以下；便宜比率在10％至未滿20％之攤販家數，則占21.46％；便宜比率在50％以上者僅占2.43％，且大都為販售成衣被服及布類飾品及隨身用品類與小件五金及家用器皿類攤販。

　　❖臺北市攤販所銷售之商品較一般正規零售商店之便宜程度，較臺灣省與高雄市為高。

　　若由省、市觀察，臺北市之攤販以較一般正規零售商店平均便宜程度達14.73％，居省、市之冠，由於臺北市受高品質消費水準與較高物價之影響下，且各地攤販之貨源成本差異不大，因此使臺北市之攤販能以比正規零售商店較便宜之價格出售商品，來吸引廣大之消費群；而臺灣省各縣市中，商品售價之便宜比率達10％以上者，有臺北縣、宜蘭縣、桃園縣、新竹縣、彰化縣、南投縣、嘉義縣、高雄縣、澎湖縣、臺東縣、臺中市與高雄市、臺北市等。

二、攤販負責人特性

(一)攤販負責人性別

❖攤販營業負責人男女性比例為136:100，而女性攤販負責人平

表11　臺灣地區攤販經營概況——按負責人性別及年齡分
民國77年

年　齡　別	年底家數			平均每月營業收入(元)	利潤率(%)	平均開業期間(年)	平均每月營業日數(天)	平均每月營業時間(小時)
	合計(家)	固定攤販(%)	流動攤販(%)					
總　　計	234,335	78.33	21.67	69,759	25.65	7.9	26.6	212.6
未滿20　歲	646	100.00	-	94,005	27.99	0.5	26.4	270.2
20　歲　～	20,733	77.58	22.42	73,222	25.13	2.7	26.7	234.2
30　歲　～	72,870	79.06	20.94	73,518	25.53	5.3	26.7	214.8
40　歲　～	72,063	78.58	21.42	70,425	25.50	7.4	26.7	207.9
50　歲　～	46,821	80.44	19.56	69,389	26.25	12.0	26.7	209.4
60　歲 以上	21,202	71.18	28.82	51,263	25.79	14.8	25.9	204.7
男性負責人	135,246	75.73	24.27	75,201	25.72	8.5	26.6	209.0
未滿20　歲	255	100.00	-	76,401	26.10	0.9	24.9	201.2
20　歲　～	8,985	75.22	24.78	76,077	25.02	3.1	26.5	218.4
30　歲　～	39,498	73.64	26.36	80,128	25.62	5.6	26.7	210.4
40　歲　～	42,169	77.80	22.20	76,278	25.44	7.6	26.6	205.7
50　歲　～	29,874	80.16	19.84	76,979	26.43	12.1	26.7	210.7
60　歲　～	14,465	67.52	32.48	54,374	25.77	14.9	25.9	205.1
女性負責人	99,089	81.88	18.12	62,330	25.54	7.1	26.7	217.5
未滿20　歲	391	100.00	-	105,486	28.87	0.3	27.4	318.5
20　歲　～	11,748	79.48	20.52	71,039	25.22	2.3	26.8	246.4
30　歲　～	33,372	85.36	14.64	65,694	25.39	5.0	26.7	220.1
40　歲　～	29,894	79.70	20.30	62,170	25.60	7.1	26.7	211.0
50　歲　～	16,947	80.93	19.07	56,009	25.82	12.0	26.8	207.1
60　歲以上	6,737	78.89	21.11	44,584	25.87	14.6	25.7	203.9

均每月淨收益較製造業女性受雇工人平均每月薪資高出3,053元，因此吸引不少婦女勞動力投入攤販行業。

77年底臺灣地區攤販負責人，男性有135,246人或占57.71％，

表12　臺灣地區攤販負責人特性──按營業地點分

民國77年底　　　　　　　　單位：％

年　齡　別	合計	市場旁	夜市	遊樂場所附近	車站附近	自家門口(含騎樓下或路旁)	一般商店或工廠門口	馬路邊	其他
總　　　計	100.00	24.79	10.57	0.98	1.62	16.40	12.41	29.11	4.13
未滿20　歲	100.00	22.14	6.35	6.50	1.86	9.13	17.03	34.83	2.17
20　歲　～	100.00	18.19	15.28	0.66	1.86	17.41	14.29	30.07	2.25
30　歲　～	100.00	24.72	12.93	0.82	1.54	16.80	11.14	29.34	2.72
40　歲　～	100.00	27.60	10.41	0.85	1.63	15.13	12.32	27.89	4.18
50　歲　～	100.00	25.03	7.55	1.07	1.60	16.54	13.18	29.69	5.34
60　歲以上	100.00	21.44	5.17	1.87	1.66	18.30	13.43	30.10	8.02
男性負責人	100.00	23.86	12.79	1.08	1.48	14.85	11.85	29.29	4.78
未滿20　歲	100.00	27.06	8.63	16.47	-	-	9.02	33.33	5.49
20　歲　～	100.00	17.47	19.67	0.72	1.61	13.54	12.43	31.14	3.41
30　歲　～	100.00	24.55	16.49	0.91	1.28	13.95	10.84	29.10	2.88
40　歲　～	100.00	26.83	13.23	0.71	1.66	13.33	11.95	28.30	3.99
50　歲　～	100.00	23.40	8.43	1.21	1.48	16.72	12.10	30.18	6.49
60　歲以上	100.00	18.22	6.24	2.32	1.48	19.00	13.52	29.63	9.60
女性負責人	100.00	26.04	7.53	0.83	1.80	18.52	13.17	28.88	3.23
未滿20　歲	100.00	18.93	4.86	-	3.07	15.09	22.25	35.81	-
20　歲　～	100.00	18.74	11.92	0.61	2.05	20.36	15.71	29.25	1.36
30　歲　～	100.00	24.93	8.70	0.72	1.84	20.18	11.48	29.63	2.52
40　歲　～	100.00	28.68	6.43	1.04	1.58	17.66	12.84	27.32	4.45
50　歲　～	100.00	27.90	6.01	0.83	1.82	16.22	15.08	28.84	3.30
60　歲以上	100.00	28.35	2.89	0.91	2.06	16.82	13.26	31.10	4.62

女性有99,089人或占42.29％，男女性比例爲136:100，其中女性負責人有81.88％在固定地點擺攤營業，較男性負責人之75.73％爲高，此係因女性爲兼顧家庭，故多喜固定一地點經營。若由利潤率觀之，男性負責人每月營業淨收益爲19,341元，較女性負責人每月淨收入15,919元高出3,422元；而女性攤販負責人之平均每月淨收入，較同時期製造業女性受雇員工平均每人每月薪資高出3,053元，顯示攤販之收入豐潤，致吸引不少婦女勞動力投入攤販行列。再由攤販業平均開業期間言，則男性負責人擺攤開業期間平均爲8.5年，較女性負責人平均擺攤開業期間之7.1年爲高。由工作時間而言，男性負責人平均每月營業日數26.6日，平均每月工作時間爲209.0小時，而女性負責人平均每月營業日數爲26.7日，平均每月工作時間爲217.5小時。

❖女性攤販負責人選擇營業地點，多以離家較近、經營方便或購物婦女較多之地方爲主。

若觀察營業地點，男、女性負責人均以馬路邊、市場旁與自家門口爲主要營業地點，其中女性負責人在自家門口營業之比率較男性高出3.67％，在市場旁營業者，女性則高出男性2.18％，顯示女性攤販負責人大都選擇離自家較近、經營方便或購物婦女較多之市場旁營業，期能方便照顧家庭或爭取婦女消費群之購買。而男性負責人在夜市營業之比率較女性高出5.26％，乃因在夜市內營業較辛苦，通常須營業至凌晨，且工作安全與家庭之顧慮，較不適合女性工作者，故比率較低。

(二)攤販負責人年齡分配

❖攤販負責人年齡以30歲至未滿60歲之壯中年養家人口爲主，共占81.83％。

　　77年底臺灣地區攤販負責人，以年齡在30歲至未滿40歲組，有72,870人或占31.10％爲最多；其次爲40歲至未滿50歲組，有72,063人或占30.75％；50歲至未滿60歲組，有46,821人或占19.98％居第

表13　臺灣地區攤販負責人特性——按營業項目分

民國77年底　　　　　　　　　　　　單位：人；％

負責人特性別	合計		食物類	衣著用品及隨身類	家庭用品類	醫藥類	育樂類	服務類	其他商品類
	家	(%)							
總　　　計	234,335	100.00	74.32	12.40	2.55	0.60	3.37	4.76	2.00
按負責人性別分									
男性	135,246	100.00	70.52	11.38	3.47	0.84	4.43	7.16	2.19
女性	99,089	100.00	79.51	13.79	1.30	0.26	1.91	1.49	1.74
按負責人年齡分									
未滿20歲	646	100.00	66.72	9.60	1.24	-	1.39	21.05	-
20歲～	20,733	100.00	71.17	17.85	2.36	0.09	4.13	1.40	3.00
30歲～	72,870	100.00	72.63	14.80	3.08	0.37	3.86	3.37	1.89
40歲～	72,063	100.00	75.71	11.66	3.07	0.57	2.95	4.65	1.39
50歲～	46,821	100.00	77.62	9.32	1.72	0.91	1.75	7.18	1.50
60歲以上	21,202	100.00	71.43	8.22	1.02	1.32	5.95	7.40	4.67
按負責人教育程度分									
大學及以上	765	100.00	45.62	20.00	1.96	-	11.50	11.90	9.02
專科	3,244	100.00	67.66	12.89	4.87	0.74	7.31	2.59	3.95
高中(職)	32,064	100.00	64.28	20.84	1.80	0.35	5.73	3.07	3.94
國(初)中(職)	60,090	100.00	68.53	15.33	3.97	0.55	3.76	5.90	1.97
國小及以下	138,172	100.00	79.49	9.12	2.05	0.68	2.49	4.67	1.49
按負責人兼職情形分									
無兼職	207,683	100.00	75.55	12.14	2.14	0.59	3.19	4.56	1.83
有兼職	26,652	100.00	64.77	14.45	5.76	0.68	4.65	6.37	3.32
另兼其他攤販工作	2,939	100.00	43.52	18.65	19.73	3.06	6.91	5.72	2.42
本攤販爲兼差性	15,511	100.00	62.56	15.78	4.00	0.59	5.69	7.81	3.57
主要經營攤販另兼其他行業	8,202	100.00	76.57	10.41	4.07	-	1.88	3.89	3.18

三。以上三組均屬壯中年人力之養家人口，共占81.83％。若由性別觀察，男性攤販負責人中，以40歲至未滿50歲年齡組占31.18％為最多，女性攤販負責人則以30歲至未滿40歲之年齡組占33.68％為最多。若由兩性之年齡分配觀察，攤販負責人年齡未滿30歲，以女性居多數，其男女性比例為100:131；年齡超過30歲者，則以男性占絕大多數，其男女性比例145:100，顯示男性攤販負責人在年輕時歷經多年就業不順之情況下，而轉入經營攤販，故年輕者較少；而年輕之女性負責人，則為增加收入貼補家用，而出外設攤營業，故年輕者較多。

若觀察營業種類，則各年齡組負責人，多以經營食物類與衣著及隨身用品類等兩大項為主。各年齡組中，女性負責人從事食物類攤販經營之比例，較男性為高，顯示女性由於天性對食物處理較為熟悉，且食物類商品之販售率較高，因此多選此類攤販為營業項目，以增加收入。

❖以流動攤販方式經營者中，60歲以上男性負責人之比率為最高，占32.48％。

若由各年齡組負責人從事攤販之營業方式觀察，以流動攤販方式營業者，年齡在60歲以上之負責人為最多，占該年齡組攤販之28.82％，其中大都為男性負責人，占該年齡組之32.48％；其餘各年齡組之流動攤販則介於19％與25％間。顯示較年輕之攤販負責人，較願固定在某一地點營業，減輕奔波之苦；而年紀較大者，則為爭取老顧客與其長久之經營習慣，致有較多負責人以流動攤販方式營業。

(三)攤販負責人教育程度

❖攤販負責人之教育程度，以國中、國小程度者居多，共占

84.60％，顯示攤販業為提供低教育程度就業謀生之最佳機會。

　　77年底攤販負責人之教育程度，以國中、國小及以下程度為最多，占84.60％，顯示多數攤販業者，由於學歷不高，在就業市場難以覓得適當職業，或不適應就業競爭下被淘汰而進入攤販經營行列。由年齡別觀察，在未滿20歲以下之攤販負責人多為國中、高中

表14　臺灣地區攤販負責人教育程度——按性別及年齡分

民國77年底　　　　　　　　　　　　　　　　單位：％

年　齡　別	合　計	大學及以上	專　科	高中(職)	國(初)中(職)	國小及以下
總　　　計	100.00	0.33	1.38	13.68	25.64	58.96
未滿20歲	100.00	-	-	43.25	56.75	-
20歲～	100.00	0.89	4.16	40.98	39.67	14.31
30歲～	100.00	0.08	1.27	23.86	37.47	37.31
40歲～	100.00	0.19	1.65	6.16	25.78	66.21
50歲～	100.00	0.25	0.72	2.97	9.51	86.55
60歲以上	100.00	1.17	0.06	1.21	9.12	88.43
男性負責人	100.00	0.42	2.02	14.10	28.65	54.81
未滿20歲	100.00	-	-	-	100.00	-
20歲～	100.00	1.39	4.90	48.57	31.38	13.76
30歲～	100.00	0.15	2.18	25.09	42.42	30.15
40歲～	100.00	0.33	2.71	8.16	34.80	54.00
50歲～	100.00	0.00	1.13	3.80	12.42	82.64
60歲以上	100.00	1.64	0.09	1.72	9.07	87.47
女性負責人	100.00	0.19	0.51	13.12	21.54	64.63
未滿20歲	100.00	-	-	52.11	47.89	-
20歲～	100.00	0.48	3.56	34.88	46.32	14.75
30歲～	100.00	-	0.21	22.43	31.70	45.65
40歲～	100.00	-	0.14	3.33	13.02	83.51
50歲～	100.00	0.69	-	1.53	4.48	93.31
60歲以上	100.00	0.18	-	0.12	9.24	90.46

程度者；年齡組在20歲至未滿30歲者，則國中、高中程度之負責人
比例相當；年齡組在30歲以上者，因其受教育期間，政府尚未實施
九年國民義務教育，致國小程度之攤販負責人漸呈趨多，尤以50歲
以上者更達86％以上。顯示攤販業爲提供許多低教育程度就業謀生
之機會，對安定社會有極大幫助。

　　若由性別觀察，女性負責人之教育程度以國小及以下程度者占
64.63％最高，較男性負責人之54.81％高出9.82％；其餘各年齡組女
性負責人之教育程度，均顯示較男性負責人爲低。

(四)攤販負責人之前職行業與從業身分

　　❖負責人初次就業即從事攤販經營者，占38.30％；非初次就業
者占61.70％，且多由製造業、商業、農林漁牧業等轉業者居多；其
從業身分，大都爲受雇者、自營作業者與無酬家屬工作者。

　　77年底臺灣地區攤販負責人，初次就業即從事攤販經營者占
38.30％，非初次就業者占61.70％。而以前曾從事其他行業之攤販
負責人，以從事製造業者占28.23％爲最多；其次爲從事商業者占
25.40％；從事農林漁牧業者占18.31％；從事服務業者占13.99％；
從事營造業者占8.58％；從事運輸倉儲及通信業者占4.03％；從事
礦業及土石採取業者占1.46％，顯示攤販負責人在就業不如意與工
作環境選擇下，而轉入經營本輕利厚之攤販業。

　　再就非初次就業之攤販負責人觀察其前職從業身分，屬於受雇
者占60.02％居多，其中受雇爲工人者占47.90％，受雇爲職員者占
12.12％；其次爲自營作業者及無酬家屬工作者占37.48％；而雇主
僅占2.50％。顯示多數攤販負責人在就業不如意、工作環境選擇與
受景氣不佳影響，而轉向容易經營之攤販業。

(五)攤販負責人兼職情形

❖攤販負責人另兼其他工作者有26,652人，其中男性負責人為女性之2.4倍。有兼職之攤販負責人中，有58％係以攤販為副業，且有65％從事食物類攤販之經營。

　　77年底臺灣地區攤販負責人，專業從事攤販經營者有207,683人或占88.63％；有兼其他工作者之負責人有26,652人或占11.37％。若觀察負責人兼職情形，有58％之負責人係將攤販營業當成貼補家用之另一主要收入來源，因此為副業兼差性質；有31％之負責人係以攤販為其主要營生工具，並兼做其他工作；惟另有11％之負責人經營兩個以上之攤販。由性別觀察，男性攤販負責人兼職者有18,798人，為女性負責人之2.4倍，顯示男性負責人為增加家庭收入，因此兼職情形較多。由地區別顯示，以臺北縣、臺中縣、彰化縣、屏東縣、桃園縣、高雄市、臺南縣、高雄縣等，攤販負責人兼職情形最多，乃因該等縣市位處都會區或都會區之外圍，攤販負責人為貼補家庭開銷，多會利用閒暇或農閒時候設攤營業，以增加收入。由營業種類觀察，約有65％兼職之負責人，從事食物類販賣之攤販，顯示食物類攤販因設置簡便，消費者眾多，故想從事攤販者，都會先選擇此類攤販營業。

三、攤販負責人家庭狀況

(一)攤販負責人居住情形

　　❖攤販負責人無自用住宅者占31.14％，較一般住戶為高。

　　77年底臺灣地區攤販負責人之住宅為自有者，有161,361人或占68.86％；租、借用住宅者有72,974人或占31.14％。本處77年住宅狀況調查統計結果顯示，一般住戶無自有住宅者占20.85％，較攤販負責人無自用住宅者低10.29％，顯示攤販負責人原本為中、低所得階層，或多為離鄉背井出外謀生者，故無自用住宅者較多。

若觀察居住時間，擁有自用住宅者，其居住期間在5年以上者占80.49%，居住期間在1年以上至未滿5年者占17.29%，未滿1年者僅占2.22%，顯示攤販負責人有購屋能力者，均於3年前或5年前房價較低時擁有住宅，而近年來，由於房價高漲，有購屋能力者已顯呈降低。由租借用住宅情形觀察而言，租借用房屋達3年以上者占63.08%；租借用房屋在1年以上而未滿3年者占27.98%；而租借用房屋在未滿1年者占8.95%。租借用房屋者，大都為離鄉背井到外地謀生而需要置屋居住，由於其收入較微，在此段房價飛飆時期，將使其購屋計畫受到阻延。

(二)攤販負責人家庭平均每戶人口數

❖攤販負責人家庭平均每戶人口數為5.1人，較全體一般家庭平均每戶人口數為高。

77年底臺灣地區攤販負責人家庭平均每戶人口數為5.1人，而家庭人口達5人以上者占62.5%；其中未滿20歲之人口數有1.9人，20歲以上人口數有3.2人；若與全體一般家庭平均每戶人口數比較，則略高0.6人。顯示攤販負責人家庭負擔較其他行業工作者為重，促使其從事攤販經營，以增加家庭所得。

由都市化程度地區觀察，以城鎮地區之攤販負責人家庭平均每戶人口數為5.3人最多；其次為鄉村地區與都市地區平均每戶人口數同為5.1人。若由年齡分組觀察，則40歲以上之攤販負責人家庭平均每戶人口數，三個地區則相若；而40歲以下之負責人其家庭人口數，以城鎮地區與鄉村地區較多。再由縣市別觀察。以苗栗縣及屏東縣攤販負責人家庭平均每戶人口數為5.6人最高；其次新竹縣、臺中縣、南投縣、基隆市同為5.5人居次；臺北縣及宜蘭縣以5.4人再

表15　臺灣地區攤販負責人家庭平均每戶人口數
——按都市化程度、全年營業收入及營業種類分

民國77年底　　　　　　　　　　　　　　單位：人

項　目　別	平均每戶人口數	戶內人口年齡分組			
		未滿20歲	20～39歲	40～59歲	60歲以上
總　　　計	5.1	1.9	1.7	1.1	0.4
按都市化程度分					
都市地區	5.1	1.8	1.7	1.1	0.4
城鎮地區	5.3	2.0	1.7	1.1	0.5
鄉村地區	5.1	1.9	1.7	1.1	0.3
按全年營業收入分					
未滿20萬元	5.3	1.3	2.0	1.3	0.7
20萬元～	4.8	1.5	1.7	1.1	0.5
30萬元～	4.8	1.4	1.6	1.1	0.6
40萬元～	4.9	1.7	1.7	1.1	0.4
50萬元～	5.2	1.9	1.8	1.1	0.4
100萬元～	5.3	2.2	1.7	1.1	0.3
200萬元～	5.0	1.8	1.9	1.0	0.3
300萬元～	5.4	2.1	1.6	1.3	0.4
500萬元～	4.9	2.1	2.0	0.6	0.2
按營業種類分					
食物類	5.1	1.9	1.7	1.1	0.4
衣著及隨身用品類	5.0	1.8	1.7	1.1	0.4
家庭用品類	5.1	1.8	1.6	1.1	0.5
醫藥類	5.3	1.6	1.7	1.6	0.4
育樂類	4.8	1.8	1.6	0.9	0.5
服務類	4.8	1.5	1.6	1.3	0.4
其他商品類	6.9	2.7	2.5	1.1	0.6

次之；花蓮縣攤販負責人家庭平均每戶人口數則以4.0人最少。

　　若由攤販負責人之全年營業收入觀察，全年營業收入在300萬至未滿500萬元之攤販負責人，家庭平均每戶人口數爲5.4人最高；全年營業收入在未滿20萬元與100萬元至未滿200萬元者，家庭平均每戶人口數5.3人居次；而以全年營業收入在20萬至未滿30萬元與30萬元至未滿40萬元者，家庭平均每戶人口數爲4.8人最少。

　　由營業種類觀察，以經營其他商品類之攤販，其家庭平均每戶人口數爲6.9人最高，其餘各類攤販，其負責人家庭平均每戶人口數則在5人左右。

(三)攤販負責人家庭平均每戶就業人口數與扶養人口數

　　❖攤販負責人家庭中，平均每戶有2.0人就業，有3.1人須接受扶養，較全體一般家庭平均接受扶養人口爲高。

　　若由都市化地區觀察，都市地區與城鎮地區之攤販負責人家庭平均每戶有2.0人就業，鄉村地區則略高；惟城鎮地區攤販負責人家庭平均每戶扶養人口爲3.3人，較其他地區爲高。

　　❖壯中年之攤販負責人家庭中，就業人數最少，且須扶養較多之親屬。

　　攤販負責人家庭平均每戶人口有5.1人，其中就業人數爲2人，換言之，有3.1人須接受扶養，亦較全體一般家庭平均接受扶養人口高出0.5人，顯示頗多攤販因家庭人口眾多，家計負擔較重。

　　若由攤販負責人年齡觀察，年齡未滿30歲及50歲以上者，其家庭內之平均就業人口較多，均達2人以上，尤以50歲至未滿60歲者有2.5人，其家庭就業人口較多，乃因家屬大都已成年就業，且尚居住在一起所致。如就家庭扶養人口而言，則屬壯中年養家人口之攤販負責人，平均每戶家庭扶養人口達3人以上爲較多，乃因該等年

表16　臺灣地區攤販負責人家庭平均就業人口數與扶養人口數
——按都市化程度負責人年齡及全年營業收入分

民國77年底　　　　　　　　　　　　　　　單位：人

項　目　別	平均每戶就業人口數					平均每戶扶養人口數				
	平均	戶內人口組成分				平均	戶內人口組成分			
		未滿3人	3人～	5人～	7人以上		未滿3人	3人～	5人～	7人以上
總　　　計	2.0	1.2	1.6	2.0	3.2	3.1	0.5	2.1	3.4	5.0
按都市化程度分										
都市地區	2.0	1.2	1.6	2.0	3.2	3.0	0.4	2.1	3.4	4.9
城鎮地區	2.0	1.1	1.6	1.9	3.0	3.3	0.9	2.1	3.5	6.1
鄉村地區	2.1	1.2	1.5	2.1	3.5	3.0	0.4	2.2	3.3	4.4
按負責人年齡分										
未滿20歲	2.4	-	1.0	2.5	1.0	3.1	-	3.0	3.0	6.0
20歲～	2.2	1.2	1.6	2.7	3.7	2.5	0.5	1.9	2.8	5.1
30歲～	1.6	1.2	1.3	1.7	2.3	3.3	0.4	2.4	3.7	6.0
40歲～	1.9	1.2	1.5	1.9	3.0	3.3	0.4	2.3	3.5	4.8
50歲～	2.5	1.1	2.0	2.4	3.3	3.0	0.5	1.7	3.0	4.4
60歲以上	2.4	1.1	1.8	2.5	4.4	2.4	0.6	1.7	3.0	5.1
按全年營業收入分										
未滿20萬元	3.0	1.0	2.1	2.9	5.6	2.3	0.8	1.7	2.6	3.5
20萬元～	2.2	1.2	1.7	2.4	3.6	2.6	0.5	1.9	3.0	4.3
30萬元～	2.2	1.1	1.9	2.4	3.2	2.6	0.5	1.9	3.1	4.6
40萬元～	2.1	1.3	1.5	2.2	3.2	2.8	0.3	2.2	3.1	4.2
50萬元～	2.0	1.2	1.7	1.9	3.2	3.1	0.5	2.0	3.5	4.6
100萬元～	1.8	1.2	1.3	1.8	2.9	3.5	0.5	2.4	3.6	6.1
200萬元～	1.7	1.1	1.2	1.7	2.8	3.3	0.4	2.5	3.7	5.4
300萬元～	1.8	1.0	1.2	1.9	2.8	3.6	1.0	2.5	3.7	5.6
500萬元～	1.6	1.1	1.2	2.4	2.1	3.3	0.7	2.4	3.2	7.5

齡者，其家屬非老即少，故須扶養人口較多。

若由全年營業收入觀察，全年營業收入越高之攤販，其平均每戶家庭之就業人數則呈減少，而扶養人數反呈增加，顯示部分以攤販爲專業者，其收入較豐，因此相對地能扶養較多親屬。其中全年營業收入未滿20萬元者之攤販負責人，平均全家有3.0人就業，平均扶養2.3人，顯示此等攤販負責人，係以兼營攤販來增加家庭收入，因此就業人口較高。

四、攤販從業原因及經營意願

近年來，各界對攤販問題多有批評，其以因陋就簡方式做生意，而妨礙交通、影響市容觀瞻、破壞環境衛生、淪爲地下工廠銷貨之主源，打擊合法商業行爲等，有攤販之地方，形成一種落後之現象，爲都市建設發展造成極大之阻礙，深爲政府、民意所關注；各界亦都體察出攤販所帶來問題，亟需積極整頓勸導、取締。因此政府亦曾三令五申，有意整頓攤販，徹底解決都市之癌。而攤販問題卻未能如計畫整頓成功，攤販有如原野之青草，"野火燒不盡，春風吹又生"，顯示出政府之公權力執行不彰，與攤販業者之公德心被利益蒙蔽。因此攤販之形成與意願須多做了解，期能對整頓攤販有所助益，協助攤販合法經營。

(一)從事攤販經營之原因

❖攤販負責人從事攤販營業之主要原因，有44.53％認爲經營攤販較自由；有23.02％認爲無其他謀生技能；而有16.32％認爲無其他就業機會。

臺灣地區攤販負責人從事攤販之主要原因，以認爲"本行經營較自由"者爲最多，占44.53％；認爲"無其他謀生技能"者爲其

次，占23.02％；認為"無其他就業機會"者列第三位，占16.32
％；認為"本行獲利較優"者列為第四位，占12.27％；"其他"者
最少，占3.87％。由都市化程度地區觀察，鄉村地區有55.31％之攤
販負責人認為"本行經營較自由"；城鎮地區與都市地區則分別有
43.03％與41.65％之攤販有相同之看法。都市地區中有25％之攤販
則認為"無其他謀生技能"，致從事攤販經營業；城鎮地區與鄉村
地區，則分別約有22％與19％攤販認為"無其他謀生技能"，顯示
部分攤販負責人，由農村移入都市地區生活，由於教育程度較低，
無專長技能，為求生存致從事攤販業。

　　由各縣市觀察，大多數之縣市中，攤販負責人都認為"本行經
營較自由"，為經營攤販之最主要原因。其中以澎湖縣更占達67.77
％為最高，其次為苗栗縣占65.92％；嘉義縣則以27.74％為最低。
臺北市有40.82％之攤販負責人認為經營攤販，主要係因"無其他謀
生技能"；而新竹縣有43.20％之攤販負責人認為"無其他就業機
會"是經營攤販主要原因。

　　若由攤販負責人年齡別觀察，認為"經營攤販較自由"者，隨
著年齡之增長而減少；而認為"無其他謀生技能"者，則有隨著年
齡之增長而增多，顯示三十年前臺灣地區高等教育尚未普及，職業
訓練尚未萌芽，致許多民眾未能充分習得謀生之技能，而從事攤販
經營。近三十年來國民受教育機會增加，已多能獲得一技之長，但
因臺灣地區各方面均有長足進步，生活水準不斷提高，各行各業收
入豐盛，國人均希望有創業之機會，惟因資金難籌，轉而從事經營
方式自由之攤販業。政府為照顧低收入國民之生活，雖曾四處規劃
建設市場容納許多攤販營業，但其攤販家數滋長之速度驚人，政府
增設攤販集中營業區之速度遠不及攤販家數增加速度，且在管理上
受人力不足，法令不周延之限制，致執行取締時效果不彰，助長攤

販繼續存在與壯大。

　　若由攤販負責人之教育程度觀察，國中以上教育程度者，有50％以上認爲從事經營攤販，係因"本行經營較自由"；而約有29％

表17　臺灣地區攤販從事本行主要原因
——按地區及負責人特性分

民國77年底

項　目　別	合計	本行獲利較優	本行經營較自由	無其他謀生技能	無其他就業機會	其他
總　　　計	100.00	12.27	44.53	23.02	16.32	3.87
按都市化程度分						
都市地區	100.00	12.15	41.65	24.52	17.38	4.29
城鎮地區	100.00	13.33	43.03	22.21	19.33	2.09
鄉村地區	100.00	11.75	55.31	18.73	10.21	4.00
按負責人性別分						
男性	100.00	11.98	45.94	23.02	15.78	3.28
女性	100.00	12.65	42.60	23.01	17.05	4.69
按負責人年齡分						
未滿20歲	100.00	3.25	68.00	10.50	14.75	3.50
20歲～	100.00	15.70	54.70	8.79	11.82	8.99
30歲～	100.00	16.54	49.09	16.18	14.49	3.70
40歲～	100.00	10.45	44.85	25.30	16.19	3.20
50歲～	100.00	10.71	41.25	29.70	15.57	2.77
60歲以上	100.00	4.29	26.96	36.60	27.88	4.27
按負責人教育程度分						
大學及以上	100.00	7.32	51.24	24.44	10.07	6.93
專科	100.00	9.22	53.36	15.51	14.24	7.68
高中(職)	100.00	13.79	54.92	12.16	13.55	5.57
國(初)中(職)	100.00	14.10	54.68	16.30	12.33	2.59
國小及以下	100.00	11.22	37.45	28.63	18.77	3.93

之國小及以下教育程度者與24％之大學及以上教育程度者，卻認爲
"無其他謀生技能"，致從事經營攤販。

綜上所述顯示，國人傳統自行創業心理、教育程度偏低、無專
長技能均爲從事攤販且增加快速之主因；又資金少經營容易、利潤
較優、國人喜好便宜及購物便利之促因，攤販因而隨處成立蔓延。
而各級政府受法令規章不周延限制，無法有效遏止攤販之增加形
成，使攤販業者誤認爲經營攤販較自由，而使攤販無限制成長，爲
臺灣地區國民生活品質提升之一種夢魘，有待政府再積極通盤深入
研究，制定周延之法令規章，有效輔導攤販業者轉業或成立商店，
使營業合法化，並嚴格持續掃蕩違規攤販，擺脫落後之聲名，以朝
現代都市化之建設發展。

(二)從事攤販經營之滿意度

❖攤販負責人對從事攤販之謀生方式，有六成感到滿意，僅有
12％感到不滿意。

77年底臺灣地區攤販負責人對從事經營攤販之滿意度，認爲很
滿意者占8.32％，尙滿意者占51.56％，兩者合計達59.88％；沒意見
者占28.12％；不滿意者占10.66％；很不滿意者占1.34％，顯示有近
六成攤販負責人對其經營方式與收入情況感到滿意，故多安於現
狀。

按都市化程度地區觀察，攤販負責人對從事經營攤販之滿意
度，認爲不滿意者，以都市地區攤販占12.73％爲最高；鄉村地區攤
販有9.15％次之；城鎮地區攤販則有4.37％最少。若由縣市別觀
察，則以南投縣之攤販負責人對從事攤販之謀生方式感到滿意者，
占91.47％最高；其次爲花蓮縣占82.6％；雲林縣占79.66％列第三；
而以新竹縣占25.24％爲最低。

表18 臺灣地區攤販對經營攤販滿意度

民國77年底　　　　　　　　　　　　　單位：%

項　目　別	合計	很滿意	尚滿意	沒意見	不滿意	很不滿意
總　　　　計	100.00	8.32	51.56	28.12	10.66	1.34
按都市化程度分						
都市地區	100.00	8.46	51.76	25.39	12.73	1.66
城鎮地區	100.00	9.41	47.45	37.77	4.37	1.01
鄉村地區	100.00	6.96	54.42	28.92	9.15	0.56
按負責人性別分						
男性	100.00	8.86	52.60	27.49	9.71	1.34
女性	100.00	7.59	50.15	28.97	11.95	1.33
按負責人年齡分						
未滿20歲	100.00	-	81.75	3.50	14.75	-
20歲～	100.00	9.38	52.86	23.63	9.67	4.46
30歲～	100.00	8.00	52.19	26.39	12.38	1.04
40歲～	100.00	6.42	53.97	27.62	10.47	1.52
50歲～	100.00	10.71	48.80	29.71	10.23	0.55
60歲～	100.00	8.94	47.00	35.87	7.43	0.77
按負責人教育程度分						
大學及以上	100.00	26.67	37.25	3.53	32.55	-
專科	100.00	3.85	56.01	22.56	12.98	4.59
高中(職)	100.00	8.80	54.17	25.04	9.28	2.70
國(初)中(職)	100.00	7.78	51.03	25.71	14.03	1.44
國小及以下	100.00	8.45	51.16	30.14	9.34	0.90
按營業地點分						
市場旁	100.00	9.05	54.31	27.35	8.20	1.08
夜市	100.00	13.11	51.87	25.03	8.89	1.10
遊樂場所附近	100.00	16.46	60.13	18.21	5.21	-
車站附近	100.00	7.01	52.66	20.48	17.42	2.42
自家門口	100.00	10.89	51.29	26.40	10.40	1.02
一般商店或工廠門口	100.00	5.37	47.00	31.55	13.33	2.75
馬路邊	100.00	5.74	49.92	30.62	12.65	1.08
其他	100.00	7.21	58.10	24.90	7.59	2.20
按全年收入總額分						
未滿20萬元	100.00	4.17	31.68	49.72	11.23	3.21
20～50萬元	100.00	6.87	46.24	32.12	13.31	1.46
50～100萬元	100.00	7.69	54.87	26.03	9.58	1.83
100～200萬元	100.00	8.98	53.95	26.64	9.54	0.89
200萬元以上	100.00	14.69	56.17	20.62	8.52	-
按負責人從業原因分						
本行獲利較優	100.00	26.00	58.46	8.42	6.38	0.73
本行經營較自由	100.00	8.13	56.39	27.50	6.61	1.36
無其他謀生技能	100.00	3.86	47.19	31.66	16.23	1.06
無其他就業機會	100.00	2.89	41.95	37.00	16.02	2.15
其他	100.00	3.99	40.51	39.21	15.10	1.19

　　再按攤販負責人教育程度觀察，其對目前攤販謀生方式不滿意者，以大學及以上之教育程度占32.55%最高；而國小及以下之教育程度者有10.24%為最低。由負責人年齡觀察，以未滿20歲之攤販負責人，有81.75%滿意目前攤販經營工作者為最高，乃因其多為兼差性質，經營攤販之利潤，對其需要頗有幫助，故極滿意攤販經營工作；而30歲以上之各年齡組，則隨負責人年齡之增加，對從事攤販謀生方式感到滿意者愈多，顯示年齡愈大，由於其教育程度較低，且無專長技能，轉業不易，又從事攤販業本輕利厚，因此感到滿意者較多。

　　綜上所述，攤販負責人對目前經營方式尚感滿意，顯示攤販經營對其家庭所得有極大助力，尚不願放棄此種營生容易之謀生方式。都市地區中有14.39%攤販負責人則不滿意現況，顯示都市地區因生活水準較高，攤販營業之利潤，仍趕不上都市間一般之生活水準而有所抱怨，致不滿意攤販之謀生方式；而少數從事攤販之大學以上教育程度者，有32.55%者不滿意從事攤販營業，此部分高等人力，有待政府協助轉業，以減少人力低度運用情形。

(三)從事攤販經營之困擾因素

　　❖從事攤販經營上所遇到之困擾，最主要為"同行競爭激烈"、"全年收入偏低"、"存貨容易腐敗"、"工作時間太長"與"警察會來取締"。

　　為統計攤販經營所遭遇之困擾因素，經採量化方式予以評分，即按各攤販負責人在經營時所遇到困擾因素之大小分別給予3分(最大困擾)，2分(第二困擾)及1分(第三困擾)；也就是得分愈高者，乃表示該項因素對攤販經營困擾程度愈大。

　　77年臺灣地區攤販所遇到之困擾程度以"同行競爭激烈"為最

表19 臺灣地區攤販經營所遇困擾因素大小

民國77年底　　　　　　　　　　單位：分

項　目　別	同行競爭激烈	全年收入偏低	存貨容易腐壞	工作時間太長	警察會來取締	不能兼顧家庭	營業日期不穩定	與本身專長不合	不良分子收取保護費	其他各種干擾
總　　　　計	1.08	0.82	0.78	0.74	0.62	0.53	0.33	0.11	0.04	0.21
按都市化程度分										
都市地區	1.02	0.82	0.79	0.70	0.75	0.49	0.33	0.11	0.04	0.20
城鎮地區	1.18	0.82	0.87	0.87	0.37	0.59	0.37	0.05	0.02	0.26
鄉村地區	1.20	0.83	0.67	0.74	0.41	0.60	0.27	0.18	0.06	0.19
按營業地點分										
市場旁	1.16	0.87	1.01	0.44	0.72	0.53	0.31	0.14	0.02	0.20
夜市	1.11	0.61	0.41	0.54	0.55	0.88	0.69	0.11	0.08	0.32
遊樂場所附近	1.04	0.37	0.64	0.87	0.96	0.45	0.38	0.02	0.01	0.16
車站附近	1.14	0.77	0.66	0.77	0.84	0.56	0.15	0.08	0.03	0.10
自家門口	1.06	0.99	0.71	1.11	0.38	0.34	0.16	0.10	0.06	0.14
一般商店或工廠門口	0.85	0.83	0.65	0.96	0.79	0.64	0.33	0.08	0.02	0.21
馬路邊	1.14	0.76	0.84	0.76	0.61	0.50	0.30	0.11	0.04	0.22
其他	0.89	0.92	0.63	0.65	0.58	0.25	0.35	0.10	0.03	0.20
按營業項目分										
食物類	1.08	0.78	1.02	0.79	0.59	0.47	0.24	0.10	0.03	0.17
衣著及隨身用品類	1.39	0.75	0.06	0.44	0.75	0.83	0.61	0.13	0.06	0.33
家庭用品類	1.16	0.89	0.05	0.43	0.62	0.78	0.76	0.12	0.10	0.25
醫藥類	1.26	0.39	0.24	0.64	0.60	0.51	0.59	0.03	0.09	0.51
育樂類	0.94	1.08	0.08	0.68	0.75	0.51	0.50	0.18	0.05	0.27
服務類	0.52	1.37	0.02	0.83	0.64	0.45	0.54	0.19	0.03	0.37
其他商品類	0.49	1.17	0.26	0.95	0.81	0.57	0.42	0.19	0.01	0.25
按負責人性別分										
男性	1.14	0.79	0.80	0.73	0.59	0.45	0.34	0.14	0.05	0.23
女性	1.00	0.87	0.76	0.75	0.66	0.63	0.31	0.08	0.03	0.18
按負責人年齡分										
未滿20歲	1.09	0.90	-	1.11	0.91	-	0.19	0.74	-	0.44
20歲～	1.13	0.52	0.66	0.70	0.77	0.40	0.35	0.23	0.04	0.24
30歲～	1.12	0.75	0.72	0.77	0.60	0.68	0.32	0.13	0.04	0.19
40歲～	1.15	0.77	0.76	0.74	0.62	0.62	0.30	0.09	0.03	0.18
50歲～	1.04	0.92	0.95	0.64	0.58	0.39	0.34	0.06	0.06	0.25
60歲以上	0.81	1.22	0.79	0.83	0.64	0.19	0.35	0.15	0.01	0.22
按負責人教育程度分										
大學及以上	0.54	0.45	0.20	1.18	1.06	0.32	0.49	0.22	0.06	0.30
專科	0.86	1.14	0.69	0.82	0.88	0.37	0.14	0.35	0.09	0.10
高中(職)	1.27	0.55	0.71	0.69	0.63	0.61	0.35	0.23	0.05	0.21
國(初)中(職)	1.14	0.70	0.77	0.73	0.54	0.58	0.32	0.12	0.04	0.25
國小及以下	1.02	0.93	0.80	0.74	0.64	0.49	0.33	0.08	0.04	0.19

註：上述困擾因素大小是依其重要程度大小，分別給予3分(主要困擾)，2分(次要困擾)，1分(第三困擾)。

大，顯示攤販因成立容易，致同類商品販售之攤販眾多而形成競
爭；認為"全年收入偏低"為次項困擾，顯示攤販營業利潤雖豐，
但同行競爭激烈，而降低其總收入；"存貨容易腐壞"為第三項困
擾因素，此係因食物類攤販眾多，且攤販資本較少，較無力長期保
存食物商品，致商品極易腐壞，故此種損失亦是收入減少之因素；
"工作時間太長"為一般攤販營業之現象，為了將商品販售出去，
必須長時間等待顧客，因此工作時間長為攤販營業之第四個困擾因
素；"警察會來取締"為第五困擾因素，顯示攤販已不再害怕警察
取締，較以前更公然營業，反映出政府執行取締攤販績效不彰，政
府為整頓市容，必須有決心執行公權力，才能使政令有效推展，都
市建設才得以繼續發展。

　　按省市觀察，臺北市之攤販認為"警察會來取締"為其經營上
之最大困擾，顯示該市因屬國際都市，為保持美好市容，取締攤販
較為積極，致臺北市之攤販經常須躲躲藏藏才能營業；高雄市之攤
販則以"存貨容易腐壞"、"同行競爭激烈"、"全年收入偏
低"、"工作時間太長"、"警察會來取締"為其經營主要困擾來
源；臺灣省之攤販則以"同行競爭激烈"、"全年收入偏低"、
"存貨容易腐壞"、"工作時間太長"、"警察會來取締"為主要
經營困擾原因。

(四)未來一年之經營意向

　　❖有80.12％之攤販負責人，在未來一年內不想改行，顯示攤販
改行意願低落。未來一年內想改行者，認為"找到工作時"與"籌
足開業資金後"為改行之最佳時機。

　　77年底臺灣地區攤販負責人，在未來一年內不想改行者有
187,745人或占80.12％，想改行者僅有46,590人或占19.88％。其中

表20 臺灣地區攤販未來一年經營意向

民國77年底   單位：%

項　　目　　別	合計	不想改行	想改行	改行因素					
				小計	找到工作時	季節性經營後	家計負擔減輕時	籌足開業資金後	籌足特定用途經費
總　　　　　計	100.00	80.12	19.88	100.00	60.85	2.79	14.31	19.46	2.59
按都市化程度分									
都市地區	100.00	77.14	22.86	100.00	61.30	1.89	13.81	20.31	2.70
城鎮地區	100.00	88.70	11.30	100.00	72.62	2.84	9.92	1.42	1.19
鄉村地區	100.00	82.69	17.31	100.00	52.35	6.69	18.95	19.12	2.89
按負責人性別分									
男　　性	100.00	81.76	18.24	100.00	55.90	3.83	15.16	18.23	2.83
女　　性	100.00	78.70	21.30	100.00	62.45	2.22	11.84	21.69	1.80
按負責人年齡分									
未滿20歲	100.00	82.08	17.92	100.00	58.21	3.71	18.33	15.87	3.88
20歲～30歲	100.00	53.75	46.25	100.00	31.89	-	-	-	68.11
30歲～39歲	100.00	59.36	40.64	100.00	69.42	2.82	6.60	17.00	4.15
40歲～49歲	100.00	75.60	24.40	100.00	61.69	3.09	15.48	17.67	2.06
50歲～59歲	100.00	79.32	20.68	100.00	55.25	2.47	16.82	24.53	0.92
60歲以上	100.00	89.02	10.98	100.00	60.60	0.18	16.79	18.00	4.42
按負責人教育程度分									
大學以上	100.00	96.22	3.78	100.00	57.51	17.49	10.76	14.24	-
專　　科	100.00	77.78	22.22	100.00	59.41	-	-	-	40.59
高中(職)	100.00	56.72	43.28	100.00	37.89	6.77	22.44	32.91	-
國(初)中(職)	100.00	67.95	32.05	100.00	58.94	1.99	14.11	19.83	5.13
國小及以下	100.00	71.63	28.37	100.00	62.40	2.71	13.89	19.50	1.50
按負責人從業原因分									
本行獲利較優	100.00	87.21	12.79	100.00	62.26	3.04	14.34	18.36	2.01
本行經營較自由	100.00	86.18	13.82	100.00	51.77	0.23	18.65	27.16	2.19
無其他謀生技能	100.00	81.58	18.42	100.00	55.97	3.70	13.97	22.40	3.96
無其他就業機會	100.00	82.75	17.25	100.00	65.48	2.89	11.87	18.41	1.35
其他	100.00	69.13	30.87	100.00	77.44	1.43	11.06	10.06	-
按負責人從業滿意程度分									
很滿意	100.00	74.99	25.01	100.00	12.55	6.12	36.64	34.43	10.26
尚滿意	100.00	92.69	7.31	100.00	44.00	-	1.47	54.53	-
沒意見	100.00	85.48	14.52	100.00	54.00	4.22	14.50	22.31	4.97
不滿意	100.00	79.46	20.54	100.00	56.57	4.12	18.19	18.91	2.21
很不滿意	100.00	51.93	48.07	100.00	74.25	-	12.23	13.23	0.30

想改行者之改行時機以"找到工作時"爲最多占60.85％，其次爲
"籌足開業資金後"占19.46％；"家計負擔減輕時"占14.31％再
居次。若由負責人性別觀察，女性負責人在未來一年不想改行者占
78.70％，較男性負責人略低3.06％。男性負責人想改行者之改行時
機，則以"找到好工作時"占55.90％與"籌足開業資金後"占
18.23％爲較多；女性負責人想改行者之改行時機則以"找到好工作
時"占62.45％與"籌足開業資金後"占21.69％較多。由攤販負責
人年齡觀察，攤販負責人在未來一年想改行者，隨著負責人年齡之
增長而減少。若由負責人教育程度觀察，在未來一年不想改行者，
國小及以下者有71.63％與大學及以上教育程度者有96.22％比率較
高，顯示高教育程度者仍有大部分人不願改行，此爲人力運用之極
大損失。攤販想改行者，以高中教育程度之比例最高，其想改行之
時機，都認爲在"找到好工作時"、"籌足開業資金後"與"家計
負擔減輕時"；國中及以下教育程度者，則大都認爲在"找到好工
作時"才會改行。

　　若由營業種類觀察，經營販售食物類、醫藥類與其他商品類攤
販負責人，改行之意願最低，顯示該三類攤販負責人，受改行就業
不易與收入情況尚佳影響，大都仍贊同目前之營生方式；經營販售
家庭用品類與育樂類貨品者，則有近三成之比例願意改行，而且認
爲只要"找到好工作"或"籌足開業資金"後就改行，顯示仍有部
分負責人係以經營攤販爲一個過渡時期，在其認爲適當時候則會自
行創業或尋找滿意之工作。

　　綜合而論，77年底臺灣區攤販只有近兩成之負責人，在未來一
年內願意改行，也就是有八成之攤販負責人，雖然經營攤販有各種
不同的困擾因素，但其認爲攤販仍不失爲最佳謀生之方式，雖然認
爲全年收入偏低，但仍可達到生活之水準，故改行之意願明顯不

高。政府爲有效降低攤販數量，宜妥善規劃，加強疏導轉業措施，
並適當設置攤販集中營業區，以利整頓輔導管理。

五、攤販經營對社會環境之影響情形

　　由於臺灣地區攤販多爲非法營業，其僅依賴簡陋之設備，隨時
隨地流竄營業，不負擔稅金、社會成本與龐大之店面營業費，占用
路面、人行道與商店門口，而造成交通阻塞，製造髒亂，有礙市容
觀瞻，對民眾起居產生不便利之情形，且影響合法商店生意，造成
不公平競爭，形成"劣幣驅逐良幣"之危機，由於賦稅不公平，驅
使合法經濟活動轉入地下，更使經濟結構產生惡化之不利現象。

　　社會大眾對攤販均認爲有整頓之必要，但攤販會滋生形成，乃
是民眾購物習慣使然，若民眾不向其購買物品，自然攤販會沒落而
被淘汰。社會大眾明白認爲攤販製造出許多社會問題，亦不希望攤
販在自家附近營業，而影響生活品質，惟攤販所售商品較便宜，不
免會向其購買，而形成供需關係，因此對攤販之營業又愛又恨，產
生矛盾現象。茲就攤販營業處附近居民與商店之意見，予以分析如
後。

(一)攤販對交通流暢之影響

　　❖攤販營業地點附近之居民，有84％認爲攤販嚴重影響交通流
暢，而流動攤販所造成之交通阻塞問題更爲嚴重。

　　臺灣地區攤販經營對交通流暢影響之情形，若由攤販營業處附
近之居民或商店之意見觀察，有84.24％認爲攤販對交通流暢有嚴重
之影響，且認爲流動攤販所造成交通阻塞問題，較固定攤販爲嚴
重，蓋因流動攤販到處流竄，沿途叫賣販售，營業時亦不考慮他人
之便利，不以公德心爲先，隨意停駐販售，致易影響交通流暢。

表21　臺灣地區攤販經營對當地交通影響情形
——按地區、經營方法與營業地點分

民國77年底　　　　　　　　單位：%

項　目　別	合　計	極嚴重	很嚴重	稍嚴重	不影響
總　　　計	100.00	1.61	8.41	74.22	15.76
按都市化程度分					
都市地區	100.00	1.12	9.68	74.44	14.76
城鎮地區	100.00	4.90	4.73	74.67	15.70
鄉村地區	100.00	0.44	7.34	73.07	19.14
按經營方法分					
固定攤販	100.00	1.45	8.52	72.89	17.15
流動攤販	100.00	2.20	8.03	79.02	10.75
按營業地點分					
市場旁	100.00	0.30	13.68	74.08	11.94
夜市	100.00	10.25	14.21	64.97	10.57
遊樂場所附近	100.00	-	6.70	73.83	19.47
車站附近	100.00	1.71	3.87	80.63	13.78
自家門口	100.00	0.24	1.93	73.28	24.55
一般商店或工廠門口	100.00	2.13	5.70	76.44	15.73
馬路邊	100.00	0.27	7.57	77.00	15.16
其他	100.00	1.03	4.01	73.61	21.35

❖都市地區攤販營業地點附近之民眾，有85％以上認為其造成交通不方便，顯示都市地區攤販對交通影響嚴重。

若由都市化程度地區觀察，都市地區之攤販營業處附近之居民，有85.24％以上認為嚴重影響都市交通；而城鎮地區與鄉村地區亦有八成之居民，認知攤販對交通困擾之嚴重影響。各縣市間，南投縣之攤販營業處附近居民，則有九成以上認為攤販影響交通嚴重，而桃園縣、新竹縣亦有近九成之居民舉相同之看法；新竹市卻有三成之居民認為附近之攤販並不會影響交通流暢，為屬較特殊

者;其餘各縣市間,若為人口較多,工商業較發達者,則有較多比率之居民認為其住家附近之攤販營業,會影響交通流暢;若屬農業縣地區者,居民認為攤販影響交通情形之比率較低。

❖住在市場或夜市附近之民眾,有八成以上認為攤販使人車通行不便。

若按攤販營業地點觀察,住在夜市或市場附近之居民,則有近九成認為附近之攤販嚴重影響交通流暢,由於市場及夜市為人群眾多之處,加上攤販占據路面營業,使原本狹窄地區更為擁擠,造成車輛通行受阻,人行舉步惟艱之狀況,故民眾對攤販極為不滿,亟須政府加強規劃集中營業處,容納攤販營業,以維交通流暢。

(二)攤販對環境衛生之影響

❖有85%以上之民眾認為攤販造成髒亂,嚴重影響環境衛生,尤以魚、肉、果蔬類攤販最為嚴重。

由於國民所得逐年提高,社會富裕,人口向都市集中,造成攤販滋生之機會。但因攤販負責人缺乏公德心,在營業過程中所製造出之廢棄物、汙水及惡腥臭味,都未能隨時掩蓋處理,致民眾行人須掩鼻經過。近年來,國民對生活環境品質日益重視,此種髒亂落後景象,不僅影響附近居民生活環境品質,且造成市容觀瞻不雅之現象,為社會大眾所詬病。

攤販營業處附近之居民,有85.14%以上認為攤販使其住家環境衛生造成髒亂,且普遍認為食品類攤販為產生髒亂之根源,乃因食品類攤販,包括魚、肉、果蔬類、飲料類等商品,營業時最易產生廢棄物及餿水,而攤販負責人均不能對廢棄物善加處理,而任意丟棄、排放,致地面潮溼黏滑、惡氣撲鼻難聞,民眾普遍表示不滿。

若由都市化程度地區觀察,各地區之居民約有84%以上認為其

附近之攤販造成髒亂現象嚴重。而各縣市間，則以新竹縣、南投縣
與基隆市之民眾有九成認爲攤販產生髒亂之現象，爲比率較高者；
其餘各縣市則均有八成以上居民有相同之看法，認爲攤販嚴重影響
住家環境衛生。

　　若由營業地點觀察，市場旁、車站附近之攤販，則有87％以上
之居民認爲攤販最易影響住家環境衛生，製造髒亂，乃因在市場旁
營業之攤販多屬販賣肉類、魚介類、果蔬類等商品，此類攤販最易
產生廢棄物與汙穢水；而車站附近乃爲進出該地區之重要門戶，攤

**表22　臺灣地區攤販經營對附近環境衛生造成髒亂情形
　　　──按地區、經營方法與營業地點分**

民國77年底　　　　　　　　　　　單位：％

項　目　別	合　計	極髒亂	很髒亂	稍髒亂	不髒亂
總　　　計	100.00	0.51	7.40	77.23	14.86
按都市化程度分					
都市地區	100.00	0.69	6.88	77.65	14.78
城鎮地區	100.00	-	6.96	78.52	14.53
鄉村地區	100.00	0.37	9.50	74.74	15.39
按經營方法分					
固定攤販	100.00	0.39	8.34	76.83	14.44
流動攤販	100.00	0.97	4.02	78.65	16.36
按營業地點分					
市場旁	100.00	0.23	12.07	75.50	12.20
夜市	100.00	3.87	12.09	69.55	14.49
遊樂場所附近	100.00	-	5.78	71.38	22.84
車站附近	100.00	-	6.04	82.13	11.83
自家門口	100.00	-	3.75	78.45	17.80
一般商店或工廠門口	100.00	-	6.30	79.31	14.38
馬路邊	100.00	0.16	4.75	80.51	14.58
其他	100.00	-	4.83	72.46	22.71

販在此地營業有礙觀瞻，自為民眾所不容。

　　由上綜述，攤販經營住家環境衛生所造成之髒亂，民眾普遍認為對生活環境有負面之影響，而各地方政府為維護市容整潔，清除攤販所製造之髒亂，須支付大額之清潔費用，而攤販負責人卻不必繳付稅金，而由整體社會來負擔該項費用，有失公平原則，因此亟須加強取締或收費之整頓工作，並宣導提高攤販負責人之公德心，以減少髒亂之產生。

（三）攤販產生噪音之影響

　　❖有76％之居民認為攤販營業活動之聲音吵雜，已嚴重影響其生活起居。

　　攤販營業會產生噪音，主要來自促銷時之擴音設備，吆喝消費者與顧客喧嘩所產生之噪音等，由於聲音吵雜，使居民之生活受到干擾不便。由攤販營業附近之居民表示，有76.24％認為攤販營業活動，聲音過於吵雜，已造成嚴重地步；其中流動攤販所產生噪音，有八成居民感到極為嚴重。

　　由都市化程度地區而言，都市與城鎮地區居民有76％認為攤販所產生之噪音嚴重影響其生活；而鄉村地區民眾，則有75％認為影響嚴重。各縣市間新竹縣與南投縣之縣民，則有87％以上認為攤販所產生之噪音過大，對生活起居造成嚴重之影響。觀察省市間民眾之看法，則以高雄市約有74％之市民，認為其附近之攤販產生之噪音嚴重，而臺北市與臺灣省則有76％居民，對攤販所產生之噪音極為排拒。

　　若由營業地區觀察，市場旁、車站附近之居民，有85％以上認為攤販所產生之噪音嚴重，對生活起居有影響。由營業項目觀察，民眾認為最容易產生噪音者，有經營運動及休閒用品類、娛樂服務

表23　臺灣地區攤販經營產生噪音情形
——按地區、經營方法與營業地點分

民國77年底　　　　　　　　單位：%

項　目　別	合　計	極嚴重	很嚴重	稍嚴重	不影響
總　　　計	100.00	0.77	3.75	71.72	23.76
按都市化程度分					
都市地區	100.00	0.90	3.68	71.96	23.46
城鎮地區	100.00	-	1.68	74.46	23.86
鄉村地區	100.00	0.96	5.77	68.56	24.71
按經營方法分					
固定攤販	100.00	0.51	2.46	72.44	24.59
流動攤販	100.00	1.70	8.43	69.10	20.78
按營業地點分					
市場旁	100.00	0.13	4.58	72.71	22.58
夜市	100.00	4.98	8.59	71.87	14.56
遊樂場所附近	100.00	-	3.89	65.47	30.63
車站附近	100.00	-	12.52	68.05	19.43
自家門口	100.00	0.12	1.21	72.50	26.17
一般商店或工廠門口	100.00	1.22	1.84	72.41	24.52
馬路邊	100.00	0.02	2.82	70.30	26.86
其他	100.00	0.75	5.34	73.06	20.84

類、小件五金及家具器皿類、鞋類、電器及電料類與成衣被服及布類等商品販售攤販，乃因其為招喚顧客停步選購，而使用擴音設備促銷商品所致。

　　綜上而言，攤販營業會產生噪音，多因擴音設備所引起，因此政府在整頓攤販之初期，應先規範限制擴音設備之使用，以減少噪音之產生。

(四)攤販對居民生活購物之影響

❖僅約43％居民認為其住家附近之攤販，對其生活購物略較方便。

若由攤販營業對居民生活購物之影響來觀察，攤販營業地點附近之居民僅有42.78％認為攤販對其生活購物略較方便，認為普通者占42.02％，認為不方便者占15.20％，乃因我國工商業發達，商店已到處林立，大型百貨公司及超級市場亦日益增多，對民眾購物已甚方便，依賴攤販之情況亦大為降低。

若由都市化程度觀察，城鎮地區攤販營業地點附近之居民，有

表24　臺灣地區攤販經營對附近居民生活影響情形
——按地區、經營方法與營業地點分

民國77年底　　　　　　　　　　　　單位：％

項　目　別	合　計	很不方便	稍不方便	普通	稍微方便	很方便
總　　　　計	100.00	1.89	13.31	42.02	20.38	22.40
按都市化程度分						
都市地區	100.00	2.16	14.02	40.83	22.45	20.54
城鎮地區	100.00	1.22	14.23	38.59	16.92	29.04
鄉村地區	100.00	1.57	10.17	48.88	16.47	22.91
按經營方法分						
固定攤販	100.00	2.16	13.27	40.85	20.31	23.41
流動攤販	100.00	0.91	13.43	46.27	20.62	18.77
按營業地點分						
市場旁	100.00	5.34	20.19	34.74	19.95	19.77
夜市	100.00	1.00	23.47	33.83	19.33	22.37
遊樂場所附近	100.00	2.36	7.75	46.61	28.18	15.10
車站附近	100.00	1.03	6.62	37.03	28.44	26.88
自家門口	100.00	0.66	7.49	47.54	15.06	29.25
一般商店或工廠門口	100.00	0.49	10.03	48.17	20.38	20.92
馬路邊	100.00	0.86	9.92	44.98	22.33	21.90
其他	100.00	-	6.75	46.26	27.97	19.01

45.96％認為攤販對其購物較為方便，都市地區有42.99％之居民認為方便；鄉村地區則有39.38％之居民感到方便，乃因鄉村地區之攤販家數較少，所販售之商品花色不多，故居民認為攤販在其家附近營業，對其生活購物之便利程度，僅為普普通通。

若由營業地點觀察，車站與自家門口附近之居民，認為攤販對其生活購物較方便者略多；而在市場旁與夜市內營業之攤販，其附近之居民有24％以上，認為對生活購物並未帶來方便，乃因市場與夜市內，因商店較多，民眾生活必需品很容易可購買得到，而近年平價商店竄起，到處林立，對民眾購物已提供甚為方便之服務，因此依賴攤販程度已顯減少。

攤販業者多不負擔賦稅，也不支付社會成本，也不須投入龐大設備、店面成本與營運費用，因此銷售成本均較合法納稅之商店為低，由於售價便宜、銷售量大，致對合法商店之營業構成極大之威脅，也違背自由公平競爭之原則。

若由攤販設攤地點附近商號之意見來觀察，有62.17％之商號認為其生意已顯清淡；有21.96％商號則認為不受影響；僅有3.84％商號則認為生意反而好轉或更興旺；另外有12.04％之攤販，附近因無同類商店而無法比較。

若由各縣市觀察，新竹縣之攤販營業處附近之商號，有29.32％認為生意已明顯減少；宜蘭縣、桃園縣則有14％以上之商號表示生意已明顯降低。各縣市之攤販附近之商號，有五成以上均認為生意受影響已顯清淡，尤以新竹縣、臺中縣、澎湖縣最為嚴重；而宜蘭縣、桃園縣、南投縣、嘉義縣、花蓮縣、臺中市、嘉義市、臺南市、高雄市等縣則有三成之商號認為攤販並不影響其生意，甚至生意更為興旺。

若由攤販設攤地點之商號意見觀察，以遊樂場所附近、夜市內

表25 臺灣地區攤販經營對附近商號營業影響情形 ——按地區、經營方法與營業地點分

民國77年底　　　　　　　　　　　單位：%

項　目　別	合　計	商店生意明顯清淡	商店生意稍微清淡	商店生意不受影響	商店生意較為好轉	商店生意更為興旺	附　近無同類商店無法判斷
總　　　　計	100.00	3.58	58.57	21.96	2.75	1.09	12.04
按都市化程度分							
都市地區	100.00	3.39	58.83	20.81	3.28	1.29	12.40
城鎮地區	100.00	4.66	58.09	24.14	1.37	0.51	11.24
鄉村地區	100.00	3.32	58.13	23.91	2.20	0.92	11.52
按經營方法分							
固定攤販	100.00	3.76	58.09	23.01	2.95	1.14	11.04
流動攤販	100.00	2.96	60.30	18.16	2.05	0.90	15.64
按營業地點分							
市場旁	100.00	6.59	60.62	21.54	2.11	1.01	8.13
夜市	100.00	2.88	60.60	19.46	3.58	1.04	12.44
遊樂場所附近	100.00	3.50	60.18	22.41	-	1.53	12.39
車站附近	100.00	4.80	48.73	19.69	1.11	1.29	24.38
自家門口	100.00	2.68	57.24	26.39	1.13	0.54	12.03
一般商店或工廠門口	100.00	3.13	57.25	22.68	2.34	1.92	12.69
馬路邊	100.00	1.82	58.09	20.20	4.54	0.93	14.41
其他	100.00	4.25	57.29	24.33	0.93	2.31	10.90

與市場旁之攤販，對商號之影響最大，有63％以上之合法商號，認為已使其生意衰落。造成商號生意較差之攤販，主要為販售鞋類、成衣被服及布類、蔬菜類、書報雜誌類、飲料類、小件五金及家用器皿類、運動及休閒用品類、化妝品類與電器類等攤販，而該等攤販為一般市場旁、夜市內最為易見者，由於該兩處，人來人往多，

且攤販銷售貨品可供隨意挑選，討價還價，符合國人購物之習性，因此民眾多會向其選購，致商號之生意遭受打擊而顯趨淡。

第十章　臺灣地區當前色情問題之探討
——從警察人員的觀點論述之[*]

吳學燕^{**}

摘　要

　　任何社會均有其社會問題，性問題即其中之一。性所構成的問題包括有婚前性行為、雜交、同居、換妻、同性戀和賣淫（色情）等類別。臺灣地區近四十餘年來的社會變遷與發展，呈現出民主化、富裕化和多元開放社會的面貌，因而在社會、經濟、心理、法律和教育方面有著結構性的改變，致使色情問題有日趨流行之勢，影響社會治安與風氣甚巨，是故處理色情問題恆視為警察的主要項目之一。

　　有鑒於警察長久以來是處理色情問題的第一線人員，因此，探討警察人員對當前色情問題所持的看法，將之作為吾人今後處理此一問題的參考意見，當能切合實際。

　　有關警察人員對當前色情問題所持的看法，本篇論文著重下列四項問題之探討：

---

　　*本文選自《刑事科學》，第26期（77年9月），頁34~57。
　　**吳學燕，現服務於中央警官學校。

第一、當前色情問題的成因？

第二、對當前色情行業應否予以開放的意見主張？亦即（一）放任不管，（二）適度開放，（三）嚴禁。在258位樣本中，贊成放任不管者有74人（28.7％），贊成適度開放者有176人（68.2％），主張嚴禁者只有8人（3.1％）。顯見共同的態度係以適度開放為最主要。

第三、對前面題目所做的選擇，所採的理由是什麼？

第四、色情適度開放的優、缺點為何？

根據前述之調查訪問，進而提出色情問題適度開放的相關要件（開放方式、開放在何處、開放後法律應如何肆應、警察執法應如何因應等），以使色情問題之處理有其週全之對策。

一、前　言

孔子有謂：“食色性也。”性乃人之大慾，依其正道而行，猶人之進食，無人可輕置一辭。然若偏其道而行（所謂性偏差也），便會如眾矢之的，構成社會問題。依社會學者的研究，性所構成的社會問題，包括婚前性行為（premarital intercourse）、雜交（promiscuity）、同居（cohabitation）、換妻（swinging）、同性戀（homosexuality）和賣淫（色情，prostitution）等類別①。目前我們的社會色情有氾濫趨勢，其與賭博問題同時為社會治安問題發生的溫床，影響社會治安甚巨，故恆為警察的主要工作項目之一。本文擬就現存之色情問題概況，從警察人員的觀點來探討彼等所主張的處理對策，俾找尋出今後處理色情問題之可行途徑。

---

① Robert. H. Lauer, *Social Problems and the Quality of Life*. Iowa: Wm C. Brown Company Publishers. 1982. p.226.

二、色情問題的界定及其性質特徵

(一)色情問題的界定

　　一般而言，色情所指的是賣淫行為，它是一種沒有愛情的色情交易和商業性行為。在這一類行為的過程中，除了直截了當式的妓院外，尚有許多目的相同（如阻街女郎和應召女郎），以及方式不同的色情或變相營業場所。此外，附屬的色情書刊、電影、錄影帶以及其他表演節目等，足以挑逗、煽動顧客之性慾望者亦皆屬之。

　　色情之所以會成為社會問題，主要在於色情不獨對娼妓本人身心健康和情緒有害，同時對社會有不良影響，譬如尋芳客與風塵女郎逢場作戲，在不知不覺中可能引發了家庭危機與病菌感染；風月場中爭風吃醋的衝突，隱藏著刀光劍影；其他風塵女"乾洗"恩客荷包，以及成為黑道溫床等等均屬之。此外，隨之而併發的道德糾葛、販賣人口、雛妓等問題亦皆屬之。

　　由於有前述諸般的負面影響，而色情又因"性"之複雜性質特徵無法根絕，是故色情問題在古今中外的社會，均不止息地存在著。

(二)色情問題的性質特徵

　　1.色情問題是性問題的一環：

　　色情問題可說是性問題的一環。

　　性問題的出現，其根源在於性具有複雜的性質所使然，具體而言，性的特徵約有下列十項：

　　(1)性是動機，也是需要。

　　(2)性具有成熟性：人成長到一定的成熟階段，便會有性的需要及能力產生。

(3)性具有積極性：人類一旦有了性的需求，便會以積極的作為去滿足它。

(4)性具有迫切性：性的動機一經發生，人類便會刻不容緩地完成它。

(5)性具有昇華性：性的慾望可藉環境和心理強力，使之移情，昇華做其他的行為，例如和尚、修女將彼等情慾昇華為服務世人之熱誠屬之。

(6)性具有繼續性：性的滿足不以一次為限，一次性的滿足之後，必有第二次、第三次，直到生理機能衰老為止。

(7)性具有獨占性：性通常與愛情合一，性一經牽涉到感情，雙方即具有獨占性，不容第三者介入。

(8)性有性別差異性：男性或女性對性的需要與反應，有其差異性。

(9)性具有個別差異性：就同性而言，性的需要強度就如同每個人的飯量一般，有個別差異性。

(10)性具有政治性：所謂英雄難過美人關，因此，古今中外的政治生活裡，皆脫離不了性的運作，往往因此而造成了朝廷的興衰和政治上的許多糾紛，如中國宮廷中的美人計（貂蟬與呂布、西施與夫差）、美國參議員哈特因牽涉女性而喪失總統候選人機會屬之，由此可見性具有政治性。

由於性具有上述種種特質，是故人類對之嚴加規範；儘管有規範卻不能避免有偏差行為產生。性偏差行為所造成的糾紛包括生物糾紛（如亂倫、私生子、強姦後懷孕）、社會糾紛及政治糾紛三類，其中色情問題常引起社會糾紛，影響社會風氣也最為深遠。

2. 多樣性：除了傳統的賣淫行為外，色情常推陳出新以致無奇不有，名堂新鮮，譬如有一項命名為"臨時嬌妻"的俱樂部，係以"扮皇帝"的方式，由不同國籍的女性陪侍，每次服務時間為24小時，代價約新臺幣貳萬元，由於該俱樂部採會員制，不對外公開，監督嚴密並且該俱樂部的會員，絕大部分是高雄地區的"名流"人士，因此，問題就顯得複雜和神秘②。

3. 非法性：色情營業均是觸犯刑法或違反行政法令的行為。由於色情具有非法的本質，業者往往以合法的商業外表，掩飾其非法，所謂掛羊頭賣狗肉也。

4. 低年齡的特性：青春就是本錢，因此風月場所中的女性從業員除以貌取勝之外，係以年輕為號召。這可從賣淫者年齡的降低看出一斑。按：彩虹專案負責人廖碧英女士於"正視人口販賣座談會"中，發表其73年在華西街30家妓院所做區域調查研究報告，指出有60％是14歲和15歲的雛妓，其平均接客次數每月達30次左右③，顯見色情從業人員愈年輕愈受垂青。

5. 異常次文化：在娼妓圈中，賣淫者使用中立化技術將其賣淫行為合理解釋，發展出異於常態的觀念，她們普遍認為從娼是販賣勞務的行業，如果社會缺少這一行，那麼強姦案勢必增加，並且自認係賣肉而非賣靈，比起那些衣冠楚楚、人面獸心的嫖客，當然高貴多了。同時，在娼妓次文化的價值觀裡，認為賣淫只是暫時犧牲自己，等到將來賺夠了錢，就可以回到她們真正的世界。

6. 被迫性：色情從業人員，特別是娼妓，雖然和其他行業的成

---

② 池宗憲，《流行的色情》，臺北焦點出版社，75年5月，頁23~239。
③ 《中國時報》，76年1月30日，第二版。

員相同，都有其自願性，但一般說來，娼妓較其他行業的成員有較高被迫性傾向。被迫性賣淫的類型有"搖錢樹型"、"苦命型"、"受騙型"與"愚蠢型"四種。被迫賣淫的主要原因，牽涉到人口販賣的問題。

7. 具負面價值：由於色情行業具有高度的利潤，業者爲取得高度利潤並滿足嫖客的需求，往往爲了目的而不擇手段，在此見利忘義過程中，導致販賣人口、警察貪汙、暴力集團興起和社會風氣的敗壞等結果，使得色情問題具有負面價值。

三、臺灣地區當前色情問題概況

(一)臺灣地區當前色情活動的種類

臺灣地區色情活動或種類繁多，除傳統的妓院、舞廳、冰果室、咖啡廳、旅館飯店暗藏春色外，尚包括如下幾類：

1. 地下舞廳：其型態包括：

(1)舞蹈社型：操地下舞廳之實，掛舞蹈社之名。

(2)交誼廳型：以提供未婚男女交誼爲名義，實際上提供場所，收費供人跳舞，其間也兼做色情媒介。

(3)餐廳酒廊：兼具酒家、歌廳、舞廳之特色，屬高級消費場所，這種場所的消費者大都屬商場人士，他們爲了應酬或排遣而前往，並不計較價錢。

按：地下舞廳之所以爲決策當局所禁絕之因，乃在於它藏汙納垢，爲家庭婚姻破滅起因之魁首，造成諸種社會問題的頻生。但是，不可否認的，舞廳本身亦有紓解人們過剩之精力與時間的功能。

2. 外國秀：表演上空或猥褻動作。

3. 土秀：一般而言，土秀表演方式有如套公式：有幾首歌的演唱、有幾段雜耍、魔術，"主秀"部分則是歌、舞和"脫"。有的脫得中規中矩、有的掩掩遮遮、有的躲在僻處露一露不該露的，有的則"大大方方"。做法雖別，但也只是程度上的不同罷了。

隨著花樣的翻新，諸如內衣秀、出浴秀、工地秀、穿幫秀、首映秀及特別秀等種種"養眼"的節目也紛紛出籠，聲勢早已蓋過洋秀，嚴重的破壞社會風氣。

4. 電子琴花車：脫衣表演介入電子琴花車，和國內歌舞團飽受風光一時的"外國秀"打擊有關。原本在中南部地區小戲院、歌廳表演"土秀"的脫衣舞孃，在市場供應失調下，開始轉業，投靠電子琴花車，成為客串演出的壓軸戲。

此種表演多於喜慶婚宴、迎神建醮等慶典出現，但近來亦有於出殯送葬的場所出現，其因有二：一是與大眾文化的"愛熱鬧"、"好面子"的心理有關。其次，則是當事人"生前不能、死後何妨"的補償心理因素，因而演出一場荒謬絕論的送葬曲。

5. 休閒中心：家庭式按摩院吸引的顧客大都是"識途老馬"，至於想招攬流動客人則須公開對外營業。非法營業者乃大鑽法律漏洞，公然在公寓、大廈裡營業，結合理髮廳、國術館、美容院、休閒中心（健身房、MTV）於一堂；集按摩、指壓、油壓、粉壓、泰國浴等色情花招與性服務於一身。服務項目多且設備齊全，是目前最具現代化和企業化的色情行業。

6. 賓館：賓館內部大都是小套房，又非特種營業，不列入管理，且具有隱密性，形成管理死角。其營業項目絕大部分係以閉路電視、脫衣陪酒、供應色情特別節目及應召女郎等為主。

7. 色情錄影帶：MTV中心或錄影帶租售業常鑽法律漏洞，沒有年齡限制，有錢就可以借閱觀賞各種色情錄影帶，致使色情氾濫，戕害青少年身心，並造成許多新的社會問題。

8. 觀光理髮廳：從事"馬殺雞"，是實施色情按摩媒介姦宿之交易活動。

9. 女單幫型色情活動：沒有特定的營業場所，自立門戶，使用電話聯絡並以到府服務為號召。

10. 地下酒家和卡拉OK：以女性服侍酒客飲酒作樂為主，服務大都按檯計價，視情況做性交易。其中地下酒家以脫衣陪酒最多。

11. "雛妓"：嚴重戕害未成年女子人權。

上述所列為當前社會上較為風行之色情種類，凡此，對社會風氣、犯罪、婦女人權、社區安寧影響甚巨，無怪乎引起朝野側目，而為學者專家、輿論所討論的問題之一。

(二)臺灣地區色情問題的現象

大致而言，臺灣地區當前的色情活動，大都假借合法名義，實際上卻暗操違法的色情媒介，並且其經營漸趨企業化的組織，造成當前色情地下化與為數眾多的現象：以臺北市中山區為例，在1.336公頃的面積裡，就有343家色情營業場所，約占所有營業場所的1/4，數目極為驚人④。

(三)臺灣地區色情的價碼

_____

④《中山區豔窟導遊秘笈》，翡翠雙週刊社，76年1月15日，頁12。

　　依據筆者實際採訪的資料，當前色情的價碼大致如表1所列。

四、從警察人員的觀點看色情問題的成因與對策

　　面對前述臺灣地區色情問題的概況，吾人不禁要問道：其成因為何？防治對策為何？筆者有鑒於警察長久以來，是處理色情問題的第一線人員。因此，認為探討警察人員對當前色情問題所持的看法，將之作為吾人今後處理此一問題的參考意見，當能切合實際。

　　有關警察人員對當前色情問題所持的看法，本篇論文著重下列

表1

應 召 站	妓 女 戶	泰 國 浴	馬 殺 雞	酒 廊	舞 廳
（hotel應召站） 國內： 一般價錢： 1,000至3,000不等，另以模特兒號召者為8,000至9,000不等，全以姿色論定。	政府立案（公娼） 甲級：800 乙級：500 另臺北市華西街普通為310，新娼者，另定價錢1,000、2,000不一。	以60分鐘為一節算，全套2,800元，只陪浴1,600以上價錢皆以女子及營業場所水準之高低而定。	（出場）（休宿） 馬殺雞之色情交易以帶出場交易居多。只須付老板小姐之鐘點費，即可帶出。出場費至少以兩小時計算，較高級者為800元，色情交易由小姐與客人議價，一般為3,000元（休息）。	（出場）（休宿） 一般陪宿8,000元，休息5,000元，另付給出場費，全場：4,000元，半場：2,000元，以小姐及營業店水準之高低而定。	（出場）（休宿） 只須付清舞廳之節數費，即可帶小姐出場，色情交易由小姐與客人議定，一般陪宿8,000元，休息5,000元，以小姐姿色論定。
外國： 一般以5,000元居多。	私娼： 北市廣州街一帶以其姿色年齡而定從150至800不一。				

四項問題之探討：

第一、當前色情問題的成因？

第二、對當前色情行業應否予以開放的意見主張？不外有三：(一)放任不管，(二)適度開放，(三)嚴禁三項。

第三、對前面題目所做的選擇，所採的理由是什麼？

第四、色情適度開放的優、缺點為何？

就警察人員對當前色情問題成因的看法而言，在將近一年期間，筆者採用社會調查法，訪問258位員警。歸納研究所得資料，可將其成因歸納為社會、經濟、心理、法律、教育等項因素，茲分別列述如下：

(一)社會因素

1. 社會風氣開放，笑貧不笑娼；一般人重金錢而輕名節，使社會充滿酒色財氣。

2. 缺少適當的康樂活動及休閒設施。

3. 業者巧妙設法偽裝，不牴觸法律、規避取締，致肅清工作困難。

4. 社會傳播媒體的發展、介紹，例如報紙的報導、色情書刊的販賣、電影的表演及錄影帶的放映。

5. 中國人的生活由貧窮落後的農業生活進入工業而工商業發達，以致溫飽思淫欲。

6. 就業輔導功能偏低，失業人口無法就業；社會失業人數增加，缺乏謀生技能，造成色情從業人口的增多，因色情行業謀職容易、收入高。

7. 無知少女被友人引誘，受人脅迫或淪落販賣人口集團陷入風塵。

8. 社會人士交際應酬必去處所，認爲體面。

9. 家庭的破碎，婚姻性生活不協調，導致尋求其他方式之藉口。

10. 特權分子表現權勢的特殊方式。

11. 黑社會不良分子介入操縱，從中牟利。

12. 晚婚青年增多。

13. 養女制度之變質及被父母當搖錢樹，推入火坑無法自拔。

14. 社會價值觀的偏差及改變。

15. 家庭管教不當，父母在外工作、缺乏家庭溫暖而與一些不良分子交往，而淪入色情場所。

16. 社會需要，如前線的戰士、異鄉漂泊的失落人、離妻室遠遊的人、好色之徒。

17. 容易接近、方便省事、公平交易、沒有感情及法律上牽連。

18. 政府各級單位不重視休閒娛樂，更未大力提倡。

19. 日本時代統治下留下的遺毒；酒家、茶室的遺風仍根深柢固。

20. 固有規範之民德、風俗力量漸趨薄弱。

21. 因賭之害，受錢之迫。

（二）經濟因素

1. 色情行業賺錢容易、利潤豐厚、工作輕鬆，不法分子甘冒風險；色情行業有暴利可圖，經營者眾多。

2. 工商業發達、經濟繁榮、生活水準提高、金錢作祟。

3. 家庭經濟環境不佳，下海從事色情行業是改善經濟的快速方法。

（三）心理因素

1. 生活緊張、心理壓力大,想藉酒色求得紓解。
2. 女性虛榮心的作祟,貪圖享受。
3. 嚴禁的後果導致大眾好奇心態。
4. 人們喜歡尋求新的刺激。
5. 喜愛表現、奢侈、懶惰、好逸惡勞而下海。
6. 工作後,回家遇到不如意事,又無處訴苦,於是找酒家或其他方式發洩不快。
7. 報復心理。
8. 男人逢場作戲的心理。
9. 路上拉皮條者慫恿,促使本無心者,半推半就成交。

(四)法律因素

1. 執法人員包庇;警察取締不力。
2. 政府決策單位不當,過度禁止,又未納入有效的管理。
3. 刑責太輕,不足使之警惕;法律缺乏有效的規範功能。
4. 公務人員無形的貪汙。
5. 政府開放觀光,外國各種色情新式樣被引進國內。
6. 戶口查察未落實。

(五)教育因素

1. 山地少女謀職不易,教育、經濟低落,較易受人引誘往都市從事色情工作。
2. 少女教育程度不高的影響。
3. 教育單位施教不當;性知識未健全,致性觀念偏差。
4. 道德教育的缺乏;道德觀念漸低落。

參酌前述警察人員之觀點,筆者認為臺灣地區當前色情問題的主要成因，在於：

(一)供需原則——驚人的供需人口

　　"供者"大多數爲女性，走上此途者，其職業、地位、報酬較劣有關。

　　"需者"大多數爲男性，有許多男士甘冒性病、名譽、道德之大不諱，光顧煙花叢，在於：

　　1. 擁有相當經濟能力，使他們玩得起。

　　2. 飽暖思淫慾。

　　3. 晚婚(結婚年齡的延遲)：就男性而言，從高中至大學階段(即青年時期)是性慾最旺盛的時期。由於經濟情況的改變，年輕人不像以前一樣的早婚，因此，這項因素對色情的存在甚有影響。西元1974年，美國史曼斯基(Symanski)在內華達州調查了32個妓院，發現這些妓院的顧客大都是高中和大學的年輕人⑤，由此可見一斑。

(二)色情廣告的誘惑力

　　大眾傳播的汙染，使"性"商業化，並引人遐想而有所行動。

(三)和流行風氣有關

　　每一時代均有不同的變化流行。例如洋秀崛起至沒落，即一非常明顯的例子。

(四)人心喜歡熱鬧、誇耀

---

⑤ Symanski, R.,"Prostitution in Nevada", *Annuals of the Association of American Geographers* 64. September 1974, pp.357~377.

例如：電子琴花車的盛行與此種社會心理有關。

(五)公務員無形的貪汙

商界中所謂的公共關係，其方程式是：誘使政府中擁有權力者（諸如警察、民意代表、稅務人員、調查人員等）享受聲色犬馬之娛，以圖其利。

(六)政府缺乏明確的休閒政策

社會中長久以來，無專人設計休閒活動與規劃良好的休閒場所，以引導民眾從事正當休閒活動；民眾不是看電視，就是看電影，即使去到郊外，也是人山人海，車水馬龍，擁擠不堪，令人卻步，因而競趨肢體官能的滿足。

(七)民間不知如何休閒

由於工商業進步，休閒時間增加，收入增多，但基於前項因素，休閒場所稀少，民眾不知如何從事正當休閒活動，造成粗俗文化、聲色文化，加以泛宗教信仰（民間信仰）的約束力不足，因而發生色情問題。

(八)特權軟化了執法人員的態度

最常見到的是特權關說，令執法者無所適從，軟化執法態度。

(九)執法者的疏忽怠惰及包庇

(十)政府制定政策時，角色扮演之不當

1. 遵守既有傳統保守觀念，以不受民眾責罵之鄉愿態度處事。
2. 不願管、怕壓力多、逃避問題。

3. 政治文化：僅重道德之應然，而不知適應社會現象之變化而改變措施。

基於上述種種特點，使政府的角色扮演處於尷尬的地位，而造成各種流弊的產生，色情問題的形成即其一。

五、色情問題的處理對策

(一)宜採行的途徑

針對前述色情問題的成因，筆者以為處理色情問題應採行的主要途徑，至少宜包括下列各項：

1. 加強婦女的福利措施及就業能力：加強有關婦女的福利措施，如家庭諮商中心、婚姻介紹所、職業輔導、保護機構等，使婦女不致淪入煙花、賣笑風塵。

2. 改善社會風氣：

可從三方面做起：

(1)道德方面：適度管制大眾傳播媒介，例如電影分級並嚴格執行屬之。

(2)教育方面：在升學壓力下，須注重輔導教育。

(3)文化方面：提倡民德、民俗、國際競賽及精緻文化。

3. 警察執法從嚴：不收賄、不包庇而雷厲風行，徹底取締，建立公權力之威信。

4. 特權避免介入：民意及監督機關應設法自清界限，避免依恃特權，介入色情業。

5. 民眾自覺：民力自覺自治，乃遏阻"黃風"的有效辦法，例如：臺北市阿波羅大廈三溫暖休閒中心，因全體居民聯合抵制之而匿跡屬之。

6. 提倡並規劃休閒活動：

(1)政府應讓大家認知休閒活動是具有調劑身心功能的積極意
　　義，也是一種教育性活動；從小就培養正確休閒活動的意
　　識，使他們成長後能享受到工作與休閒的樂趣，充實生
　　活，豐富人生。

(2)政府應配合民間力量，規劃休閒活動與場所，並採取開放
　　態度，如開放飆車場所、體育館、賽馬、電動玩具、賭場
　　等等，並予以適當輔導管理，將能疏散人們過盛的精力，
　　並轉移縱情聲色的注意力。

除前述之外，最重要者厥數"政策之確立"。

(二)確定適度開放政策

人類有性的需求，自應予以適度的紓解，倘若一味地禁絕，終
會演變成如黃河決堤似地一瀉不可收拾。此一意向，不獨為警察同
仁所認知，且為中、外學者所確認。

1. 國立臺灣師範大學訓導長謝瑞智先生認為⑥：

"任何社會均須有娼妓之存在，這些需要正如任何莊嚴華麗之
宮殿必須有廁所一樣，如無廁所之裝設，將會造成汙染；因此，從
古至今，任何時代皆有色情營業之存在，甚至在社會主義國家亦
然，因為社會上有需要才有這樣營業，此種現象將會永遠下去。"

"全面禁止，徹底取締色情，須支付相當之代價，往往警察為取得
色情交易之證據，不得不製造各種陷阱或非法逮捕，而引發警民糾
紛。且在社會及經濟條件尚未齊備下如逕行全面取締而未加疏導，
將發生不良之副作用，因而無法發洩其性衝動，則有可能增加強暴

---

⑥〈何妨化暗為明，食色夫子不否認〉，翡翠雙週刊社，75年1月15
　日，頁15。

或其他犯罪的可能，致有適當場所之妓女，當可減少此類問題之發生。""成立特區爲世界各國解決色情問題重要的方式之一"，謝教授認爲"成立特區可以防止疾病的蔓延及有效控制色情營業，根本消除犯罪之溫床"。

2. 美國《新聞週刊》專欄作家George F. Will氏亦認爲[7]：

"不論何時何地，賭博與娼妓(色情)不可能完全禁絕，即使禁絕也是不恰當的，因爲禁絕賭色所投下的社會資源比起賭色對社會道德的威脅要大得多"，換言之，"'零度容忍'(zero tolerance)政策不但不會消弭問題，反會刺激問題的強度與流行"。

上述說法，係主張適度開放政策有其必要性，身爲執法人員的警察以其工作經驗，亦抱持同樣看法。依據前述之調查結果顯示：

1. 色情行業應否予以開放的意見主張？

所得結果如表2所列。

由前述結果，可知絕大都數警察人員均傾向於開放，亦即不贊成目前之嚴禁作風。

2. 對色情行業應否開放所做的決定，所持的理由爲何？

(1)依據前述調查結果主張放任不管者(74人)，所持的理由有如下述：

A.開放後可以抽稅，得以管制(41)(單位：人次)(以下同)。

B.開放並集中在一地區管理，可維護社區安寧(34)。食色性也。

C.使其納入正軌、合法化，不易藏汙納垢之處，且可免其轉入地下經營(27)。

D.民眾道德觀念，隨時代而不同，嚴禁易招反感，不如開放(26)。

⑦ George F. Will, "The Good Prohibition," *Newsweek*, June 20, 1988, p.4.

表2

意　　　見	人　　　數	百　分　比
放 任 不 管	74	28.7％
適 度 開 放	176	68.2％
嚴　　　禁	8	3.1％

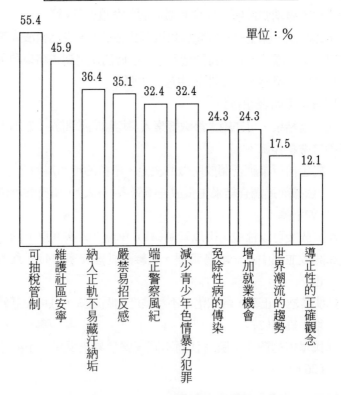

圖1

E.提升政府及警察形象，端正政府及警察風紀(24)。

F.減少青少年犯罪及色情暴力等社會問題(24)。

G.健全全民生理、心理衛生，可免除性病的傳染(18)。

H.可增加就業機會，並可維持正常生活(18)。

I. 世界潮流的趨勢(13)。

J. 導正一般國民及青少年對性的正確觀念(9)。

(2)依據前述調查結果，主張適當開放者(176人)，所持理由在於：

A.可以由此課徵重稅，一面寓於禁，一面可增加稅收，避免漏稅，並能嚴格管理，淘汰落伍方式(110)(單位：人次)(以下同)。

B.設立一個色情專業區，提供工商業應酬場所，予以有效管理，但須經有關單位審核(103)。

C.人，食色性也，性乃人類原始之本(76)。

D.使一些無處發洩的單身漢有所向，以免發生強姦等問題(61)。

E.使色情明朗化、合法化，可以減少色情之氾濫。亦可消除治安死角(60)。

F.可以集中管理，不必投入太多的人力及警力，避免無謂之困擾，且易於管理(53)。

G.由於社會環境長久積習使然，放任與嚴禁絕不可能，愈嚴禁愈氾濫，會導致道德問題(53)。

H.可以減少性病之氾濫；可將從業人員(娼妓)列冊管理，對醫務方面追蹤治療，避免傳染不良疾病(53)。

I. 色情是文明國家經濟繁榮之副產品，不須過於嚴禁，應適合時代潮流；色情是世界性的，每個國家皆有色情問題，均須

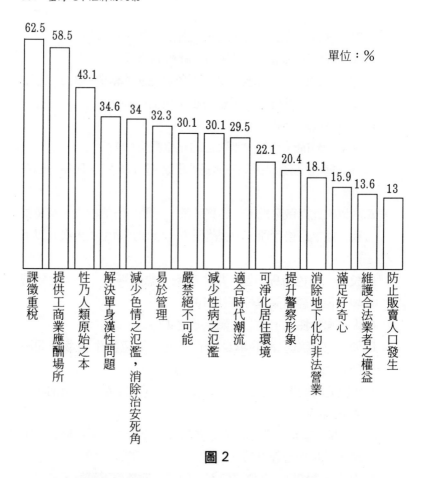

圖 2

適當開放(52)。

J. 適當開放和集中開放,可淨化善良之商業及居住環境,端正
社會風氣(39)。

K.可解決民眾對警察的詬病,提升警察形象,減少主管單位的
心理壓力,亦可掃除黑道之橫行,減少人情關係,消除治安
危機(36)。

L.地面的色情場所經取締後，業已轉入地下，若適度開放，才不會轉入地下，而使問題更嚴重(32)。

M.滿足人們好奇心，蓋因愈禁愈趨有力，以致使犯罪案件提高(28)。

N.可維護合法業者之權益，如今一些合法業者已受感染，因此須適度開放，以免更嚴重(24)。

O.適度開放，規定從業人員或女性之年齡，並作身家調查，防止販賣人口發生，減少行方不明人口(23)。

(3)依據前述調查結果，主張嚴禁者(8人)，所持的理由有如下述：

A.社會風氣不致奢靡(5)(單位：人次)(以下同)。

B.確保國民健康(3)。

C.維持國家的形象(3)。

D.如開放則腐敗大肆其道，影響民心(3)。

E.避免社會形成暴戾風氣；如不嚴禁，社會會形成暴戾風氣(3)。

F.維護女權(2)。

G.避免造成更多的社會問題(2)。

H.一勞永逸(1)。

3.色情開放的優、缺點？

歸納前述警察人員的觀點，彼等認為色情開放的優、缺點有如下述：

(1)開放的優點：

A.就政治觀點而言：

a. 能使外國人士刮目相看，讓他們來臺觀光後，除了知道臺灣經濟的起飛進步外，同時提供他們消遣玩樂的場所，樂不思

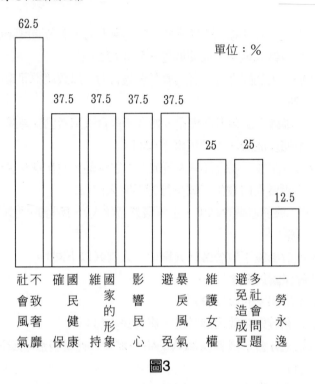

圖3

蜀，賺取外匯，提高國際知名度。

b. 消除黨外人士攻訐政府的口實，顯示我政府做事之魄力與道
德勇氣，爭取社會各界人士之向心力。

B.就社會觀點而言：

a. 集中管理後，使警察及衛生等相關單位易於管理，不必投入
太多的時間及人力，避免無謂的困擾。

b. 色情集中管理後，非法變成合法，可以減少色情氾濫，亦可
擺脫黑社會的敲詐要索規費，減少治安死角，使不法分子無
法寄生。

c. 淨化居住社區環境的品質，在都市中(尤其是臺北市東區)色

情侵入住宅區的情形，相當嚴重，破壞居住環境品質，使得居民受到無謂干擾。一旦集中管理後，就可將色情趕出公寓住宅區等，使居民享受淳樸的居住環境，不必"孟母三遷"。

d. 有效嚴禁未成年之青少年涉足，維護民族幼苗的身體健康。

e. 因從業人員皆要接受身家調查，可杜絕販賣人口案件的發生，減少行方不明人口案件。

f. 減少民意代表請託、關說事件，因開放後，都把非法變合法，所以類似案件的發生，也相對減少。

g. 減少社會上的暗娼，因為警方加強取締無法生存。

h. 減低社會上販賣人口以及暴力事件發生，因為色情開放後，妓女都要登記，暗娼取締嚴格，販賣人口自然消失。

i. 政府按時檢查有牌照之妓女身體健康，自然而然妓女的性病也減至最低，社會上的性病也隨之降至最少。

j. 可保障合法化之色情場所，以利其發展。

k. 可淨化住宅區、文化區，消滅其色情氾濫。

l. 減少強暴案件之發生，使社會更祥和。

C.就經濟上觀點而言：

a. 增加政府稅款收入，充裕國庫，可投資開發建設公共設施，帶動社會工商發達，解決失業問題。

b. 帶動相關行業的發展，如江湖賣藝走唱、藥行、成衣、首飾類及賣蛇湯等各行業的蓬勃發達；繁榮該地區之工商業，如附近之西藥房、飲食小吃等之設立。

c. 政府依規定徵收稅金，增加國庫收入。

d. 色情開放後，色情行為交易價格能夠統一。

D.就教育觀點而言：

a. 色情專業區成立後，不再蔓延至商業區、住宅區，將可使社會風氣為之煥然一新。

b. 使學校對性教育知識加強教導；以往性教育未能普及，原因在於色情未開放，現在既然開放集中管理，老師可光明正大的教導學生正確的性知識，減輕他們的罪惡感。

c. 可藉由傳播媒體如報刊、雜誌能適時客觀地報導，使社會大眾對性有充分正確的認識。

d. 色情開放後，色情界也不必向警察送紅包，警察也沒有機會貪汙，自然會提升警察的地位。

e. 色情開放後，人們對性的知識提高，以及政府對性知識的教育將加強，對於減少未婚媽媽及私生子將有所裨益。

E. 就文化觀點而言：

a. 色情開放後，人們對性知識自然能獲得提升，相對的，我們的文化也將因多采多姿，而益見豐腴。

b. 在開放後的色情是文明國家經濟繁榮之副產品，因而自然地適合時代的潮流，文化也自然提升。

(2)開放的缺點：

A. 就政治觀點而言：

a. 色情開放後，定會對國民的健康造成危害，甚至動搖國本。

b. 由於當前國情仍處於敵人的威脅之下，色情一旦開放將使社會腐化，影響民心甚巨，對於國力的損傷是無可估計的。南宋的"商女不知亡國恨，隔江猶唱後庭花"的腐化社會，導致國家的滅亡——此則血淋淋的歷史教訓是為最佳見證。

c. 色情的開放，將會影響到政府的形象，有礙我國在國際上的聲譽，容易造成我國為色情國家的錯覺，且易遭受分歧分子作為攻擊政策的藉口，類似大家樂事件，被引發成政治事件。

B.就社會觀點而言：

a. 色情開放定會造成社會風氣的敗壞，因開放色情等於是一種
變相的鼓勵——色情場所的增多，在供需相互成長的情形
下，定會造成更多人涉足色情場所。此種情形下將會造成更
多的社會問題，舉凡強盜、搶奪、殺人、勒贖等刑事案件常
脫離不了"色"字，使得治安更形惡化。尤其在有利可圖的
情形下，黑社會分子依其附生，成為黑社會滋長的溫床。

b. 色情場所的開放並不一定會降低性暴力犯罪，反而有升高的
趨勢，以美國1975年至1980年為例，1975年全美每10萬人中
有26.3位受害者，1976年每10萬人中有26.6位受害者，1977
年每10萬人中有29.4位受害者，1978年每10萬人中有31.0的
受害者，1979年每10萬人中有34.7位受害者，1980年每10萬
人中有36.8位受害者。由以上的統計可知：色情的開放，對
社會問題的影響很大。可說是正面功能低於負面功能。

c. 色情開放對婦女的形象，可說是一大傷害，讓人們誤以為，
女人是男人的附屬品，對女性的自尊，可說是一大傷害，在
女權運動、意識日益高漲的今日，將會產生一些不必要的困
擾；對維護女權者是一大傷害。

d. 色情行業開放後，反會造成拜金主義的抬頭，產生"好逸惡
勞"、"笑貧不笑娼"的畸形心理。大家為了追求更高的物
質生活，會不擇手段地滿足個人需求，易使人們對色情氾濫
的情形，變得麻木不仁。

C.就經濟觀點而言：

a. 國人向來就是以吃喝聞名於世，我國已有一年吃掉兩條高速
公路的統計數字。如果再開放色情的行業，無異是提倡奢靡

的社會風氣，屆時色情的相關行業——酒、菜業必然是浪費得更多。況且國人一向愛充面子、擺場面，請客自然以上舞廳、酒家、夜總會等色情行業擺個人場面，那時金錢的浪費更將要不計其數，對一國的經濟成長的傷害，不可謂不大。

b. 色情的開放，會加速性病的傳染，尤其在醫療費的增加更屬可觀。以美國為例，美國在愛滋病方面耗費的金錢，到1991年將高達660億美元。而患者早逝，間接引起的無形損失更超過醫療費用。

D.就教育觀點而言：

由於儒家左右了中國思想已有幾千年的歷史。儒家首重禮，講求的是非禮勿視、非禮勿聽、非禮勿言、非禮勿動。一旦開放色情行業，對於人格方面會產生衝突。況且我國對性觀念一向保守，性教育並不普及，一旦貿然開放，而我們的性知識又處於一知半解的程度，定然會衍生許多社會問題。

E.就文化觀點而言：

色情開放產生社會奢靡風氣，造成社會價值觀念的偏差，人們在追求聲色犬馬物慾的滿足前提下，精神方面文化的內在面，自然會受到忽略，對一國文化的進展，將產生阻礙作用。

(三)適度開放政策的相關要件

依據前述，有96.9％的警察人員不贊成採取目前所行之嚴禁政策，顯見色情適度開放政策之價值所在。按：任何一種政策的確立可謂好壞互見，確立適度開放政策當然有前述之優、缺點，筆者認為其利畢竟多於弊，何況，採行此一政策而輔之以下述四項要件，可以抵消其害——減輕色情問題的弊害：

第一、開放的方式——確立色情問題開放的方式。

第二、開放在何處──確立開放的地點。

第三、開放後法律應如何適應之確立。

第四、開放後警察執法應如何因應之確立。

茲分別闡述此四項配合措施如後，俾有所遵循。

1. 確立色情問題開放的方式

色情開放應畫定色情專業區加以集中管理。茲將各種色情行業集中畫設分區方式列述於後：

(1)**地下舞廳**：筆者主張現有的舞廳在現址照常營業，地下舞廳亦可在色情專業區申請執照營業，集中管理，轉暗為明，增加政府稅收，提供民眾休閒的去處。

(2)**餐廳酒廊**：筆者主張餐廳酒廊在色情專業區內容許女子陪座陪客玩樂，其他地區則僅供客人吃飯，不得有色情存在，如有的話，嚴加取締。

(3)**外國秀**：外國秀在色情專業區開放表演上空秀，至於本國土秀，在專業區開放，唯獨在鄉村或公共場所禁止，以維善良民俗。至於內衣秀、出浴秀、工地秀、空幫秀等"養眼"節目在公共場所禁止，在色情專業區則開放。

(4)**電子琴花車**：在喜慶宴會上則予以開放，尺寸由政府規定，營業戶要列入特定營業管理，健全內部，喪事上則主張不予開放，以維善良風俗，保持固有的傳統。

(5)**休閒中心**：結合理髮廳、國術館、美容院、休閒中心於一堂，筆者主張在色情專業區內開放，但須加以規劃於一特定街道，使熱好此道者有互相比較選擇的機會。

(6)**賓館**：內部大都是小套房，裝潢得富麗堂皇，不登記住宿者身分，使一些愛好此道的男子趨之若鶩，筆者主張在色情專業區開放，納入管理，減少犯罪。

(7)**色情錄影帶**：筆者主張予以開放，因為現在人民生活富足，家家戶戶皆有錄放影機，所謂飽暖思淫慾，在室內放映不影響善良風俗，但在公共場所則禁止放映，如一些機關團體、工廠等放映時也應在嚴禁之列。

(8)**雛妓**：筆者絕對主張禁止，誰家無子女，況且身心尚未發育成型，如此戕害國家幼苗，其罪過誰要負責呢？同時也侵害了未成年女子人權。

(9)**人妖午夜女郎**：筆者主張在色情專業區內開放，因為現代為女男平等的時代，既然男人可以玩女人，女人亦可享有玩樂男人的權利，如此才合乎平等原則，以解除女人芳心的寂寞，同時提供男人就業機會。

(10)**MTV視廳中心**：筆者主張在色情專業區再畫定一小區域，專供開設MTV使用，使青年男女有一定的休閒去處，不會去為非作歹，減少犯罪機會。

(11)**釣蝦場**：筆者主張在色情專業區開放，因為個人喜好不同，既然有人熱好此道，何不早早開放，增加國庫稅收呢？何樂而不為。

2. 確立開放的地點

吾人既主張確立色情的開放政策，則在開放前對其應設在何處，應事先周詳地計畫，使得開放後，那些業者能有所依循，及政府易於管理，而且最重要的是使一般人民不會被色情行業所干擾，造成生活上的不便，所以色情行業設置之地點的選擇，應從下列幾種層面來考慮，使得設置後，減少損害，而增加許多利益。

(1)**在政治方面**：一般而言，每個國家都有色情問題，而且每個執政者都無法將其禁絕，因此許多國家都採取開放的態度，任其自由發展；但是有一些國家是開放，然而只設置一些專業區讓其營業，其他地方則不准設立，採取一種有限度的開放。由以上兩種情形，對於我國色情開放後，其地點之考慮，應以後者較爲恰當，因爲我國社會民情對於前者是無法容許的，而且對社會風氣影響也是很深遠，因此必須在有限度的條件下來考慮設置的地點。

（2）**在社會方面**：當色情開放後，其他地點之考慮，必須要慎重其事，從社會層面考慮其位置，必須要對當地民情及文化背景有所了解，例如當地是名勝古蹟，我們就要避免在該處附近設立，如果該處以前是色情行業設置之地點，應鼓勵其他色情往該處集中，如此必能減少地方上民眾的反感，如果沒有以上兩種情形，其地點之設置，可考慮在商業區內設立，因爲設置地點如果在太偏遠地區，並不符合經濟利益，而且會使許多業者不敢投資設立，及消費者不願意前往，所以最適當的地點是設在商業區，而且要與住宅區或機關學校距離500公尺以上，如此對於一般百姓不會造成干擾，那些業者也較爲樂意前往設立，政府也較容易管理，如此可以減少一些社會問題。

（3）**從經濟方面**：近年來地下色情行業氾濫，然而其逃稅情形嚴重，造成政府徵稅的制度不公平，但是爲何那些業者要逃稅，追究其原因主要是無法向政府繳稅，因爲他們沒有牌照的關係，所以當色情開放後，那些業者逃稅的情形，將可減低，進而使政府的稅收增加。另外色情行業設立後，其邊緣地區之商業行爲，將會被帶動起來，而增加許多工作機會，例如飲食業、藥房、服裝店及其他有關之行業；其促成的工作機會，如以經濟之觀點來談，將使經濟的活動力呈現倍數的增加，使社會顯得更加繁榮，也可以減少失業人口之壓力，所以色情行業設立之地點，必須要考慮到經濟效率，使其對社會產生倍數之利益，而大於其對社會之危害。

由以上三方面的考慮，可使我們大略上可以將色情行業設置地點，限制在以下條件內，使得政府、業者、人民都能獲得保障，其條件如下：

 (1)設置地點必須在商業區。

 (2)必須距離學校、住宅區500公尺以上。

 (3)政府機關或名勝古蹟附近不得設置。

 (4)開發新社區，設置色情專業區集中管理。

 (5)設置於有歷史淵源之色情行業舊址。按：臺灣各縣市有歷史淵源之色情行業舊址有如表3所述。

3. 色情開放後法律應如何肆應之確立

 筆者認為在政策如果確立開放的作法，可在法規上做如下之界定以防止弊害於最少，換言之，色情開放後法律應如何肆應？

 於此可分就法律對人、事、時、地、物應有的規範論述之：

 (1)**法律對人的規範**：見表4。

 (2)**法律對事的規範**：見表5。

 (3)**法律對時間的規範**：見表6。

 (4)**法律對於地的規劃**：見表7。

 (5)**法律對物的規範**：見表8。

4. 色情開放後警察執法應如何肆應之確立

 就執法的警察人員而言，色情開放後警察執法應如何因應呢？本人以為應該有如下之措施，始稱允當：

 (1)當督促業者遵守法令規定，並且加強監督，使其不致逾越法令，俾能步上正軌。

 (2)當依據法令規定，隨時注意色情場所的臨檢查察，以防違法之情形發生。

 (3)色情場所應限制出入者的年齡，並注意查察，防止未滿20歲的青少年涉足。

表 3

市、縣別	地 區 名 稱 及 管 轄
臺 北 市	1.寶斗里—桂林分局 2.江山樓—寧夏分局
高 雄 市	1.市政府後—鹽埕分局 2.三多路—苓雅分局 3.九如路—鼓山分局
基 隆 市	1.鐵道街—基市第一分局
臺 北 縣	1.南勢角—中和分局(歌舞秀) 2.四角亭—瑞芳分局(陪酒)
新 竹 縣	1.榮樂街—竹東分局 2.城隍廟旁邊—第一分局
桃 園 縣	1.長美巷—桃園分局 2.豬埔仔—中壢分局(陪酒) 3.紅綠街—中壢分局
苗 栗 縣	南苗大同路—苗栗分局
臺 中 縣	豐原後菜園—豐富分局
臺 中 市	後火車站(1)復興路(公娼) 　　　　　　(2)大湖街(私娼)第三分局
彰 化 縣	1.大道公廟旁—彰化分局 2.員林鐵道邊—員林分局
雲 林 縣	1.西螺九間厝尾—西螺分局 2.虎尾鐵路邊(臺糖專用道)—虎尾分局
南 投 縣	草屯鎮(酒家)—草屯分局 埔里木瓜巷—埔里分局
嘉 義 縣	蘭井街
臺 南 縣	新營鐵路邊—新營分局
臺 南 市	新町(新樂街)
高 雄 縣	鳳山五甲(冰果室)
屏 東 縣	潮洲明治橋下—潮洲分局 萬丹鄉(陪酒)—屏東分局
臺 東 縣	金城路—臺東分局
花 蓮 縣	玉里鎮更生路—玉里分局 溝仔邊—花蓮分局
宜 蘭 縣	菜園里 羅東康樂街 礁溪(陪浴)溫泉鄉

表 4

對象	現　　行　　法　　令	增　刪　法　令	理　　　　　由
營業負責人資格	臺灣省舞廳、酒家、酒吧、特種咖啡茶室業管理規則規定： (1)營業負責人應年滿20歲並有行爲能力人。 (2)營業負責人未犯其申請營業同性質前科紀錄及妨害風化罪。	營業負責人應年滿25歲並有行爲能力。	20歲人之能力，思想未臻成熟，爲防被抓人頭及處理能力欠缺，應將負責人年齡改爲25歲。
營業負責人義務	依違警罰法第45條、55條規定： (1)旅店、會館，或其他供衆人住宿處所之主人或管理人確知投宿人有重大犯罪嫌疑，不密報官署者。 (2)於影響社會公安可得預防之際知情而不舉報者。	規定營業負責人對有治安事件或治安之虞的事件有告發之義務，違反義務者應有處罰的規定。	色情場所是暴力犯罪的淵源，而案件的偵破，最初5分鐘是非常重要的，唯有規範業者對治安事件告發的義務，才能防止事件的擴大及偵破的機會。
從業員之資格	臺北市管理娼妓辦法規定：下列情形之一，不得申請爲妓女： (1)未滿20歲。 (2)身有殘疾或患有性病或其他傳染病或精神不正常或有精神病者。 (3)現有配偶者。 (4)爲妓女院負責人之養女者。 　高雄市、臺灣省則規定妓女須年滿18歲。	須年滿18歲方可從事色情行業。	女性心理、生理至18歲已成熟了，心理方面對於自己的行爲有判斷及負責能力，生理方面對於色情交易，已能接受，故須年滿18歲。
從業員之義務	臺北市管理娼妓辦法規定妓女有下列義務： (1)不得在戶外拉客。 (2)不得接待學生或未成年遊客。 (3)患有性病或其他傳染病，不得接客，並應速治療。 (4)妓女健康檢查每週一次由本府性病防治主管機關負責辦理。	於色情專業區內設性病防治中心，並規定妓女每週檢查兩次。	色情開放，性病及傳染病一定更加氾濫，故妓女每週須檢查兩次，方能遏止，但檢查次數頻繁，必難被接受，故須於專業區內設性病防治中心，就近檢查。
遊客	(1)臺灣省酒家、酒吧、特種咖啡茶室業管理規則規定：未滿20歲之未成年人，應勸止進入，必要時得請出示身分證。 (2)禁止青少年涉足妨害身心健康場所辦法規定：本辦法所稱青少年，係指未滿20歲之未成年人及各級學校在校學生。	徹底執行未滿20歲青少年及學生進入。	青少年生理機能未臻成熟、血氣方剛，不能節制，且其金錢來源困難，爲享聲色，必鋌而走險，偷竊搶奪，造成犯罪案件增加，影響社會安寧，及其身體發育。
管理機關	(1)舞廳、酒家、酒吧、特種咖啡茶室業管理機關：省爲省政府建設廳、縣市爲縣市政府建設機關工商課(科)。 (2)娼妓管理機關爲警察機關。	色情開放後，應將舞廳、酒家……等場所由警察機關管理，以收成效。	以往舞廳、酒家……等主管業務機關爲縣市政府建設單位工商課(科)，因其無武力裝備，即使業者違規，亦不敢進入取締，常須警察配合，造成人力浪費，爲使事權統一，色情營業應由警察機關管理。

表 5

對象	現　行　法　令	增　刪　法　令	理　由
廣告	臺北市管理娼妓辦法第13條規定：不得做任何廣告宣傳。	得做適當之廣告，但其內容須經主管機關核可方可行之。電視、報紙、電影爲大眾都可欣賞到的，以三點不露原則，且不能有猥褻行爲。雜誌書刊應不予限制。但仍須經過核可。	色情開放，廣告當然亦得開放，但仍不能違反公序良俗。
稅率	酒家、酒吧……等許可年費按經營種類、地區、等級，由新臺幣每年9萬元至150萬元不等。	應降低許可年費至普遍能接受的程度。	未開放前政府爲達"寓禁於徵"的目的，將稅率提高，結果造成業者繳不起或不願繳而轉入地下，開放後應降低稅率以防轉入地下。
一般營業	臺北市、高雄市一般營業妨害風化取締辦法。規定對象爲：茶室、餐廳、冰果室、浴室、理髮店。	對於專業區外之茶室、餐廳、冰果室、浴室、理髮店等，有妨害風化情形，應定法令，嚴格處罰。	
性病及傳染病之防治	(1)臺北市管理娼妓辦法第14條規定患有性病或其他傳染病之妓女不得接客，並應即速治療。 (2)刑法第285條規定明知自己有花柳病或痲瘋，隱瞞而與他人猥褻之行爲或姦淫致傳染者處一年以下有期徒刑、拘役或500元以下罰金。	(1)營業負責人對於遊客被傳染性病，應負賠償責任。 (2)對遊客有性病或傳染病者致傳染於他人者加重處罰。	
色情物件	(1)臺北市舞廳、酒家……管理規則規定不得售賣違禁物品。 (2)違警罰法第68條規定售賣春藥或散布登載其廣告者之處罰。	(1)色情開放後對於色情物件(如替代陽具、羊眼圈)應予開放。 (2)激情的春藥則仍須管制。	色情物件可彌補缺失，且不傷害身體，故可開放。春藥成分不外乎興奮劑，對身體傷害至大，故不能開放。

表6

對　　象	現　行　法　令	增　刪　法　令	理　　由
時間	臺北市舞廳、酒家……管理規則規定，每日1時至6時不得營業，必要時主管機關得另予限制。	嚴格執行1至6時不得營業之規定。	限制營業時間，以免影響安寧，且防止享樂者終夜不歸而造成另一種家庭問題。

表7

對　　象	現　行　法　令	增　刪　法　令	理　　由
面積	(1)酒家、酒吧、特種咖啡、茶室營業面積每五平方公尺許可服務生1人，臺北市則規定兩平方公尺服務生1人。 (2)臺北市妓女人數以每一執業臥室，以兩人計算，其面積不得小於6.6平方公尺。		
地點		明文規定嚴禁於專業區外從事色情行業，並明定歇業及對營業者之處罰。	爲淨化一般商業住宅區，嚴禁專業區外從事色情行業。

(4)協助稅捐單位，查察取締有無逃漏稅情事，充裕稅收。

(5)配合衛生單位，確實執行色情從業人員之健康檢查，違者嚴格取締。

(6)應隨時督促業者，注意營業場所內部及四周環境衛生，以

表 8

對　　象	現　行　法　令	增　刪　法　令	理　　由
建築物及設備		(1)營業場所應有男、女洗滌及消毒設備。 (2)廁所應打掃消毒保持清潔。 (3)設備用具應經常保持清潔。	色情場所極爲汙穢，必須時常洗滌消毒以維健康。

防病菌感染。

(7)注意查察取締，有否利用色情場所從事販毒、走私，及販賣人口情事。

(8)非開放地區，嚴格取締色情交易。

(9)輔導色情業者雇用私人警衛或保全公司，避免浪費警力。

(10)注意轄區動態，並輔導問題少女，防止淪落風塵。

六、結　語

1. 警察人員是處理色情問題的第一線工作者，基於前述的抽樣研究，吾人可知一項事實，即警察人員以其工作經驗，認爲色情問題的處理，宜採用適度開放的方式，對今後吾人處理色情問題的對策上，此一認定，實深具意義。

2. 對於色情問題的處理，站在治安方面的立場，依據中外的經驗，只能談取締，很難做到徹底根絕的地步。就取締而言，說實在的，要下決心去取締並不是不可能的，端看如何做比較有效而已。依此，筆者認為美國密蘇里州聖路易市警察局的作法相當實際(筆者按：美國社會雖然有認同娼妓存在的社會心理因素，但還是有一些極端保守的城市有嚴格取締的決心，畢竟美國警察多屬地方性質，各有不同的作法)⑧。所謂實際，是指他們成立專業的取締娼妓小組，就如同專業的少年警察隊、刑事組一般。每天24小時有專人專業取締色情、旁事不管。他們成員中有男警員，也有女警員，除了白天巡邏勤務外，每週都定期要分兩路，輪流抓男性尋歡客和女性娼妓。前者是利用女警(每次抽調新面孔)充當應召女郎或阻街女郎(他們特定的術語叫Decoy——即釣餌也)。如有尋芳客駕車驅前談交易，偽裝的女警，便虛與委蛇一番，一旦雙方談好價碼和地點，充當釣餌的女警一打暗號，埋伏的警員即一擁而上，逮捕尋芳客；初犯罪300元，次犯加倍，再犯法官就判短期監禁，同時尊姓大名很可能上報，令當事人無顏見江東父老。這種對於誘人入罪者(用婦女誘引犯罪)的處罰方法，頗有阻嚇力(據警局員警稱很少有再犯的人被抓)，這的確是很好的方法。因為我們前面曾經說過，色情問題乃是男女雙方的事情，如今斬斷了男性躍躍欲試或企圖心，在供需失調下，娼妓大都只有轉移碼頭，到其他都市去混了。因此，在保守的聖路易市，色情問題可說是微乎其微，警察人員也樂得輕鬆一些，免除了最棘手的問題，而可專心於治安的維護。我國對於色情問題一向重女輕男，對男性處罰或嚇阻不嚴，如能採用聖路易模式，色情問題也許能減低氾濫程度，而不必假"比警察還厲害的疱疹"或"愛死

---

⑧ 參閱拙著，〈在美國與犯罪有關的社會問題〉，《刑事科學季刊》，第17期，73年3月，頁143。

病"之名加以嚇阻。

3. 有鑑於美國有些州開闢了娼妓合法化的管道,或者以合法化
   的手段,讓有"性趣"的民眾,去特定區域觀看仍有一點兒
   "保留"的色情節目(譬如年齡的限制,私處仍有一點遮蓋
   物的限制),不但紓解了民眾的好奇心,而且無所謂地下問
   題的糾結,頗有"非犯罪化"的意味⑨,筆者遂認爲我國主
   管當局,也不妨採擷此種作法和觀念,在政策上做一明確的
   規定,否則依目前的作法,是很傷公權力尊嚴的。

4. 在臺灣地區人人避諱但又實質存在的色情問題,擺脫目前的
   管理辦法實有其必要性⑩ ,於此,吾人很欣慰地看見如下的

⑨ 由於妓女的存在有它的客觀需要性,而娼妓在法律上或一般人的眼
   中,是卑微的行業,因爲其身心和健康所受的創傷和危險性(皮條
   客、老鴇和不可知的顧客暴行)甚巨,因此,晚近有學者主張"非犯
   罪化"來處理娼妓問題。所謂"非犯罪化"是意指成年未婚男女雙方
   合意而有的性關係應該是合法的。這種主張雖然不能完全減少加諸於
   娼妓的困擾和剝削,也並不失是一種好的創意。惟有識者也都一致認
   爲,使婚姻制度提供男性的性滿足感;使社經地位低下的婦女有機會
   得到充分的經濟收入;當經濟的運作不需要很多的男士長期離家;當
   傳統的意識型態(Ideology)不再對男士性需求抱容忍態度時,問題才
   會迎刃而解。這些可謂是說來容易,做起來難啊!我政府目前對色情
   問題頗覺難有周全之計,也可以從這方面看出一些端倪來。參閱同註
   ④。
⑩ 在臺灣人人避諱但又實質存在的色情問題在管理標準上的差異甚爲明
   顯,大致可以分爲兩個較明顯的階段,這兩個階段以"毋忘在莒"自
   強運動的前後爲分水嶺。若以臺北市爲例,光復之初,臺灣社會的色
   情特定營業,沿習日據舊風,以華西街(寶斗里)、保安街(江山樓)及
   北投溫泉特區,爲三個主要的色情特定營業區,雖然在衛生、稅捐及
   都市建設及治安上亦存在著一些問題,但就整個臺北市而言,並未造
   成蔓延。越戰期間,由於美軍來臺休假的人很多,造成中山北路圓山
   一帶酒吧林立的特殊情況。迨至民國70年,當局推行自強運動、消除
   社會奢靡的政策下,北投禁娼及嚴格限制華西街、保安街娼寮,驅使
   這些原爲"地上"的色情特定營業,一夕間變成"地下"營業,此

　　兩項報導，它畢竟為色情問題的對策，提示了最合乎實際的取向：

(1)臺北市警察局長廖兆祥先生對於解決臺北市色情問題的腹案是[11]：

A.制定明確、合理可行的色情特定營業管理法。

B.重建色情特定營業專業區，集中管理讓住宅區恢復往日的寧靜安詳。

(2)臺北市政府警察局有鑒於處理色情之取締工作，由於缺乏有效的法令依據，雖然投入龐大的警力，卻缺乏良好成效，預測一旦警力減少，業者又因有暴利可圖，色情勢必死灰復燃。因此，正式提出建議，重新規劃色情業的"特種營業區"，以"導禁兼施"的政策管理色情；市警局建議上級警政機關，採取導禁兼施的政策，將五花八門的色情營業場所，集中在一個風化地區營業，規劃"特種營業區"，其他地區則嚴予取締，有助於治安的維護[12]。

外，亦從北投等地區向臺北市的住宅區延展，尤其是新興的東區，更成為特定營業經營者，視之為金銀窩的寶地，這便是目前色情行業充斥的經過。

[11] 《聯合報》，民國76年11月22日，第六版。

[12] 《聯合晚報》，民國77年3月14日，第三版。

參考文獻

于明宜

　1980　〈地下經濟面面觀〉，《臺北市銀月刊》，第11卷第3期，頁1~6。

王文煌

　1987　〈租稅逃漏、勞動選擇與地下經濟〉，政大財政研究所碩士論文。

池宗憲

　1986　《流行的色情》，臺北焦點出版社。

朱敬一

　1989　〈臺灣營利事業所得稅逃漏的成因與指標——MIMIC模型的應用〉，《臺大經濟論文叢刊》，第16卷第4期，頁481~498。

朱敬一、朱筱蕾

　1988　〈臺灣地下經濟的成因與指標分析——DYMIMIC模型之應用〉，《經濟論文》，第16卷第2期，頁137~170。

朱敬一、張慶輝、鄭文輝

　1989　《地下經濟與逃漏稅問題之研究》，財政部賦稅改革委員會編印。

交通部運輸計畫委員會

　1978　《出租大客車違規經營固定班車問題之研究》。

行政院主計處

　1989　《臺灣地區攤販經營概況調查報告》，行政院主計處編印。

沈英明

　1984　《地下金融之研究》，財政部金融司儲委會研究小組編印。

李金桐、朱澤民、錢釗燈

　1988　《加強臺北市地下經濟稅捐稽徵之研究》，臺北市政府研考會編印。

李庸三、錢釧燈

　　1990　〈美國與臺灣地區地下經濟估計值之評估〉，《臺灣經濟預測與
　　　　　政策》，第21卷第2期，頁47~95。

　　1991　〈臺灣地區地下經濟之探討〉，《臺灣銀行季刊》，第42卷第2
　　　　　期，頁281~327。

李　瑟

　　1982　〈地下經濟——啃嚙經濟根脈的地鼠〉，《天下雜誌》，頁10~26。

吳學燕

　　1988　〈臺灣地區當前色情問題之探討——從警察人員的觀點論述之〉，
　　　　　《刑事科學》，第26期，頁34~57。

吳以體

　　1980　〈民間互助會行為及利率之研究〉，政大企管研究所碩士論文。

邱榮輝

　　1982　〈地下經濟的研究〉，《國民金融》，頁32~34。

林忠正

　　1990　〈近年來臺灣所得分配惡化之探討〉，社會重建研討會，時報文
　　　　　教基金會，頁35~55。

林秀香

　　1987　〈防不勝防，抓不勝抓——走私問題探源〉，《臺灣經濟研究月
　　　　　刊》，第10卷第1期，頁64~67。

法務部犯罪問題研究中心

　　1989　《犯罪狀況及其分析》。

柯宏澤

　　n. d.　〈地下投資公司問題之探討〉，《產業經濟》，第100期，頁
　　　　　40~54。

胡秀杏

　　1987　〈營利事業所得稅逃漏行為之研究〉，臺大商學研究所碩士論文。

殷乃平

　　1990　〈金錢遊戲的疏導與轉化途徑〉，社會重建研討會，時報文教基
　　　　　金會，頁67~99。

孫克難

1984 〈政府支出、賦稅負擔與地下經濟〉，《臺北市銀月刊》，第15卷第7期，頁24~33。

倪秋烜

1981 《臺北市政府稅務、警察、地政、建管與工商管理人員偏差行為之研究》，臺北市政府研考會編印。

唐富藏、彭信坤

1980 〈從公路運輸管制談遊覽車非法經營定期長途客運問題〉，《運輸計畫季刊》，第9卷1期。

唐學斌、張宗尹、李瑞金

1983 《臺北市遏止色情氾濫途徑之研究》，臺北市政府研考會編印。

陳木在、賴文獻、沈英明、袁明昌、王濬智

1988 《非法經營銀行業務問題之研究》，儲委會金融研究小組編印。

陳麗玫

1987 〈以地下經濟估計方法設算我國營利事業所得之逃漏〉，政大財政研究所碩士論文。

彭百顯、鄭素卿

1985 〈臺灣民間金融的資金管道〉，《臺灣銀行季刊》，第36卷第3期，頁165~205。

張炳耀

1985 〈臺灣地下金融活動之分析〉，《臺灣銀行季刊》，第36卷第3期，頁134~164。

黃永仁、楊金龍、羅庚辛、黃博怡

1983 《臺灣地下金融問題——民間合會與地下錢莊》，基層金融訓練中心編印。

黃承傳、陳光華、鄧淑華

1988 《臺灣地區遊覽車供需與管理策略之研究》，交通部編印。

黃昌文

1984 《逃漏稅問題之研究》，凱崙出版社。

黃荻昌

1987 〈野雞車現象之形成與對策——以非正式部門概念解析〉，《運輸學會第二屆學術研討會論文集》。

黃耀輝

1982 〈租稅逃漏之研究——我國綜合所得稅逃漏之實證研究〉，國立政治大學財政研究所碩士論文。

許嘉棟

1983 〈臺灣之金融體系雙元性與工業發展〉，臺灣工業發展會議，頁87~114。

許嘉棟、梁明義、楊雅惠、劉壽祥、陳坤銘

1985 《臺灣金融體制之研究》，中華經濟研究院經濟專論(65)。

楊婉青

1987 〈野火燒不盡春風吹又生——透視地下服務業〉，《臺灣經濟研究月刊》，第10卷第1期，頁71~74。

劉水深、呂勝瑛、黃營杉

1984 《臺北市攤販管理之研究》，臺北市政府研考會編印。

劉壽祥

1987 《臺灣雙元金融體系家庭部門的儲蓄與資產選擇決策》，中華經濟研究院經濟叢書(13)，頁78~88。

蔡旭晟、賈宜鳳、鹿篤瑾、練有為

1984 〈地下經濟與國民所得統計〉，《七十三年統計學術研討會實錄》，中國統計學社編印，頁171~228。

錢釧燈

1981 〈臺灣地下經濟之研究〉，《臺灣銀行季刊》，第32卷第4期，頁145~172。

1982 〈貨幣需求與地下經濟——臺灣地區的實證研究〉，《企銀季刊》，第5卷第4期，頁170~175。

1982A 〈地下經濟知多少〉，《時報雜誌》，第33期，頁26~27。

1983 〈地下經濟之估計〉，《臺北市銀月刊》，第14卷第5期，頁56~71。

1983A 〈地下經濟〉，《中華民國經濟年鑑》，經濟日報社編印，頁

18~25。

1983B 〈臺灣地下經濟及其防制途徑〉,《中國論壇》,第17卷第3期,頁56~59。

瞿海源

1984 〈色情與娼妓問題〉,收錄於楊國樞、葉啓政編,《臺灣的社會問題》,第十八章,頁543~571。

臺灣地下經濟論文集

Printed in R.O.C.

定價：新臺幣550元

主　　編	李 庸 三 、 錢 釗 燈
執行編輯	簡　　美　　玉
發 行 人	劉　　國　　瑞

本書如有缺頁，破損，倒裝請寄回發行所更換。

出 版 者　聯 經 出 版 事 業 公 司
臺 北 市 忠 孝 東 路 四 段 ５ ５ ５ 號
電　　　話：３ ６ ２ ０ ３ ０ ８ ・ ７ ６ ２ ７ ４ ２ ９
發行所：台北縣汐止鎮大同路一段367號
發 行 電 話：６ ４ １ ８ ６ ６ １
郵 政 劃 撥 帳 戶 第 ０ １ ０ ０ ５ ５ ９ - ３ 號
郵 撥 電 話：６ ４ １ ８ ６ ６ ２
印 刷 者　世 和 印 製 企 業 有 限 公 司

行政院新聞局出版事業登記證局版臺業字第0130號

ISBN　957-08-1679-1(精裝)

國立中央圖書館出版品預行編目資料

臺灣地下經濟論文集／李庸三、錢釧燈主
編 . --初版 . --臺北市：聯經，1997年
　　　面；　　公分 . 　參考書目：　　面
　　ISBN　957-08-1679-1(精裝)

　　Ⅰ. 經濟–臺灣–論文, 講詞等

552.28327　　　　　　　　　　　86004358